Ottomar Behnsch

Geschichte der Englischen Sprache und Literatur

von den ältesten Zeiten bis zur Einführung der Buchdruckerkunst

Ottomar Behnsch

Geschichte der Englischen Sprache und Literatur
von den ältesten Zeiten bis zur Einführung der Buchdruckerkunst

ISBN/EAN: 9783337199173

Hergestellt in Europa, USA, Kanada, Australien, Japan

Cover: Foto ©Thomas Meinert / pixelio.de

Weitere Bücher finden Sie auf **www.hansebooks.com**

Vorrede.

Die erste englische literaturgeschichte wurde als ein beitrag zu Chambers' Educational Course unter dem titel History of the English Language and Literature, 8. Edinburgh 1835, von R. Chambers herausgegeben und seitdem mehrere male neu aufgelegt. Die für die sprachbildung wichtigste periode von der gründung der angelsächsischen herrschaft bis zum jahre 1400 wird indessen in diesem übersichtlichen, für den „general reader" bestimmten kleinen buche auf nur zehn seiten abgehandelt; auch hat der verfasser, welcher sich über Chaucer's veraltetes Englisch beklagt, der alten sprache, wenn und wo nur möglich, ein modernes gewand geliehen. Nach demselben plane ist ein grösseres werk, Cyclopædia of English Literature, edited by R. Chambers, 2 vols. 8. Edinb. 1844, bearbeitet, indem darin die altenglische literatur bis zum jahre 1400 nur mit fünf und dreissig druckseiten bedacht und fast überall eine modernisirte orthographie eingeführt worden ist.

Die in Deutschland erschienenen englischen chrestomathien lassen ebenfalls die alte sprache und literatur England's unberücksichtigt. Das handbuch der englischen sprache und literatur von H. Nolte und L. Ideler, 4 Bde. 8. Berlin, beginnt seinen prosaischen theil mit Bacon, und den poetischen mit Chaucer. Die vorzügliche Sammlung

Herrig's, The British Classical Authors, 8. Braunschw. 1850, eröffnet die englische und schottische poesie mit Chaucer und Barbour, und die englische prosa mit Wycliffe. Auch das neueste werk dieser art, das handbuch der englischen literatur, von A. Boltz und H. Franz, 2 Bde. 8. Berlin, 1852, führt nach einer kurzen sprachlichen einleitung Chaucer und Gower als älteste dichter, so wie den ersteren und Wycliffe als erste prosaiker der englischen literatur auf.

Für die zeit *vor* Chaucer fehlte es an einem buche, welches, gleichsam als historische einleitung zu jenen angeführten grösseren chrestomathien, eine pragmatische geschichte der englischen sprache und literatur während ihrer gewaltigsten und wichtigsten veränderungen enthielte und deren Übergänge anschaulich darstellte, — von dem erlöschen der keltischen und römischen zu dem auftreten der angelsächsischen sprache und der bildung einer reichen germanischen literatur durch das medium der mit dem christenthume eingeführten lateinischen kirchensprache, — von dem eindringen der normännisch-französischen zu dem untergange der alten angelsächsischen zunge, — von dem gegenseitigen verschmelzen beider idiome zu dem entstehen einer eigenen mischsprache, der englischen, welche ihre macht und verbreitung derselben zeit verdankt, in welcher das englische volk seine selbstständigkeit errang: alle diese phasen der englischen sprache, bis sie nach merkwürdigen wechselfällen durch die einführung der buchdruckerkunst grösserer festigkeit und sicherheit entgegengeführt wurde, soll die vorliegende arbeit schildern.

Einleitung.

I. Die Kelten.

Die alten griechischen schriftsteller wussten wenig von dem westlichen und nördlichen Europa. Herodot erzählt nur, dass der äusserste westen Europa's von einem volke bewohnt war, welches er Kyneten oder Kynesier nennt, und dass die Kelten in den anstossenden ländern wohnten (Herod. Euterpe cap. 33 und Melpomene cap. 49).^A Die brittischen inseln kennt Herodot unter dem namen Kassiteriden, von denen die Phönicier das zinn holten (Herod. Thalia cap. 115). Der autor des dem Aristoteles zugeschriebenen buches „von der welt" (cap. 3) wusste bereits, dass jenseits der säulen des Hercules in dem ocean zwei grosse inseln Albion[1] und Ierne (Erin—Irland), die britannischen genannt, jenseits der Kelten lägen, und in dem orphischen argonautengedicht (edid. Hermann. Lipsiæ 1805. v. 1186) kommt die insel Iernis vor. Dieses ist die älteste kunde von den namen dieser inseln, welche auch von Polybius nicht vermehrt wird, indem er ebenfalls nur die britannischen inseln als die fundorte des zinns bezeichnet. Strabo verbindet die namen der Kassiteriden und britannischen [2] inseln. Ausser den Phöniciern hatten auch die kaufleute von Karthago und Tartessus die zinninseln unter dem namen Oestrymniden kennen gelernt, welche in der nähe von Albion und zwei tagereisen zur see von Ierne lagen. Auch die phocäische colonie Massilia und Narbo in Gallien trieben den zinnhandel über land. Nachdem das zinn, wie Diodorus Siculus berichtet, von seinem fundorte nach der insel Ictis (eine von der Scilly Islands) vor Britannien gebracht und von da nach Gallien hinübergeführt worden war, wurde es auf packpferden in dreissig tagereisen bis nach Narbo und nach Massilia befördert (Diod. Sicul. V, 22. 39). Die Römer konnten trotz der eifrigen nachfrage Scipio's in Massilia und Narbo nichts näheres über die eigentlichen fundorte des zinnes erfahren. Erst Publius Crassus, wahrscheinlich von Cäsar gegen ende des ersten gallischen feldzugs zur unterwerfung der gallischen stämme am kanal ausgeschickt, entdeckte den weg des zinnhandels. Cäsar's übergang nach Britannien im jahre 60 v. Chr. lüftete den schleier gänzlich. Seine berichte (de bello Gall. V, 13) über die britannischen inseln erwähnen bereits das um die hälfte kleinere Irland unter dem namen Hibernia und eine zwischen diesem und Britannien (medio cursu) liegende kleinere insel Mona, so wie mehrere nördlich gelegene kleine inseln.

Nach Cäsar waren die bewohner des innern von Britannien

die ureinwohner[3] der insel und keltischen stammes, während die küsten mit belgischen colonien, welche den namen ihrer mutterstämme auf dem festlande führten,[4] besetzt waren. Die belgischen einwanderer, wahrscheinlich ebenfalls von keltischer[5] abkunft, besassen gebäude nach sitte der Gallier, bedienten sich abgewogener stücke erzes als geld, trieben ackerbau und viehzucht und waren weit gebildeter als die brittischen ureinwohner, welche von milch und fleisch lebten, sich tätowirten und in thierhäute kleideten. Von jenen Belgen besassen wiederum die bewohner von Cantium (Kent) die meiste bildung.[6] Diodorus Siculus (V, 22) berichtet, dass auch die bewohner des belerischen Vorgebirges (The Land's End, Cornwall) wegen des grossen, durch den zinnhandel entstandenen Verkehrs mit fremden feinere sitten hatten.

Die von Cäsar besiegten Britten bemühten sich bald um die freundschaft ihrer sieger und unterhielten einen lebhaften verkehr mit Rom unter Augustus und Tiberius. Während der regierung des letzteren hatte in Britannien Cunobelinus die grösste gewalt, welcher unter dem namen Cymbeline gegenstand der muse Shakespeare's geworden ist. Nach Cunobelin's tode entstanden innere unruhen in Britannien, welche den Römern eine erwünschte gelegenheit gaben, das land zur provinz zu machen. Der kaiser Claudius sandte im jahre 43 n. Chr. zuerst den Aulus Plautius nach Britannien, worauf er sich selbst dorthin begab, die söhne des Cunobelinus besiegte, deren hauptstadt Camulodunum (Colchester) in Essex einnahm und die herrschaft der Römer im südosten von England befestigte. Vespasian fügte den südwesten der römischen provinz zu, welche der Proprætor Ostorius Scapula mit einer reihe von befestigten lägern oder forts vom Avon zum Severn beschützte. Derselbe befestigte Camulodunum und machte es zum hauptquartier der Römer; die stadt wurde als colonia mit öffentlichen gebäuden und einem tempel des Claudius geschmückt, das eroberte land in ihrer nähe aber unter die veteranen der legionen vertheilt. Nach mannigfachen blutigen kämpfen mit den gegen das römische joch anstrebenden Britten, in denen einerseits der sitz der druidischen macht auf der insel Mona (Anglesea) von Suetonius Paullinus zerstört, und andererseits Camulodunum und der emporstrebende handelsort Londinium von den eingeborenen unter ihrer anführerin Boadicea verwüstet und geplündert wurden, gelang es endlich dem römischen führer Agricola, welcher eine menge castella in Britannien angelegt und im jahre 81 eine anzahl forts quer über die insel von der mündung des Clyde bis zum Forth gezogen hatte, ganz Britannien im jahre 84 unter die herrschaft der Römer zu bringen. Dieser tapfere general, dessen flotte ganz Britannien umschiffte und die Orkneys besuchte, machte sogar einen einfall in Irland.[7]

Nunmehr hatten die verschiedenen keltischen stämme in Britannien, denn brittisches volk kann man wohl nicht sagen, ihre unabhängigkeit zum grössten theil auf immer verloren. Ihre nationalität war damit gebrochen und wurde noch mehr geschwächt, als die neuen herrscher ihr provinzielles verwaltungssystem auf die neue eroberung übertrugen, das land mit legionen und hilfstruppen überzogen und befestigte städte bauten; aus den wilden, aber freien Britten wurden römische unterthanen und leibeigene. Zwar zählt noch Ptolemäus in seiner geographie eine menge keltischer stämme in Britannien zugleich mit ihren wohnsitzen[8] auf, allein ihre namen verschwinden nach und nach. Nur diejenigen Kelten, welche in den gebirgen von Wales, oder von Schottland hausten, behielten noch lange ihre wildheit und zum theil ihre unabhängigkeit, indem sie sich auf das, wenn auch von den Römern angegriffene, aber nicht unterworfene Irland und dessen stammverwandte bewohner stützen konnten.

Die sprache der alten Britannier zu jener zeit, als die Römer ihre siegreichen adler von Gallien aus nach Britannien trugen, war ein zweig des alten Keltischen,[9] welches im ganzen westlichen Europa gesprochen wurde, gegenwärtig aber nur noch in Wales, in den hochlanden und auf den inseln von Schottland, in Irland und auf der insel Man unter dem namen des Welschen,[10] Gælischen,[11] Ersischen[12] und Mankschen[13] lebt, auf dem festlande aber sich noch in dürftigen trümmern in der Bretagne[14] und vielleicht am biskayischen[15] meerbusen erhalten hat.

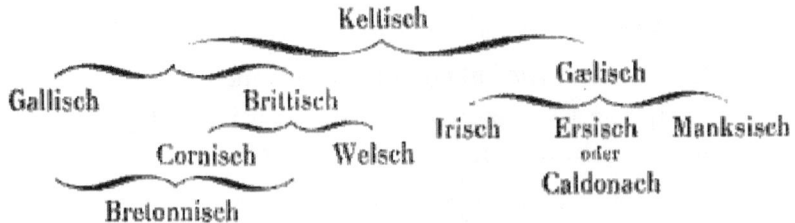

Das heutige Englisch hat von jener einst so weitverbreiteten und in Britannien ausschliesslich gesprochenen sprache ausser einer beträchtlichen anzahl eigener namen zur bezeichnung von orten, bergen und flüssen nur sehr wenige wörter (flannel, mattock, plaid, tartan, gyve, tackle, bran etc.) und die meisten derselben erst in neuerer zeit angenommen. Schriftliche denkmale der alten keltischen zeit existiren nicht mehr. Die Druiden, deren vernichtung die Römer eifrig betrieben, da sie in ihnen die erhalter der keltischen nationalität sahen und fürchteten, hielten es nach Cäsar's erzählung für unziemlich, ihre lehren der schrift zu übergeben und überlieferten dieselben, so wie die volksmythen und volkspoesien nur mündlich (Cæs. de bell. Gall. VI, 14). Die brittischen münzen, deren mehrere erhalten sind, waren nachahmungen der römischen und enthalten nur römische schriftzeichen.

II. Die Römer.[16]

Das römische Britannien stand bald in eben so lebhaftem verkehr mit Rom und den provinzen des weltreichs, als Gallien, wozu Britannien der verwaltung nach lange zeit gerechnet wurde. Die triumphe der römischen heerführer und imperatoren über Britannien wurden als siege über die bewohner der enden der erde zu Rom nicht minder durch glänzende aufzüge als durch lobreden der ersten geister Rom's gefeiert. Auch die genüsse und herrlichkeiten, welche Britannien bot, wurden dabei nicht übersehen. Juvenal besingt die brittischen austern aus Rutupiæ (Richborough):

    Rutopinove edita fundo ostrea,

und schildert die wallfische der brittischen gewässer:

 Quanto delphinis balæna britannica major.

Martial schrieb ein epigramm auf die zierliche gestalt (decus formae) einer schönen Brittin, welche er Claudia Rufina nennt.

Dafür trug aber auch Rom seine cultur, der Gallien schon in so hohem masse theilhaftig geworden war, nach Britannien. Martial brüstet sich:

 Dicitur et nostros cantare Britannia versus;

und Juvenal feiert die ausbreitung der klassischen gelehrsamkeit und redekunst von Gallien aus nach Britannien:

 Nunc totus Graias nostrasque habet orbis Athenas:
 Gallia causidicos docuit facunda Britannos;
 De conducendo loquitur jam rhetore Thule.

Die römischen legionen und zuströmenden bewohner aus allen gegenden des römischen weltreiches veränderten auch das äussere aussehen des landes; überall entstanden aus den stehenden lägern und in der nähe der römischen forts örter und städte, welche durch ein umfassendes strassensystem mit einander verbunden waren; tempel und altäre, villen, säulenhallen, bäder, kostbares mosaik und alle andern schöpfungen der römischen baukunst fanden sich in Britannien. Schon Tacitus spricht von London als einem grossen handelsorte, und Ptolemäus erwähnt eine menge römisch-brittischer städte, darunter Rutupiæ (Richborough) als hauptlandungspunkt vom festlande aus, Darvernum oder Durovernum (Canterbury), Venta (Winchester), Aquæ calidæ (Bath), Ischalis (Ilchester), Durnovaria (Dorchester), Saliva (Silchester), Corinium (Cirencester), Camulodunum (Colchester), Verulamium (St. Albans), Lindum (Lincoln), Ratæ (Leicester), Eburacum (York), Isurium (Aldborough), Caturactonium (Catteric), Olicana (Ilkley), Epiacum (Lanchester), Vinnovium (Binchester), Deva (Chester), Viroconium (Wroxeter) u. s. w. Allein im norden zählt Ptolemäus mehr als zwanzig grössere städte auf.

Dass die Römer Britannien als völlig unterworfen betrachteten, geht auch daraus hervor, dass sie mehrere legionen als überflüssig allmälig aus dem lande zogen und nur noch vier, die II., VI., IX. und XX. als genügende besatzung darin stehen liessen. Von diesen stand die II. zu Isca (Cærleon) und die XX. zu Deva (Chester), um die bergbewohner von Wales, Cumberland und Westmoreland im zaume zu halten und das land vor den raubzügen der irischen seeräuber zu schützen, welche im Severn und Dee zu landen pflegten. Die VI. legion stand zu Eburacum (York), um die nördlichen gebirgsbewohner zurückzuscheuchen, wo sich auch die IX. wahrscheinlich in kleineren grenzforts zerstreut befand, denn der norden von Britannien bis an den caledonischen wald war dicht mit forts und militärischen posten besetzt. Im süden befanden sich dagegen in der ersten zeit der römischen herrschaft nur geringere mannschaften zerstreut.

Während sich die Römer so in den fruchtbaren niederungen des südlichen und östlichen England's ausbreiteten und befestigten, wurden die schwer zugänglichen gebirge im westen und norden die natürlichen festen der alten aus ihren früheren besitzungen verjagten Kelten, welche sich zunächst von der Sylva Caledonica[17] im norden unter dem namen Caledonier den römischen besitzungen so furchtbar und bekannt machten, dass der gesammten alten keltischen und unabhängigen gebirgsbevölkerung Britanniens der name Caledonier zu theil wurde. Als der kaiser Hadrian im jahre 120 persönlich nach Britannien kam, war es seine hauptsorge, diese Caledonier zurückzutreiben und zu ihrer abwehr quer über die insel eine 70 englische meilen lange, ununterbrochene, massive mauer vom Solway bis zum Tyne (von Carlisle bis Newcastle, oder genauer von Bowness am Solway Firth bis Wall's End am Tyne) aufzuführen, welche auf der südlichen seite durch einen erdwall und tiefen graben vermehrte sicherheit erhielt und ausserdem noch von 23 stationsplätzen mit dazwischen liegenden forts und wachtthürmen geschützt wurde. Unter dem nachfolger Hadrian's, dem kaiser Antoninus Pius, trieb der proprätor Lollius Urbicus die Caledonier noch weiter zurück und führte eine neue befestigungslinie mit forts und thürmen weiter nach norden quer über das land vom Forth bis zum Clyde, indem er dabei alte, schon von Agricola angelegte befestigungen benützte. Die verbindung der forts war durch einen ununterbrochenen erdwall hergestellt, welcher zu ehren des kaisers den namen Antonin's wall erhielt. Gegenwärtig heisst dieser wall Graham's Dike, und die mauer Hadrian's[18] ist unter dem namen Pictenmauer bekannt.

Es wurden jetzt auch in Britannien die vorboten des nahenden verfalles der römerherrschaft in dem streite um den besitz des kaiserthrones sichtbar. Auch die britannischen heerführer nahmen mit den in Britannien befindlichen legionen daran theil. Pertinax war kurze zeit kaiser, und Albinus wurde erst nach schwerem kampfe im jahre 197 von Severus bei Lyon besiegt und getödtet. Während dieser kämpfe, durch welche die aufmerksamkeit der römischen soldaten nach süden gelenkt wurde, erneuerten die Caledonier ihre einfälle. Zu gleicher zeit tritt an der nördlichen ostküste England's, unmittelbar nördlich von dem Antonin's walle ein neues streitbares volk gegen die Römer auf, welches von Dio Cassius Mäaten genannt wird, deren rückzug der nach Albinus tode von Severus zum proprätor ernannte Virius Lupus nur mit golde erkaufen konnte. Die plötzliche erscheinung dieser Mäaten zwischen den jenseits derselben hausenden Caledoniern und den Römern hat zu der annahme veranlassung gegeben, dass sie ein über das meer gekommener skandinavischer stamm gewesen seien. Sicheres ist nicht aufzufinden, indem ihr name bald wieder verschwindet. Als Virius Lupus nach einigen jahren dem erneuten andrängen der nördlichen feinde keinen erfolgreichen widerstand leisten konnte, eilte der kaiser Severus im jahre 208 nebst seinen beiden söhnen Geta und Caracalla durch Gallien mit einem grossen heere nach Britannien und drang im folgenden jahre nach Herodian's bericht unter unsäglichen beschwerden und ununterbrochenen kämpfen durch gebirge, wälder und sümpfe bis an die nördlichste küste Britannien's vor, durch welchen zug es zum ersten mal über allen zweifel erhoben wurde, dass Britannien eine insel sei. Gegen ende des Jahres 209 kehrte Severus nach Eburacum (York) zurück, wo er am 4. februar 211 starb.

In den folgenden jahren der schwäche des römischen reiches zeigte sich bei den befehlshabern in Britannien die neigung, sich unabhängig zu machen, welches auch dem Carausius unter der regierung des Diocletian gelang. Unterdessen ging eine grosse veränderung im norden vor. Man nimmt nach einer späteren, zu Beda's zeit bekannten Überlieferung an, dass einwanderer aus Irland unter einem führer, welcher Reuda genannt wird, in das westliche Schottland drangen und die grundlage desjenigen Volkes wurden, das später dem ganzen norden von Britannien den namen Schottland gab. Die alten Caledonier und die jüngeren Mäaten verschwinden von dem geschichtlichen schauplatz, und an ihre stelle treten die Picten[19] und Scoten nebst einem neuen stamme, den Attacotten, deren wildheit bald gefürchtet wurde. In diese zeit fallen auch die ersten streif- und raubzüge der germanischen und scandinavischen seefahrer nach den östlichen und südöstlichen küsten Britannien's. Um diesen einfällen zu begegnen, wurde eine reihe forts an den südöstlichen küsten errichtet und zu Gessoriacum (Boulogne) in Gallien, ferner in den häfen des heutigen Kent, Sussex und Hampshire eine bewaffnete flotte unterhalten. Ein Bataver aus dem stamme der Menapier, Carausius, schwang sich zum oberbefehlshaber der flotte auf und errang viele siege über die seeräuber. Durch seine erfolge kühn gemacht, verband er sich mit den deutschen stämmen auf der Britannien zunächst liegenden nordküste des festlandes, bemächtigte sich Gessoriacum's, des schlüsseis zur überfahrt nach Britannien, und machte sich zum mitkaiser Diocletian's und Maximian's, welche würde und macht er während eines zeitraumes von sieben jahren 287 bis 293 zu behaupten verstand, indem er zugleich die seeräuber und die Scoten von den grenzen zurückhielt. Seine macht endete mit seinem tode, den er von der hand des Allectus erhielt, welcher sich bis 296 als herrscher behauptete, in welchem Jahre Constantius seine truppen schlug, und Allectus in der schlacht das leben verlor. Constantius selbst starb 306 zu York, der römischen hauptstadt von Nordbritannien, worauf sein sohn Constantin der grosse noch bis 312 in Britannien blieb, ehe er alleinherrscher der römischen welt wurde. Die folgenden inneren kriege um den römischen thron entblössten Britannien von truppen, weshalb die Picten und Scoten ihre raubzüge in den süden des landes erneuerten. Sie wurden

von dem magister armorum Lupicinus mit in der eile
zusammengerafften Herulern, Mösiern und Batavern
vertrieben, wonach das land einige zeit der ruhe genossen
zu haben scheint.

Unter Julian's regierung mögen die stürme der nördlichen
feinde, so wie die einfälle der Dänen und Sachsen zur see
von neuem begonnen haben, denn bald nach der
thronbesteigung des Jovian ist Britannien von allen seiten
bedrängt, ohne dass bis in die zeit seines nachfolgers
Valentinian irgend ein erfolgreicher widerstand geleistet
worden wäre. Valentinian überliess seinem bruder Valens die
regierung des ostens und verwendete seine eigene ganze
kraft auf die erhaltung des westens. Im jahre 368 erhielt er
auf dem wege von Amiens nach Trier die nachricht von
einem neuen und furchtbaren einfalle der barbaren, welche
den befehlshaber der seeküste (bereits litus saxonicum
genannt) Nectaridus besiegt und erschlagen und den
befehlshaber des nördlichen Englands, Fullofaudes, in einen
hinterhalt gelockt und getödtet hatten. In dieser grossen
noth wurde Theodosius nach Britannien geschickt, welcher
die feinde mit der plünderung der gegend um London
beschäftigt fand. Es gelang ihm, die raubscharen zu
verjagen und ihnen die beute zum theil wieder
abzunehmen. Aus seiner proklamation, wonach denjenigen,
welche zu ihrer pflicht zurückkehren würden, verzeihung
zu theil werden sollte, worauf auch eine grosse anzahl von
den räuberischen horden abfiel, geht deutlich hervor, dass
die unterjochte eingeborene (keltische?) bevölkerung
gemeinsame sache mit den fremden machte. Nachdem
Theodosius die ankunft des Civilis, eines neuen
civilgouverneurs von Britannien, und des Dulcitius mit
hilfstruppen, unter denen sich auch ein haufe Deutscher
(numerus Allemannorum) mit ihrem „rex" Fraomarius
befand, in London abgewartet hatte, begann er seinen
feldzug gegen norden und endigte ihn so glücklich, dass er
den Picten und Scoten sogar den theil des landes zwischen
der mauer Hadrian's und dem walle Antonin's, welchen sie
in vollem besitze hatten, wieder abnahm und die sehr
beschädigten städte und forts zur abhaltung der barbaren
wiederherstellen konnte. Mit dem danke der friedlichen
einwohner und dem wegen der besiegung der germanischen

seeräuber erhaltenen beinamen *Saxonicus* (Pacatus Paneg. Theod.) verliess Theodosius die insel, nachdem er zuvor die ehrgeizigen pläne des Valentinus und Frontinus durchkreuzte; sie waren wegen politischer intriguen nach Britannien verbannt worden und setzten dieselben hier fort, indem sie eine verschwörung anstifteten, welche die losreissung Britannien's von der römischen herrschaft bezweckte.

Als der sohn des Theodosius, von Gratian zum nachfolger auserlesen, die kaiserliche würde annahm, empörte sich im jahre 383 Maximus, ein geborener Spanier, mit dem heere in Britannien und machte sich zum gegenkaiser. Dieser aufstand war in so weit glücklich, als Maximus nach seiner landung an der mündung des Rheins auch von den legionen in Germanien als kaiser begrüsst wurde. Theodosius sah sich genöthigt, dem neuen kaiser die provinzen Spanien, Gallien und Britannien zu überlassen, womit dieser sich aber nicht begnügte, sondern im günstigen Augenblicke über die Alpen ging und in Italien einfiel, wo er aber, von Theodosius besiegt, die krone mit dem leben verlor. Nach dem siege über Maximus begab sich Theodosius nach Gallien und schickte den Chrysanthus als statthalter nach Britannien, welcher dort die ruhe wiederherstellte. Der zug des Maximus ist von den alten geschichtsschreibern, besonders von Geoffrey von Monmouth (V, 14) zur einführung mancher fabeln in die englische geschichte benützt worden. Britannien, sagen sie, soll durch Maximus so von aller waffenfähigen mannschaft entblösst worden sein, dass es nicht mehr im stande gewesen, sich gegen die einfälle der barbaren zu schützen; ferner sollen die brittischen scharen, welche dem Maximus nach Gallien folgten, nach dessen niederlage sich in Armorica niedergelassen und diesem lande den namen Bretagne oder Kleinbritannien gegeben haben, worauf man die 11000 Jungfrauen, deren gebeine der stadt Cöln zugefallen seien, aus Britannien nach der Bretagne geschickt habe, um jenen scharen als weiber zu dienen. Aus der notitia imperii, welche um diese zeit entstanden ist, geht indessen hervor, dass zwar die XX. legion, welche lange zu Deva (Chester) gestanden hatte, gänzlich aus Britannien herausgezogen war, dass aber zwei legionen mit zahlreichen hilfstruppen immer noch zum schutze Britannien's dienten und zwar dieselben, welche immer in diesem lande gestanden hatten: die VI. legion in ihrem alten hauptquartier zu Eburacum (York), und die II. legion, welche aber von Isca nach Rutupiae an die südöstliche küste verlegt worden war, entweder um die einfälle der Sachsen abzuwehren, oder um die Verbindung mit Gallien zu unterhalten. Dabei waren die südöstlichen und östlichen küsten stark befestigt und mehrere neue forts errichtet worden.

Im anfange des fünften Jahrhunderts empörten sich die soldaten in Britannien und machten einen gewissen Marcus und bald darauf den Gratian, einen britannischen stadtbürger,[20] zum kaiser, welcher jedoch nach vier monaten von ihnen wieder erschlagen wurde. Hierauf folgte ein gemeiner soldat, der wegen seines namens Constantinus zum kaiser gewählt wurde. Dieser hielt sich einige zeit, wurde auch in Gallien, wo er die hereinbrechenden Deutschen schlug, als kaiser des abendreiches begrüsst und bekam auch Spanien in seine gewalt. Einige jahre später, als der kaiser Honorius durch den tod Alarich's im jahre 411 von diesem furchtbaren feinde befreit war, sandte er Constantius mit einer grossen armee gegen Constantinus, welcher in Arles eingeschlossen, zur übergabe gezwungen und später in Ravenna getödtet wurde. Der sieg des Constantius war weder im stande, das in seinen grundfesten erschütterte reich zu halten, noch Spanien, Gallien und Britannien zu beruhigen. Diese provinzen unterwarfen sich der römischen herrschaft nicht mehr, sondern erwehrten sich ihrer feinde, so gut sie konnten.

Während Constantinus in Gallien kriegte, hatten die brittischen städte im jahre 409 die unmächtigen kaiserlichen regierungsbeamten[21] abgesetzt, die plündernden Sachsen mit den waffen in der hand vertrieben, und waren von Honorius, welcher in Italien von den Gothen geängstigt wurde, im jahre 410 sogar aufgefordert worden, sich selbst zu beschützen,[22] denn die römischen legionen, welche ununterbrochen fast fünfhundert jahre lang in Britannien geherrscht hatten, waren von Constantinus nach Gallien geführt worden und kehrten nicht mehr zurück, da der abendländische kaiser zu grosse mühe hatte, Italien vor den anstürmenden barbaren zu beschützen, um eine entfernte und an den grenzen durch fortwährende einfälle unermüdlicher feinde bedrohte provinz zu vertheidigen: Britannien ward sich selbst überlassen.

Durch die römerherrschaft war Britannien der civilisation gewonnen worden. Das land befand sich während derselben in einem blühenden zustande, war in allen theilen mit schön gebauten Städten bedeckt und mit einem netz gut angelegter strassen überzogen, wovon das grosse Itinerarium[23] des römischen reiches, welches unter dem namen des Antoninus Augustus bekannt ist und wahrscheinlich aus dem jahre 320 herrührt, so wie ein anderes Itinerarium zeugniss ablegt, welches Richard von Cirencester, ein mönch des vierzehnten jahrhunderts, aus einem alten wegebuche oder einer alten karte entnommen haben soll.[24] Die vielen römischen alterthümer, strassen, brücken, wasserleitungen, tempel, villen, thürme, wohngebäude, altäre, votivtafeln, gräber, waffen, schmucksachen und andere gegenstände des täglichen lebens wie der kunst, welche in späterer zeit über ganz England zerstreut gefunden worden sind, liefern den unumstösslichen culturhistorischen beweis von Britannien's blüthe unter den Römern.[25]

Wenn man aber von Römern in den provinzen des grossen weltreichs spricht, so darf man während der kaiserzeit bei diesem worte nur noch selten an die bewohner Rom's denken. Die ältesten römischen colonisten in den eroberten ländern bestanden freilich meist aus römischen bürgern und soldaten, welche ihre zeit ausgedient hatten, oder nicht länger zu dienen im stande waren, und für geleistete kriegsdienste durch landschenkungen belohnt werden sollten. Sie überkamen mit dem lande, das ihnen gegeben ward, zugleich die pflicht, die neue stadt und ihr gebiet zu schützen. In dieser weise ward Camulodunum (Colchester) gegründet, wie wir aus Tacitus erfahren. Als sich die herrschaft der römer ausdehnte, wurden den römischen legionen zahlreiche hilfstruppen beigegeben, welche aus der jungen mannschaft der unterjochten provinzen ausgehoben waren. So stand nach der Notitia imperii die 26. cohorte der Britten in Armenien, die 4. Ala der Britten kämpfte in

Egypten, ein haufen Britten hatte sein standquartier in Spanien, ein anderer in Illyrien; andere brittische hilfstruppen standen in Gallien, Italien und anderen theilen des römischen reiches. In Britannien dagegen befanden sich fremde krieger, unter andern auch eine afrikanische legion, zu welcher auch schwarze Aethiopier gehörten. Aus solchen hilfstruppen entstanden zuweilen colonien in fremden ländern, wodurch die Römer nicht nur eine stütze ihrer herrschaft zu errichten, sondern auch eine allmälige assimilirung der verschiedenartigen bevölkerung ihres reiches zu erzielen suchten. Cicero nennt nicht mit unrecht die römischen colonien propugnacula imperii. Indessen verlor Rom durch diesen auflösungsprocess der nationalität fremder völker zugleich seine eigene. Männer aus stämmen und völkern, welche das alte Rom einst unter seine füsse getreten hatte, erhoben sich zu befehlshabern in den armeen, zu senatoren, stiegen sogar auf den kaiserlichen thron!

In Britannien befanden sich nun besatzungen aus einer grossen anzahl fremder stämme, deren physiognomie und sprache eine auffallende verschiedenheit gezeigt haben muss. In der römischen sprache lag ihr hauptverbindungsmittel. Die notitia imperii giebt eine liste von den besatzungen der südöstlichen und östlichen küsten, welche den einfällen der Sachsen, so wie der nördlichen grenzen Britannien's, welche den raubzügen der Picten und Scoten unterworfen waren. So standen z. b. zu Othona (später Yttanceaster in Essex) Fortensier aus Fortia in Sarmatien, zu Dubrae (Dover) Tungrier[26] aus Tongern im Lüttichschen, zu Portus Lemanis (Lymne) Gallier aus Tornacum oder Tournay, zu Anderida (Pevensey) Abulcen aus Spanien, zu Regulbium (Reculver) Betasier aus dem belgischen Gallien, u. s. w. An der nordgrenze waren die racen in den besatzungen noch gemischter; es finden sich darunter Belgier, Asturier, Gallier, Dalmatier, Dacier, Thracier und sogar Afrikaner. Unter den besatzungen im inneren des landes kommen besonders Bataver, Friesen, Germanen vom Rhein, aber auch andere stämme vor. Diese besatzungen wurden wenig gewechselt; inschriften auf altären und grabsteinen, welche an den stationsplätzen gefunden worden sind, zeigen uns, dass die truppen von einer frühen zeit der römischen eroberung dort gleichsam ansässig waren, denn es finden sich denkmäler, welche von dem oder den erben des oder der verstorbenen gesetzt worden sind, ein beweis, dass die militairischen colonisten eigenthümer des landes waren. Da nun solche besatzungen ohne zweifel mit ihrem mutterlande in verbindung standen und erforderlichen falles recruten von dort bezogen, so mussten die städte, wo sie sich aufhielten, einen bestimmten volkscharakter erhalten, obwohl mit der zeit modificirt durch römische civilisation, römisches gesetz, römische verfassung und durch den offiziellen gebrauch der römischen sprache, in welcher die muttersprache allmälig aufging, jedoch nicht ohne wiederum jene wesentlich nach aussprache, beugungsfähigkeit und satzbildung zu verändern. Dieses letztere geschah überall, we die Römer eine längere, ununterbrochene herrschaft ausübten, besonders aber in Italien, Gallien und Spanien, we die römische sprache sich im laufe der zeit in die verschiedenen romanischen mundarten umwandelte, welche allmälig auch als schriftsprachen benützt wurden. Wie weit dieses in Britannien der fall war, welches, bei seiner insularen abgeschlossenheit weiter von Rom entfernt war und später den römischen eroberungen beigefügt wurde, als die übrigen provinzen, lässt sich nicht mehr mit sicherheit bestimmen; aus dem umstande aber, dass die germanischen eroberer die römische cultur theilweise, und die römische sprache als volkssprache gänzlich verdrängten, während in Italien, Gallien und Spanien wenigstens letztere stark genug war, um die sprache ihrer germanischen sieger zu verwischen, lässt sich schliessen, dass das römische Sprachelement in Britannien mindere gewalt und tiefe besessen habe und namentlich in der letzten zeit der Römerherrschaft bedeutend geschwächt und von dem germanischen an mehreren orten verdrängt oder angegriffen worden sei. Aus dem heutigen Englisch lassen sich nur die worte Chester (cester), street und coln (Lin-coln) mit sicherheit auf die Zeit der Römerherrschaft, nämlich, auf die Wörter castrum, strata (via), colonia zurückführen.

Die keltische bevölkerung Britannien's war ohne zweifel während der Römerzeit in die tiefste abhängigkeit und unterthänigkeit herabgedrückt worden. Ihre waffenfähige mannschaft wurde ausgehoben und in andere theile des grossen reiches geschickt, um die schlachten der Römer zu schlagen und ihre herrschaft an den entgegengesetzten grenzen befestigen zu helfen. In den städten mit römischen besatzungen konnte eine keltische bevölkerung nicht aufkommen, daher es mehr als wahrscheinlich ist, dass besonders im osten und südosten von Britannien Kelten und keltische sprache nur noch auf dem lande aufgefunden wurden, während sich im westen und norden die wilden keltischen bewohner zusammendrängten und im fortwährenden kampfe mit den Römern und ihren von diesen unterjochten stammesgenossen befanden. Dort, besonders im westen, war es auch, wo sich bei den Kelten nach wahrscheinlich von der Bretagne aus erfolgter einführung christlicher gesittung die ersten spuren von staatenbildung und eigener cultur zeigten, welche seit der vernichtung der Druiden unter fortwährenden kämpfen und plünderungszügen verschwunden war. Dort entstand, auf alte überlieferungen gegründet, zuerst wieder eine eigene keltische literatur, welche sich zum theil bis in die neueste zeit erhalten hat.

III. Die Germanen.[27]

Die zeit, welche dem aufgeben der römischen provinz folgte, und in welche die aufrichtung der angelsächsischen herrschaft fällt, ist in grosse dunkelheit gehüllt, die nur durch spärliche lichter von zeit zu zeit vorübergehend erhellt wird. Die brittischen städte waren bei ihrer der römischen nachgebildeten verfassung eben so viele kleine, für sich bestehende staaten, welche sich selbst verwalteten und regierten[28], während die nunmehr abgesetzte römische provincialverwaltung nur für die erhebung der steuern, eine geordnete rechtspflege und das allgemeine beste der provinz sorgte, und die ebenfalls verschwundene römische militairherrschaft dieselbe gegen äussere feinde beschützte und im innern zusammenhielt. Die romanisirte einwohnerschaft der städte hatte sich im laufe der jahre aus sich selbst und besonders durch neue ankömmlinge von dem festlande verstärkt. In den letzten jahren der römischen herrschaft war dieser zuschuss neuer einwohner der städte hauptsächlich aus Deutschland geflossen, so dass deutsches blut in den adern eines starken bruchtheiles der städtebevölkerung strömte, als Honorius die civitates Britanniae sich selbst überliess. Schon seit einem Jahrhundert hatten die bewohner der nördlichen küsten Deutschlands, welche man unter dem namen Sachsen begriff, wahrscheinlich auch die verwandten stamme der anstossenden jütischen halbinsel raub- und beutezüge nach den zunächst liegenden küsten Britannien's unternommen, welche endlich zu bleibenden niederlassungen auf jenem theile der östlichen küste führten, welcher schon zu den zeiten der Römer litus saxonicum hiess und mit diesem namen auf eine sächsische bevölkerung schliessen lässt. Nach neuen einwanderungen dehnte sich auch die germanische bevölkerung von osten nach westen weiter aus und drang, sei es auf feindlichem, oder auf friedlichem wege, in die römischen städte, wo sie sich mit den romanisirten einwohnern vermischte. Dieses zusammenleben der Romanen und Germanen in manchen städten lässt sich z. b. dadurch beweisen, dass zu Canterbury, Colchester, Rochester und an ändern orten römische und sächsische gräber untermischt auf dem nämlichen beerdigungsplatze gefunden worden sind. Kurz, es erscheint sicher, dass die germanische bevölkerung im südosten der ehemaligen römischen provinz bereits das übergewicht gewonnen hatte, ehe die grossen einwanderungen der Sachsen und Angeln in späterer zeit statt fanden, und dass sie es war, welche nach dem wegzuge der römischen legionen dem weiteren vordringen und ferneren verwüstungen der Picten und Scoten im norden, und der Cymren und Cornen im westen England's einen damm entgegenstellte.

Diese Picten und Scoten, so wie die mit den wilden Iren verbundenen Kelten im westen Britannien's hatten zu der zeit des untergangs der römischen herrschaft und in der zunächst darauf folgenden ihre einfälle mit solchem glücke wiederholt, dass nur wenige städte im norden Britannien's ihre zerstörungs- und plünderungswuth nicht erfahren hatten; ebenso waren sämmtliche städte an der grenze von Wales nördlich von Gloucester noch vor der massenweisen ankunft der Sachsen zerstört worden. Die furcht vor den anstürmenden barbarenhorden erklärt es, dass die

mannhaften und krieggeübten Germanen von den noch
verschonten römischen städten im süden und osten nicht
mehr als feinde betrachtet, sondern als befreier und
beschützer begrüsst wurden, obwohl die städte diesen
schutz mit dem opfer ihrer unabhängigkeit und zum
grossen theil mit dem Verluste römischer bildung bezahlen
mussten.

Nur ein einziger beinahe gleichzeitiger schriftsteller enthält
eine nachricht von dem übergange Britaimien's in die hände
der Sachsen; es findet sich dieselbe in der ungefähr um das
jahr 455 geschriebenen chronik des Prosper von Aquitanien,
welcher erzählt, dass im achtzehnten jahre der regierung des
kaisers Theodosius des jüngeren (441) Britannien nach
vielen kämpfen und ereignissen (variis cladibus
eventibusque) in die gewalt der Sachsen gekommen sei.
Spätere Schriftsteller geben einen anderen bericht. Nach der
mit vielen fabeln vermischten erzählung des Gildas soll
Maximus nicht bloss die römischen truppen, sondern auch
alle waffenfähigen eingeborenen aus Britannien geführt
haben, so dass das land in einem zustande gänzlicher
hilflosigkeit den raubzügen der Picten und Scoten preis
gegeben gewesen sei. In dieser noth hätten die bedrängten
einwohner von Britannien sich nach Rom gewendet und
um hilfe gebeten, welche ihnen auch durch eine hingesandte
legion zu theil geworden sei. Ehe diese legion Britannien
wieder verlassen habe, seien die Britten bei der errichtung
eines erdwalles (des Antonin's walles) quer über das land als
einer schutzwehr gegen die barbaren von den römischen
soldaten unterstützt worden. Kaum aber hatten die Römer
die insel verlassen, fährt Gildas fort, als auch die nördlichen
feinde den wall wieder überstiegen und ihre plünderzüge
von neuem begannen. Noch einmal liessen sich die Römer
durch das flehen der Britten bewegen, hilfe zu senden. Die
römischen Soldaten bauten nach dem siege über die
barbaren eine steinerne mauer (Hadrian's) von see zu see
und errichteten längs der südöstlichen küste mehrere forts.
Nach der entfernung der Römer überstiegen die barbaren
auch diese maner, zerstörten die städte und mordeten die
einwohner. In ihrer verzweiflung wendeten sich die Britten
zum dritten male nach Rom, allein vergeblich, da Rom keine
legionen mehr zu versenden hatte, und die Britten blieben

den raub- und mordzügen der barbaren und der hungersnoth ausgesetzt. Nachdem die Britten sich von diesen leiden einigermassen erholt hatten, machten sie sich könige, welche im lande mit grausamkeit herrschten. Endlich fielen die Picten und Scoten nochmals in das land, und jetzt riefen die Britten unter ihrem tyrannen Gurthrigern (Vortiger) die Sachsen zu hilfe. Diese kamen und vertrieben die Picten und Scoten, wurden aber hierauf selbst schlimmere tyrannen, als die verjagten barbaren, weshalb die Britten unter Ambrosius Aurelianus „dem einzig übriggebliebenen Römer" gegen die Sachsen aufstanden. Die Sachsen blieben jedoch nach einem langen kampfe sieger.[29] So Gildas. Beda in seiner kirchengeschichte hat sich der erzählung des Gildas angeschlossen, fügt jedoch einzelnes aus der üerlieferung und vorhandenen quellen hinzu. Er berichtet, dass die germanischen einwanderer unter Hengist und Horsa im jahre 449 ankamen, und dass ihnen die halbinsel Thanet zur niederlassung überwiesen wurde. Bald darauf veranlassten die ersten ankömmlinge ihre freunde und stammverwandten zur nachfolge. Diese kamen: Jüten,[30] Sachsen und Angeln. Die Jüten liessen sich in Kent und auf der insel Wight, die Sachsen in Wessex, Essex, Middlesex und Sussex, die Angeln in Ostangeln, Mittelangeln oder Mercia und im ganzen norden nieder.

Dass nach der erzählung Beda's die einwanderung der Sachsen im süden vor der besetzung des nordens durch Angeln genannt wird, mag seinen grund darin haben, dass Beda seine geschichte gerade auf die kentischen überlieferungen gründete. Es ist aber, wie schon angeführt, weit wahrscheinlicher, dass die nördlicheren theile Britannien's schon früher von Germanen besetzt wurden; denn als die Angeln zuerst in der englischen geschichte auftreten, befinden sie sich schon längst im ungestörten besitze alles landes zwischen dem Humber und dem Antonin's wall, welches in zwei königreiche, Bernicia und Deira, getheilt war. Die Angeln mochten von denjenigen nördlichen städten, welche noch nicht von den Picten und Scoten zerstört waren, in den letzten zeiten der römischen schwäche zu ihrem schutz herbeigerufen worden sein. Die wichtigsten dieser städte, Eburacum (Eoforvic, York), Pons Aelii (Munuces-ceaster, New-Castle) scheinen friedlich oder durch vertrag in die hände der Angeln gekommen zu sein; die meisten städte in Northumberland und in dem schottischen niederlande lagen indessen in trümmern.

Die in Wessex entstandene sächsische chronik, welche freilich aus viel späterer zeit herrührt, enthält die ersten nachrichten von den kämpfen der Sachsen mit den von ihnen beeinträchtigten Britten, den romanisirten städten sowohl, als den keltischen häuptlingen im norden und westen (Arthur).[31] Diese berichte sind wahrscheinlich auf alte überlieferungen, sagen und gedichte der Sachsen gegründet. Vieles gehört offenbar der romantik an; die alten eigennamen, Hengist und Horsa nicht ausgeschlossen, mögen wenig geschichtlich sein. Die sächsische chronik lässt Hengist und Horsa im jahre 449 landen und das königreich Kent gründen, dessen hauptstadt das alte Durovernum unter dem namen Cantwara-byrig (Canterbury), Kentmännerburg, wurde. Im jahre 477, erzählt die sächsische chronik weiter, landeten die Sachsen unter Ella und seinen drei söhnen an der südlichen küste; 491 erhielten sie verstärkungen von dem festlande und belagerten, eroberten und zerstörten die stadt Anderida (Andredes-ceaster), worauf sie das königreich Sussex gründeten. Im jahre 495 kamen Sachsen unter Cerdic und dessen sohne an die küste von Hampshire; nachdem sie mehrfache verstärkungen später anlangender stammesgenossen an sich gezogen hatten, machten sie nach längeren, bis 527 andauernden kämpfen die alte stadt Venta unter dem namen Wintan-ceaster (Winchester) zur hauptstadt von Wessex, entrissen auch den Jüten die insel Wight. Cerdic's sohn, Cynric, und enkel, Ceawlin, setzten die eroberungen der Westsachsen fort, bemächtigten sich der wichtigsten städte der heutigen grafschaften Bedford, Buckingham und Oxford und drangen bis an die grenzen von Wales vor, indem sie die drei grossen römischen städte Glevum (Glev-ceaster, Gloew-ceaster, Gloucester), Corinium (Cyren-ceaster, Cirencester) und Aquae solis (Bathan-ceaster, Bath) besetzten. Gleichzeitig, etwa um 527, hatte sich eine schar Sachsen östlich von Kent niedergelassen, denen es gelang, sich zu behaupten und das königreich Essex zu gründen, welches nebst Middlesex nur dadurch bedeutung erhielt, dass die alte römische hauptstadt Camulodunum

(Colchester) und die aufblühende handelsstadt London in dessen bereiche lagen. Wahrscheinlich ist es, dass die Herrschaft der Sachsen an diesem theile der brittischen küste, welche schon längst als litus saxonicum bekannt war, nur durch frische ankömmlinge vom festlande neu gekräftigt wurde.

Von den ersten niederlassungen der Angeln erfahren wir durch die sächsische chronik nur wenig, weil sie wahrscheinlich schon längst vor der gründung der späteren sächsischen königreiche bestanden. Die chronik erzählt nur, dass im jahre 547 Ida in Northumberland zu regieren begann und eine stadt baute, welche er zu ehren seiner frau Bebba Bebbanbyrig (Bamborough) nannte. So viel steht nach dieser quelle fest, dass die küste nördlich von Essex mit Angeln besetzt war, welche sich nach ihrer lage in das Northfolk und Southfolk schieden. Die macht dieser Angeln, von denen Nennius sagt, dass sie ihr heimathsland gänzlich (absque habitatore) verlassen hätten, was Beda (I, 15) bekräftigt, dehnte sich über Cambridgeshire und Lincolnshire aus und umfasste bald das herz von England bis an die grenze von Wales, wo sie die Westsachsen nach süden zurückdrängten. In Mittelengland nahmen die Angeln den namen Mercier an, und ihr königreich erhielt den namen Mercia.[32]

Weil die Angeln die frühesten und zahlreichsten germanischen ansiedler waren, welche den grössten theil Britannien's besetzten, wurde dieses land fremden schriftstellern als Anglorum terra, oder Anglia bekannt, ja die Sachsen selbst im süden Britannien's hiessen das gesammte land nicht Seaxe-land, sondern Engla-land (England), und Athelbert von Kent, als er die ersten christlichen sendboten im jahre 597 empfing, sagte ihnen, er könne die alte weise der gottesverehrung, „welche wir lange zeit mit allem Angelvolk hielten, the we langere tide mid ealle Angel theode heoldan" (Alfred's übersetzung des Beda) nicht verlassen. Die sprache aller germanischen bewohner der insel empfing den namen Englisc (Englisch), so wie diese selbst nach dem verschwinden der alten stammbenennungen sich Englishmen nennen.

Trotzdem aber die stämme der Angeln die zahlreicheren und

eine zeit lang die mächtigeren waren, erkämpften doch die Sachsen und unter diesen wiederum die Westsachsen allmälig die herrschaft über das gesammte England, welche 827 unter Egbert mit der Unterwerfung von Mercia und Northumberland und der 828 erfolgenden besiegung von Wales gesichert zu sein schien, als ein neuer feind, die Dänen, die kaum erworbene macht wieder zu zersplittern drohte. Egbert, welcher 836 starb, sein sohn Athelwolf und nachfolger Athelbald, Athelbert, Athelred und Alfred der grosse mussten gegen die Dänen kämpfen, welche seit 787 an den englischen küsten erschienen und besonders den nördlichen theil des landes, wo sich die Angeln angesiedelt hatten, zu ihrem ablagerungsplatze erwählten und von hier aus mit abwechselndem glücke herrschten, bis Alfred der grosse sie besiegte.

Es ist nicht anzunehmen, dass die Dänen bedeutenden einfluss auf die angelsächsische sprache ausgeübt haben, indem damals ihre sprache nicht sehr von der ihrer ehemaligen nachbarn, der Angeln, verschieden gewesen sein mag. Alfred befindet sich nach der alten legende als harfner unerkannt im dänischen lager. In dem heutigen Englisch, namentlich in dem dialekte der nördlichen grafschaften, finden sich jedoch noch mehrere spuren skandinavischer wörter. Der name der Stadt Whitby (hwitbye, weissstadt), welche angelsächsisch Streoneshalh hiess, ist dänisch. Skandinavischen ursprungs sind wörter wie braid, elding, force (Wasserfall), gar, gill, greit (weinen), lag, etc.

Nach Alfred's tode im jahre 901 herrschten die Westsachsen besonders glücklich unter Athelstan 924 bis 941, welcher eine zeit lang herr von ganz Britannien war, noch bis 1016, wo Cnut, ein Däne, könig von England wurde. Er und seine zwei söhne Harold und Hardicnut regierten 26 jahre bis 1042, we die Sachsen unter Eduard dem bekenner die herrschaft wieder erlangten und sie bis zum jahre 1066 behaupteten, bis Harold II. von Wilhelm, dem herzoge der Normandie, unter dem namen des eroberers bekannt, besiegt wurde und in der schlacht bei Hastings die krone zugleich mit dem leben verlor.

Die germanischen ankömmlinge, welche unter verschiedenen führern in dieser zeit nach England kamen, liessen sich hauptsächlich auf dem lande nieder, wo sie als vasallen und heergefolge in demselben verhältnis zu ihren vielen kleinen häuptlingen und fürsten lebten, als in ihrer ursprünglichen heimath. Sie wurden die herren des bodens, während die alte römisch-brittische bevölkerung des landes als ackerbauer und arbeiter sich in dem verhältniss der unterthanen und leibeigenen befand. Während die Sachsen und Angeln in dieser weise das land besetzten, blieben die städte, obwohl sie den germanischen königen, in deren gebiet sie lagen, abgabenpflichtig wurden und auch eine überwiegend germanische bevölkerung erhielten, im besitz ihrer altrömischen Verfassungen und grösstentheils auch ihrer freiheit und corporativen unabhängigkeit. Die städte vertheidigen noch immer, wie zur römerzeit, ihr eigenes gebiet selbst gegen die sächsischen und gegen die dänischen könige, sie schliessen mit ihnen und sogar später mit dem normannischen eroberer verträge zur sicherstellung ihrer freiheiten und rechte. Vorzüglich aber war es London, dessen bürgerliche macht und selbstständigkeit von den verschiedenen eroberen Britannien's nicht vernichtet wurde, sondern den mehrmaligen wechsel der macht ertrug. London, welches von den dänischen königen zur residenz gemacht wurde, blieb lange jahre ein kleiner staat im reiche und hat manche alte vorrechte bis auf die heutige zeit durch alle fährlichkeiten hindurchgetragen. Die neueren von den Sachsen erbauten städte, welche theils an den könig, theils an geistliche und weltliche würdenträger abgabenpflichtig wurden, folgten in ihrer verfassung dem beispiele ihrer älteren schwestern und erhielten ähnliche privilegien, so dass auch sie, wie jene, im stande waren, die träger und vermittler der alten kultur während der rohen und blutigen zeit des mittelalters zu werden.

Das christenthum wurde im jahre 597 auf veranlassung des papstes Gregor von vierzig mönchen unter führung Augustin's zuerst in Kent öffentlich gepredigt und eingeführt, nachdem der fränkische bischof Liudhard schon vorher Berta, die tochter Charibert's, des christlichen königs der Franken, zu ihrem gatten Athelbert, dem könige von Kent, begleitet und in der nähe von Canterbury in einer kleinen, dem heiligen Martinus geweihten kapelle die mysterien des christenthums verwaltet hatte. Die römischen mönche zogen in feierlicher procession nach Canterbury, wo sie sich niederliessen, und Augustin später zum ersten bischof erwählt wurde. Papst Gregor sendete mehrere kostbare bücher[33] an Augustin, mit denen so wie und mit der gleichzeitigen ausbreitung des christenthums für England eine neue zeit der cultur beginnt, und die grundlage derjenigen religiösen und geistigen bildung gelegt wird, auf welcher die ganze englische literatur, vielleicht nur mit ausnahme eines einzigen grösseren, noch aus der heidnischen zeit stammenden epos im laufe der jahrhunderte aufgerichtet worden ist. Von Kent breitete sich das christenthum allmälig weiter aus, besonders durch die predigt des Paulinus um 625 in Northumberland, wo Edwin, könig von Deira, Athelburga, die tochter des kentischen königs Athelbert geheirathet hatte. Northumberland, damals der mächtigste Staat in England, erhob sich durch die einführuug des evangeliums zugleich zum hauptsitze der gelehrsamkeit der Angelsachsen bis zur mitte des achten jahrhunderts. Das volk von Sussex jedoch hing noch im jahre 681 an seinen alten religionsgebräuchen, und auch in London fanden nach dem tode des von Athelbert zum bischofe bestimmten Melitus rückfälle vom christenthume statt.

Während die sächsischen und anglischen stämme von osten und süden in Britannien vordrangen und unter dem namen der Sachsen (Sassanach) den Kelten furchtbare feinde wurden, befestigten sich diese im norden und westen und machten versuche zur staatenbildung. Die hauptsächlichsten dieser keltischen stämme waren die Cumbern im norden, die Cymry (von den Sachsen Wealas, Welsche, nicht deutsch sprechende genannt) in Wales und die Cornen (Cornwealas) in Cornwall. Die cumbrischen Kelten, wahrscheinlich die alten Caledonier, besassen zwei alte römische städte: Luguballium in der nähe der mauer Hadrian's, welches sie Caer- (Castrum) Luel (Caerleol, Carlisle) hiessen, und Tamea oder Theodosia am Clyde, welches von ihnen nach seiner lage Al-cluyd (die höhe am Clyde), von ihren nachbarn, den irischen Scoten aber Dun-Breton (Dumbarton), Brittenburg, genannt wurde. Carlisle ist in der brittischen sage als lieblingsaufenthalt des königs Arthur berühmt. Die Cymren in Wales und die Cornen in

Cornwall, welche früher von der römischen stadt Isca (Exanceaster, Exeter) im zaume gehalten wurden, nahmen besitz von den alten, wahrscheinlich von ihnen zertrümmerten städten Maridunum (Caer-Marddyn, Caermarthen), Segontium (Caer-Sciont), Venta (Caer-went), Nidiun (Neath). Dem silurischen Isca, wo lange zeit das hauptquartier der II. legion gewesen war, gaben sie den namen Caer-legion (Caerleon), womit sie auch das alte Deva (Chester), wo die XX. legion gestanden hatte, bezeichneten. Ihre unabhängigkeit behaupteten die cornischen Kelten bis zur zeit des königs Athelstan, Wales wurde erst von Eduard I. unterworfen, und die nördlichen Kelten bildeten ein besonderes, erst spät mit England vereinigtes königreich Schottland.

Das christenthum hatten die cornischen und welschen Kelten sehr früh, wahrscheinlich von Armorica oder Irland empfangen. Mit der steigenden kultur und den kämpfen der Angelsachsen finden sich auch anfänge einer eigenen keltischen volks-literatur. Sie war von den Engländern verachtet und nicht gekannt, bis Edward Lhwyd (Lloyd), Custos des ashmoleanischen museum's in seiner Archaeologia Britannica. (Fol. Oxon. 1707), einem cataloge der ihm bekannten welschen manuscripte, zuerst die aufmerksamkeit darauf lenkte. Doch blieb die welsche literatur gänzlich von den Engländern vernachlässigt, bis The Myrvyrian Archaiology of Wales, collected out of ancient Mss. 8. III vols. London 1801-7 eine neue anregung gab. Die reichhaltigkeit der mitgetheilten welschen literatur (vol. I. gedichte auf 584 doppelcolumnen, vol. II. geschichte auf 628 Seiten, vol. III. philosophie, moral, gesetze u. s. w.) überraschte. Die ältesten gedichte auf den ersten 153 seiten des vol. I. reichen mit den Barden, denen sie zugeschrieben werden, bis in das sechste Jahrhundert hinauf. Die ältesten noch vorhandenen handschriften stammen aus dem zehnten, elften und zwölften Jahrhundert.[34]

Erste Periode.

Die angelsächsische Zeit.

(Von 500 bis 1066.)

I. Die lateinische Sprache.

Christliche Kelten sind die ersten schriftsteller des nunmehr unter dem namen Anglia, England, bekannten landes gewesen. Das idiom, dessen sie sich bei der abfassung ihrer werke bedienten, war die kirchen-, d. h. die lateinische sprache.

Gildas. Nennius. Columban*Gildas* oder Gildus, ein christlicher priester und missionar aus Alcluyd (Dumbarton), welcher in der ersten hälfte des sechsten Jahrhunderts gelebt haben soll, mag eine lateinische abhandlung über die ältere brittische geschichte geschrieben haben, welche unter seinem namen bekannt ist. Allein die geschichte dieses autors ist sehr unsicher; man stellt seine wirksamkeit sogar um ein jahrhundert später und ist selbst der meinung, dass zwei verschiedene Gildas zu verschiedenen Zeiten gelebt haben, um durch eine solche annahme die geschichtlichen ungehörigkeiten des wahrscheinlich später überarbeiteten buches zu erklären. Einige bezweifeln das geschichtliche dasein eines schriftstellers Gildas gänzlich.[35] Ein ähnliches schicksal theilt *Nennius*, dem ebenfalls ein kleines historisches werk zugeschrieben wird.[36] Derselbe soll zu anfang des siebenten jahrhunderts als abt zu Bangor gelebt haben. Der erste unzweifelhafte Schriftsteller von bedeutung ist *Columban*, geboren in Irland, ein grosser beförderer des christenthums, welcher im jahre 615 starb. Seine schriften bestehen aus lateinischen abhandlungen und gedienten.[37]

Theodorus. Adrian.*Theodorus*, gebürtig aus Tarsus, ein sogar zu Rom wegen seiner gelehrsamkeit und seiner kenntniss der alten sprachen berühmter gelehrter, erzbischof von Canterbury, und sein freund, der abt *Adrian*, von geburt ein Afrikaner, von W. von Malmsbury „fons litterarum, rivus artium" genannt, begannen in der zweiten hälfte des siebenten jahrhunderts die klassischen sprachen in England zu lehren. Diesen beiden fremden verdankten die Angelsachsen eine reihe von lateinischen schriftstellern und gelehrten, welche auf das ausland wieder befruchtend zurück wirkten.

Aldhelm.Unter den lateinischen Schriftstellern der ältesten *angelsächsischen* zeit in England ist zu erwähnen *Aldhelm*, abt von Malmsbury, dem ersten angelsächsischen kloster, wo die mönche nach einer festen regel lebten, und wo sich um Aldhelm, welcher durch seine gelehrsamkeit eben so sehr als durch seine frömmigkeit und herzensgüte berühmt war, selbst aus Schottland und Frankreich schüler sammelten. Aldhelm starb im jahre 709. Ausser einigen unsicheren schriften ist zuerst eine abhandlung Aldhelm's in prosa De Laude Virginitatis zu erwähnen, welche ein lieblingsbuch der Angelsachsen war, und in mehreren handschriften auf uns gekommen ist. Einige derselben, besonders die späteren, sind theilweise mit einer angelsächsischen übersetzung zwischen den zeilen versehen. Aldhelm schrieb über denselben gegenstand noch eine andere abhandlung in hexametern. Beide schriften enthalten die leidensgeschichten von märtyrern beiderlei geschlechts, welche sich durch ihre keuschheit ausgezeichnet haben. Ein anderes werk Aldhelm's, Aenigmata, war bei den Angelsachsen nicht minder beliebt. Voraus geht eine einleitung in prosa, welche von den eigenthümlichkeiten der lateinischen metrik handelt. Ausser diesen schriften ist noch ein gedicht Aldhelm's über die sogen. todsünden und eine kleine sammlung seiner briefe vorhanden. Die Aenigmata, eine nachahmung der Aenigmata des Symposius, enthalten eine doppelt acrostische einleitung in versen, deren erste *oder* letzte buchstaben den vers

Aldhelmus cecinit millenis versibus odas.

geben, woraus geschlossen wird, dass das nur siebenhundert und vier und sechszig verse enthaltende werk nicht vollständig sei. Wright theilt diese acrostische einleitung aus einem im brittischen Museum aufbewahrten alten manuscripte mit. Sie möge ihrer sonderbarkeit wegen und als älteste probe lateinischer dichtung der Angelsachsen hier eine stelle finden:

    Arbiter æthereo jugiter qui regmine sceptra
    Lucifluumque simul cœli regale tribunal
    Disponis, moderans æternis legibus illud;
    Horrida nam multans torsisti membra Behemoth,
    Ex alta quondam rueret dum luridus arce,
    Limpida dictanti metrorum carmina præsul
    Munera nunc largire, rudis quo pandere rerum
    Versibus ænigmata queam clandestina fatu.
    Sic Deus indignis tua gratis dona rependis,
    Castalidas nymphas non clamo cantibus istuc,
    Examen neque spargebat mihi nectar in ore,
    Cinthi sic nunquam perlustro cacumina, sed nec
    In Parnasso procubui, nec somnia vidi.
    Num mihi versificum poterit Deus addere carmen,
    Inspirans stolidæ pia gratis munera menti.
    Tangit si mentem, mox laudem corda rependunt
    Metrica; nam Moysen declarant carmina vatem
    Jamdudum cecinisse prisci vexilla trophæi,
    Late per populos inlustria, qua nitidus sol
    Lustrat ab oceani jam tollens gurgite cephal,
    Et psalmista canens metrorum carmina voce
    Natum divino promit generamine numen,
    In cœlis prius exortum, quam Lucifer orbi
    Splendida formatis fudisset lumina sæclis.
    Verum si fuerint bene hæc ænigmata versu,
    Explosis penitus nevis et rusticitate,
    Ritu dactilico recte decursa, nec error
    Seduxit vana specie molimina mentis,
    Incipiam potiora; sui Deus arida verbi,
    Belligero quondam qui vires tradidit Iob,
    Viscera perpetui si roris repleat haustu.
    Siccis nam laticum duxisti cautibus amnes
    Olim, cum cuneus transgresso marmore rubro
    Desertum penetrat; cecinit quod carmine David.

> Arce poli genitor, servas qui sæcula cuncta,
> Solvere jam scelerum noxas dignare nefandas.

Aldhelm war auch in seiner muttersprache ein solcher sänger, Scóp, dass ihn Alfred der grosse in die vorderreihe angelsächsischer dichter setzt; doch sind seine gedichte in der muttersprache verloren gegangen, obwohl sie im zwölften jahrhundert, wie William von Malmsbury schreibt, noch gesungen wurden. J. Grimm ist geneigt, das von ihm herausgegebene angelsächsische epos Andreas dem Aldhelm beizulegen.[38] Von ihm soll auch eine übersetzung der psalmen in angelsächsische verse herrühren, aber es sind keine genügende gründe vorhanden, die von Thorpe im jahre 1835 herausgegebene psalmenübersetzung für ein werk Aldhelm's zu halten. Aus seinen angelsächsischen gedichten mochte Aldhelm die gewöhnte alliteration auch auf seine lateinischen verse übertragen, wie obige Probe zeigt.[39]

Ceolfrid. Ein anderer kirchenschriftsteller der Angelsachsen, berühmt durch seinen noch berühmteren schüler Beda, war *Ceolfrid*, welcher um das jahr 642 wahrscheinlich in Northumberland geboren war. Ceolfrid lebte als abt des klosters zu Yarrow und seit 690 als abt des klosters zu Wearmouth. Im jahre 716 legte er sein amt nieder und begab sich auf die reise nach Rom, um dort zu sterben; sein tod erfolgte aber schon unterwegs in Frankreich. Durch seinen ruf angezogen, sammelten sich viele schüler, darunter auch Beda, um den abt von Wearmouth, welcher in kirchenangelegenheiten eine solche autorität besass, dass der neu bekehrte könig der Picten, Naitan, ihn um auskunft über die feier des osterfestes bat. Der von Ceolfrid als antwort an Naitan geschriebene brief ist von Beda (kirchengeschichte V, 21) überliefert worden.[40]

Tatwin. *Tatwine*, geboren in Mercia, erzbischof von Canterbury von 731 bis 734, in welchem jähre er starb, ist ein nachfolger Aldhelm's auf dem gebiete der lateinischen poesie, indem von ihm Aenigmata, gedichte in hexametern, in einem noch nicht gedruckten manuscript des brittischen museums (reg. 12. c. XXIII) auf uns gekommen sind. Das folgende von Wright aus der Handschrift mitgetheilte Aenigma Tatwine's beweist, dass die angelsächsischen mönche sich der feder zum schreiben bedienten.[41]

De Penna.

Nativa penitus ratione, heu, fraudor ab hoste!
Nam superas quondam pernix auras penetrabam;
Vincta tribus nunc in terris persolvo tributum,
Planos compellor sulcare per æquora campos,
Causa laboris, amoris, tum fontes lacrimarum
Semper compellit me aridis infundere sulcis.

Felix*Felix*, ein mönch zu Croyland, wahrscheinlich in Lincolnshire geboren, mag um das jahr 730 gelebt und geschrieben haben, da er ein freund Alfwald's, königs der Ostangeln, war, welcher von 713 bis 749 herrschte. Felix ist der verfasser einer lebensbeschreibung des heiligen Guthlac, welcher sich zuerst in der wildniss von Croyland niederliess und im jahre 714 starb. Das buch ist dem könige Alfwald gewidmet. Die folgende probe aus Guthlac's lebensbeschreibung, eine schilderung Croyland's zu anfang des achten jahrhunderts, ist von Wright mit einer aus einem manuscript des brittischen museums (cotton. vespas. d. XXI. fol. 25) entlehnten und dem Alfric zugeschriebenen angelsächsischen übersetzung zusammengestellt worden.[42]

Angelsächsisch:

Est in mediterraneorum Anglorum Britanniæ partibus immensæ magnitudinis acerrima palus, quæ a Grontæ fluminis ripis incipiens, haud procul a castello quod dicunt nomine Gronte, nunc stagnis, nunc flactiris interdum nigris fusis vaporibus et laticibus, necnon crebris insularum nemoribus intervenientibus, et

Ys on Bretone lande sum fenn unmætre mycelnysse, þæt on-ginneð fram Grante éa naht feor fram þære cestre ðy ylcan nama ys nemned Granteceaster. Þær synd unmætre moras, hwilon sweart wæter steal and hwilon fúle éa riþas yrnende, and swylce eac manige ea-land and hreod and beorhgas and treow ge-wrido, and hit mid menig-fealdan bignyssum widgille

flexuosis rivis parum ab austro in aquilonem maritenus longissimo tractu protenditur.

Igitur cum supradictus vir beatæ memoriæ Guthlacus illius vastissimæ eremi inculta loca comperisset, cœlestibus adjutus auxiliis rectissimo callis tramite perrexit.

Contigit ergo proximantibus accolis illius solitudinis experientiam sciscitaretur, illisque plurima spatiosæ eremi inculta narrantibus, ecce quidam de illic adstantibus nomine Tatwinus se scisse aliquam insulam in abditis remotioris eremi partibus adserebat, quam multi inhabitare tentantes propter incognita eremi monstra et diversarum formarum terrores amiserant.

Quo audito vir beatæ recordationis Guthlacus illum locum sibi

and lang þeneð wunað on norð sǽ.

Mid þan se fore-sprecena wer and þære eadigan ge-mynde Guðlaces þær widgillan westenes þa ungearawan stowe þær ge-mette þa wes he mid godcundre fultume ge-fylst and þa sona þan rihtestan wege þyder to geferde.

Þa wæs mid þam þe he þyder com þæt he frægn þa bigendean þæs landes, hwær he on þam westene him eardung stowe findan mihte mid þy hi him menig-feald þing sædon be þære widgilnysse þæs westenes. Þa wæs Tátwine ge-haten sum man sǽde þa þæt he wiste sum ea-land synderlice digle þæt oft menige men eardian ongunnon, ac for menig-fealdum brogum and egsum, and for annysse þæs widgillan westenes þæt hit nænig man adreogan ne mihte.

Ac hit ælcforþan be fluge, mid þam þe se halga wer Guðlac þa word ge-hyrde, he

monstrari a narrante efflagitat. Ipse autem imperiis viri Dei annuens, arrepta piscatoria scapula per invia lustra in tetræ paludis margines Christo viatore ad prædictam insulam, quæ lingua Anglorum Cruland vocatur, pervenit, quæ ante propter remotioris eremi solitudinem inculta et ignota manebat.

Nullus hanc ante famulum Christi Guthlacum solus habitare colonus valebat, propter videlicet illic demorantium dæmonum phantasias: in qua vir Dei Guthlacus contemto hoste, cælesti auxilio adjutus, inter umbrosa solitudinis nemora solus habitare coepit.

bæd sona þæt he him þa stowe ge-tæhte, and he þa sona swá dyde. Eode þa on scip and þa ferdon begen þurh þa rugan fennas oþ þæt hi comon to þære stowe þe man haleð Cruwland. Wæs þæt land on middan þam westene swá ge-rád ge-seted þæs fore-sædan fennas swyðe digle, and hit swyþe feawe men wiston buton þam anum þe hyt him tæhte,

swylc þær næfre menig man ær eardian ne mihte ær se eadiga wer Guthlac to-com for þæra eardunga þara awerigedra gasta. And he þa se eadiga wer Guþlac for-hogode sona þa costunge þæra awerigedra gasta, and mid heofonlicum fultume ge-strangod wearð, be-twyx þa fenlican ge-wrido þæs widgillan westenes, þæt he ana ongan eardian.

Beda. Cuthbert. Alle seine vorgänger übertraf *Beda*, mit dem beinamen Venerabilis, der lateinische hauptautor England's unter den Angelsachsen. Die nachrichten über sein leben rühren hauptsächlich von ihm selbst her; sie sind am ende seiner kirchengeschichte enthalten. Geboren war Beda im jahre 673 in der nähe des ortes, wo bald darauf das kloster Wearmouth gegründet wurde. In diesem kloster unter dessen gelehrtem abte Ceolfrid erwarb sich Beda seine glänzenden kenntnisse, welche ihm einen ehrenplatz in der literaturgeschichte England's sichern; in diesem kloster verbrachte er sein ganzes leben mit kurzen unterbrechungen unter übungen der frömmigkeit und literarischen arbeiten, deren grösserer theil aus der zeit von 716 bis 731 herzurühren scheint, in welchem jahre Beda's hauptwerk, seine grosse kirchengeschichte der Angelsachsen, vollendet wurde. Die schilderung der letzten krankheit Beda's, während welcher er mit einer übersetzung des evangeliums Johannis in das Angelsächsische beschäftigt war, und seines todes ist von der hand seines schülers *Cuthbert* auf uns gelangt. Sein tod erfolgte am sechs und zwanzigsten Mai 735 am Asthma.

Beda selbst hat zu ende seiner kirchengeschichte ein verzeichniss der von ihm bis zum jahre 731 verfassten schriften, welche sich auf acht und dreissig belaufen, mitgetheilt, zu welchen noch fünf andere aus späterer zeit hinzutreten. Seine werke umfassen hauptsächlich theologie und kirchengeschichte, betreffen aber auch naturwissenschaft und grammatik. Seine abhandlung de Natura Rerum und die im zehnten jahrhundert entstandene übersetzung derselben war mehrere jahrhunderte das wissenschaftliche hauptwerk in England. Seine wichtigste arbeit, die kirchengeschichte der Angelsachsen, welche er nach den vorhandenen besten schriftlichen und mündlichen quellen schrieb, ist nächst der angelsächsischen chronik, welche vieles aus Beda's werk entlehnt, zugleich die hauptquelle für die erste geschichte der Angelsachsen in England; könig Alfred übersetzte Beda's berühmtes werk in das Angelsächsiche.[43]

EgbertUnter Beda's freunden ist der bemerkenswertheste *Egbert*, erzbischof von York, von 732 bis 766, ein bruder Eadbert's, königs von Northumberland. Egbert legte eine bibliothek zu York an, welche zu Alcuin's zeiten eine für damalige verhältnisse sehr reiche sammlung von kirchenvätern, alten klassikern (Aristoteles, Cicero, Virgil, Plinius, Statius, Lucanus, Boethius, Cassiodorus, Orosius etc.), alten grammatikern und scholiasten (Probus, Donatus, Priscianus etc.) enthielt. Dieses war die bibliothek, welche Alcuin gegen Karl den grossen rühmte, und aus welcher er „die blüthen Britannien's" nach Frankreich holen wollte, damit „der garten in York nicht verschlossen sei, sondern die früchte desselben in das paradies von Tour gebracht würden." Um Egbert's zeit war in die angelsächsische kirchendisciplin eine bedenkliche schlaffheit gekommen; sowohl weltliche als geistliche hatten sich einem üppigen leben ergeben, und gelehrsamkeit und zucht fingen an, aus den klöstern zu weichen. Beda ermahnt daher seinen freund noch kurz vor seinem tode, wieder eine strengere zucht in der diöcese einzuführen und wenigstens das Credo und Pater noster zum besten der laien wie des clerus in das angelsächsische übersetzen zu lassen. Egbert schrieb hierauf einen dialog De Ecclesiastica Institutione, welcher noch erhalten ist; hierauf veröffentlichte er auszüge (excerptiones) aus den älteren kirchenvorschriften über die wichtigsten punkte der kirchenzucht und verfasste endlich das confessionale und poenitentiale, die beiden hauptschriften der angelsächsischen kirche über diesen gegenstand. Wie es scheint, waren sie lateinisch und des besseren verständnisses wegen auch zugleich angelsächsisch abgefasst worden.[44] Folgendes ist eine probe aus diesen beiden schriften:

Aus dem Confessionale.

27. Feowertyne winter mæden heo mot agan hire lichaman ge-weald. Cniht oð þæt he sig XV. winter eald sig he on his fæder ge-wealdum; syððan he hine mot munecian, gif he wyle, and na ær. Fæmne oð þæt heo sig XIII. oððe XIIII. winter sig heo on hyre yldrena mihtum; æfter þære yldo hire hlaford hi mot gefon mid hire wyllan. Se fæder his sunu, gif him mycel neod byð, he hine

Puellæ quatuordecim annorum corporis sui potestatem habere licet. Puer, usque ad XV. æstatis annum, in potestate sit patris sui; deinde se monachum potest facere, si velit, et non antea. Puella usque ad XIII. vel XIIII. annum sit in potestate parentum suorum; post hanc ætatem dominus ejus illam capere potest, cum voluntate sua. Pater potest filium suum, magna

mot on þeowet ge-syllan, oð þæt he bið VII. winter ofer þæt, butan þæs suna willan, he hine ne mot syllan.	necessitate compulsus in servitutem tradere, usque ad septimum annum; deinde, sine voluntale filii, eum tradere non potest.

Aus dem Pœnitentiale lib. IV.

32. Gif hwylc ge-hadod man on huntað fare, gif hit beo cleric, forga XII. monað flæsc; diacon, II. gear; mæsse-preost, III.; and bisceop, VII.	Si ordinatus quis homo ad venationem prodeat, si sit clericus, XII. menses a carne se abstineat; diaconus, II. annos; presbyter, III.; et episcopus, VII.
33. Gif hwylc bisceop, oððe ænig ge-hadod man, hine oftrædlice oferdrince, oððe he þæs ge-swice, oððe his hades þolige.	Si episcopus quis, vel quilibet ordinatus homo, ex consuetudine se inebriet, vel ab hoc desistat, vel ordinem suum perdat.
34. Gif munuc for ofer-druncennysse spiwe, fæste XXX. daga.	Si monachus ex ebrietate evomuerit, XXX. dies jejunet.
37. Seðe þurh facn operne oferdreneð, fæste XL. daga.[45]	Qui per fraudem alium inebriaverit, XL. dies jejunet.

Wilbrod. Winfrid. Ein Angelsachse war es, welcher das christenthum seinen heidnischen stammverwandten in Deutschland zu bringen versuchte, nachdem Wilfred, 634 bis 709, den letzten germanischen stamm in England, die Südsachsen, 681 zur neuen lehre bekehrt hatte. Dieser erste angelsächsische apostel, welcher sein leben der bekehrung der Deutschen am Unterrhein und in Friesland widmete, war *Wilbrod*, gestorben 738. In seine fussstapfen trat *Winfrid* oder Bonifacius, geboren um 680, welcher von 716 ab weiter in das innere von Deutschland, in Thüringen, Sachsen, Hessen, Franken, Baiern vordrang und zugleich viele

Angelsachsen in diese länder nach sich zog, bis er endlich im jahre 755 von den heidnischen Friesen erschlagen wurde. Interessant ist eine zusammenstellung der abschwörungsformel und des glaubensbekenntnisses, welche Winfrid bei der taufe der bekehrten Sachsen anwendete, und des Angelsächsischen.[B]

Die Abschwörungsformel.

Bonifacius.

Forsachistu diabolæ?
Et resp. Ec forsacho diabolæ.
End allum diabol gelde?
Resp. End ec forsacho allom diabol gelde.
End allum diabole uercum?
Resp. And ec forsacho allom diaboles uuercum end uuordum, Thunar erende, Uuoden end Saxnote,[46] ende allem them unholdum the hira genotas sint.

Angelsächsisch.

Forsacest þu diabule?
Et resp. Ic forsace diabule.
And eallum diabul gelde?
Resp. And ic forsace eallum diabul gelde.
And allum diabules wercum?
Resp. And ic forsace eallum diabules wercum and wordum, þunor erende, Wodne and Seaxneate, and eallum þam unholdum þe hira geneatas sind.

Englisch.

Forsakest thou the devil?
Answ. I forsake the devil.
And all worship of the devil?
Answ. And I forsake all worship of the devil.
And all works of the devil?
Answ. And I forsake all works and words of the devil, the worship of Thor, Woden and Saxnote and all the evil spirits who are their companions.

Deutsch.

Entsagst du dem teufel?
Antw. Ich entsage dem teufel.
Und allem teufelsdienst?
Antw. Und ich entsage allem teufelsdienst.
Und allen teufelswerken?
Antw. Und ich entsage allen teufelswerken und worten, der Thorverehrung, dem Wodan und Sachsengott, und allen den Unholden, die ihre Genossen sind.

Das Glaubensbekenntniss.

Bonifacius.

Gelobistu in Got
  almehtigan, fadær?
Resp. Ec gelobo in Got
  almehtigan, fadær.
Gelobistu in Crist, Godes
  suno?
Resp. Ec gelobo in Crist,
  Godes suno.
Gelobistu in halogan
  gast?
Resp. Ec gelobo in
  halogan gast.

Englisch.

Believest thou in God
  Almighty, the father?
Answ. I believe in God
  Almighty, the father.
Believest thou in Christ,
  God's son?
Answ. I believe in Christ,
  God's son.
Believest thou in the
  Holy Ghost?
Answ. I believe in the
  Holy Ghost.

Angelsächsisch.

Gelyfest þu in God
  ælmihtigan, fæder?
Resp. Ic gelyfe in God
  ælmihtigan, fæder.
Gelyfest þu in Crist, Godes
  sunu?
Resp. Ic gelyfe in Crist, Godes
  sunu.
Gelyfest þu in haligan gast?
Resp. Ic gelyfe in haligan
  gast.

Deutsch.

Glaubst du an Gott
  allmächtigen, den vater?
Antw. Ich glaube an Gott
  allmächtigen, den vater.
Glaubst du an Christ, Gottes
  sohn?
Antw. Ich glaube an Christ,
  Gottes sohn.
Glaubst du an den heiligen
  geist?
Antw. Ich glaube an den
  heiligen geist.

Vergleicht man das original mit der angelsächsischen übersetzung, so ist zu bemerken, dass das bei den Angelsachsen vorkommende wort diabul gewöhnlich in deofle zusammengezogen erscheint, und dass anstatt erende gewöhnlich arung, erung (had-erung) vorkommt, wogegen anstatt and auch ende, und anstatt eall auch all geschrieben werden könnte. Im übrigen sind original und übersetzung wenig mehr verschieden als die angelsächsische sprache in England selbst zu verschiedenen zeiten und orten.

Dem Bonifacius wird von Th. Wright ein lateinisches gedicht, Aenigmata, (Ms. reg. 15. B. XIX. fol. 204) in hexametern zugeschrieben, worin zehn (am ende der handschrift fehlt ein blatt, daher für uns nur neun) tugenden geschildert werden. Seine übrigen schriften bestehen aus predigten und briefen.[47]

Willebad. Alcuin.Von Winfrid's angelsächsischen nachfolgern in der bekehrung und bildung der Deutschen mögen noch genannt werden *Willehad* aus Northumberland, bischof von Wigmodia (dem district um Bremen), und *Alcuin* aus York, (gestorben 804), der gelehrte freund Carl's des grossen. In Egbert's zu York gestifteter schule gebildet, hatte Alcuin vor seiner entfernung die aufsicht über die dortige kostbare bibliothek. Seine wirksamkeit als schriftsteller bezieht sich mehr auf Carl's des grossen reich als auf England. Von den vielen lateinischen schriften Alcuin's wurden indessen die Questiones in Genesin im zehnten jahrhundert in das Angelsächsische übersetzt, welche übersetzung in vielen handschriften auf uns gekommen ist, woraus man schliessen kann, dass sie ein beliebtes buch der Angelsachsen war.[48]

Grimbald. Johann. WerferthEngland selbst hörte mit den einfällen der Dänen und ihren verwüstungen, welche auch die klöster und kirchen nicht verschonten, so lange auf, eine freistatt der gelehrsamkeit und bildung zu sein, bis die insel durch Alfred dem grossen wieder einige Ruhe gewann. An die stelle der lateinischen sprache trat nunmehr besonders durch die bemühungen Alfred's die angelsächsische, welche früher nur von dem Scóp, oder sänger, und dem christlichen psalmisten literarisch benützt worden war. Alfred war genöthigt, in dasselbe England, aus welchem im vorigen (achten) Jahrhundert eine anzahl gelehrter männer hervorgingen, um das deutsche festland mit ihrem wissen und ihren büchern zu befruchten, fremde gelehrte, *Grimbald* von St. Bertin und *Johann* von Corvey, zur erziehung und bildung der unwissenden angelsächsischen geistlichkeit herbeizurufen. Von Alfred's hohen geistlichen (der erzbischof von Canterbury ordinirte an einem tage sieben bischöfe in der kirche zu Winchester) sind keine lateinischen schriften auf uns gelangt. *Werferth*, bischof von Worcester, soll von Alfred mit der übersetzung der gespräche des papstes Gregor in das Angelsächsische betraut worden sein.

Das einzige bekannte manuscript dieser übersetzung befindet sich im Corpus Christi College (Nr. 322) zu Cambridge; es stammt aus dem elften jahrhundert. Die lebensbeschreibung Alfred's, welche unter dem namen des bischofs Asser bekannt ist, mag wahrscheinlich eine spätere, aus dem elften jahrhundert herrührende arbeit eines mönches sein,[49] welcher dazu die angelsächsische chronik und mündliche überlieferungen benützte.

Folchard. Gotselin.Gegen das ende dieser periode, besonders unter Eduard dem bekenner, kam eine anzahl fremder geistlichen nach England. Von diesen verdienen genannt zu werden *Folchard* aus Flandern, von dem heiligenlegenden in lateinischer sprache geschrieben worden sind, und *Gotselin*, ein mönch aus dem französischen kloster St. Bertin, in Canterbury 1098 gestorben, welcher eine menge legenden von englischen heiligen, darunter eine lebensbeschreibung des heiligen Augustin abgefasst hat. Dieselben befinden sich zerstreut in den verschiedenen Actis Sanctorum.[50]

Die kirchenschriftsteller der Angelsachsen führten der volkssprache keine unbedeutende anzahl lateinischer Wörter zu, welche fast sämmtlich kirchliche angelegenheiten betreffen; so findet sich später im Angelsächsischen der gebrauch von *mynster*, minster, (monasterium), *portic*, porch, (porticus), *cluster*, cloister, (claustrum), *munuc*, monk, (monachus), *bisceop*, bishop, (episcopus), *arcebisceop*, archbishop, (archiepiscopus), *sanct*, saint, (sanctus) *profost*, provost, (propositus), *pall*, pall (pallium), *calic*, chalice, (calix), *candel*, candle, (candela), *psalter*, psalter, (psalterium), *mæsse*, mass, (missa), *pistol*, epistle, (epistola), *prædician*, to preach, (prædicare), *profian*, to prove, (probare), *gemartyrod* etc. Zugleich lernten die Angelsachsen fremde erzeugnisse mit ihren lateinischen namen kennen, die sie in ihre sprache aufnahmen; so z. B. *camell*, camel, (camelus), *ylp*, elephant, (elephas), *fic*-beam, figtree, (ficus), *feferfuge*, (feverfew), (febrifuga), *peterselige*, parsley, (petroselinum), *pipor*, pepper, (piper), *purpur*, purple, (purpura), *pumic*-stan, pumicestone, (pumex).

II. Die angelsächsische Sprache.[51]

Germanische Sprachen Verwandtschaft und Zusammenhang der angelsächsischen sprache mit den übrigen zweigen des grossen germanischen stammes möchten am besten aus folgender übersicht hervorleuchten:

Alt - Germanisch. ¹)

Alt-Deutsch²)

Alt - Hochdeutsch   Alt - Niederdeutsch

Möso-Gothisch, Alemannisch, Fränkisch   Altsächsisch, Altfriesisch, Angelsächs.

Neu-Hochdeutsch (mit seinen mundarten.)   Niederdeutsch, Holländisch, Englisch (mit ihren mundarten.)

Alt-Skandinavisch³) auf

Dänemark, Norwegen, Schweden, Island, den Orkney-, Schetland-, Faroer-Inseln.

Dänisch, Norwegisch, Schwedisch, Isländisch, Orkney-, Schetland-, Faroer-Mundart.

diagram in plain-text format

Alt-Germanisch.[52]   *Alt-Deutsch*[53]   *Alt-Skandinavisch*[54]

Die vorväter der germanischen eroberer Britannien's wohnten an der nordküste Deutschland's in ihrer ganzen ausdehnung von Friesland bis zur jütischen halbinsel. Die sprache derselben war die niederdeutsche,[55] weichere tochter der germanischen mutter in verschiedenen mundarten, welche in England sich zu verschmelzen trachteten, obwohl man ihre unterschiede in alter wie neuer zeit wahrzunehmen vermag. Durch die insulare lage des landes, welche zur einheit drängte, wie durch die berührung mit den romanisirten Britten und Galliern, endlich durch die frühe einführung des bildenden christlichen elementes entwickelte sich in England die sprache und literatur der Angelsachsen zu einer solchen blüthe, wie sie in dieser schönheit und mannigfaltigkeit bei keinem anderen deutschen stamme zu einer so frühen zeit anzutreffen ist.

Dies wird auch dadurch bestätigt, dass das Angelsächsische schon in früher zeit eine gebildete prosa besass; die prosa aber bekundet zugleich die geistige reife des volkes wie seiner sprache, weil es ihr sein wissen und denken vertraut, während in der alten poesie nur sein fühlen zu finden ist.

Das AngelsächsischEs scheint unzweifelhaft, dass die deutschen einwanderer in der letzten hälfte des fünften jahrhunderts einzelne schöpfungen der nordischen muse nach England mitbrachten. Die ersten denkmäler der angelsächsischen sprache führen uns in die zeit zurück, wo alle literatur noch poesie, und der sänger, dichter und gelehrte *eine* person war. So wie das leben damals durchaus dichterisch war, so war auch die dichtkunst eine lebendige, das leben schildernde, epische. Im gesange wurden die thaten der urväter, die geschichten der vergangenen tage der mitwelt überliefert, und was diese schuf, wurde sogleich wieder dem liede anvertraut und darin der nachwelt aufbewahrt. So wurde im gesange die geschichte und die weisheit des volkes niedergelegt und vererbt auf die künftigen enkel.

Der ScópDie gabe des gesanges konnte nicht künstlich erworben werden, sondern stammte von der gottheit und war eine besondere gabe derselben, wie Beda (kirchengeschichte IV, 24) von Caedmon erzählt. Der sänger, scóp (von sceapan, scyppan, schaffen), stand daher in Ehren bei den Sachsen, sein platz war in der halle und an der tafel der fürsten; er begleitete sie in die schlacht und feierte ihre häuslichen freuden. Wie hoch die dichtkunst und der gesang unter den Sachsen gehalten wurde, sieht man aus manchen andeutungen des alten gedichtes Beowulf. Wenn der dichter uns die freude schildern will, welche in der königlichen halle von Heorot herrschte, so darf der sänger nicht fehlen (Beow. v. 987); dagegen ist es ein sicheres zeichen der sorge und des kummers, wenn die gewohnten gesänge nicht gehört werden (v. 4519). Dass die sänger die thaten der helden, mit denen sie lebten, im gesange verherrlichten, geht aus einer anderen stelle Beowulf's deutlich hervor. Kaum hatte Beowulf den schrecklichen Grendel besiegt, als auch schon der hofsänger Hrothgar's sich anschickt, den sieg Beowulf's in verse zu bringen und

damit der nachwelt zu überliefern (Beowulf, v. 1728).
Zuweilen sang der dichter auch höhere dinge als die thaten
der helden; er erhob seine harfe und sang die erschaffung
der welt (Beowulf, v. 178). Je nach den umständen mochten
auch heitere mit ernsten gegenständen in den liedern des
sängers abwechseln. Der sänger wanderte auch fort von der
heimath, besuchte fremde länder und sang vor den grossen
derselben, welche ihm reichliche ehrengeschenke gaben, die
er als zeugen seines ruhmes von der wandersfahrt nach
hause brachte, wo er dann seine reisen schilderte. So mag
das gedicht entstanden sein, welches unter dem namen
Traveller's Song oder Scopes widsið aus der
exeterhandschrift mehrmals abgedruckt worden ist. (Vergl.
weiter unten den schluss dieses alten gedichtes.)

Dadurch, dass ein sänger dem anderen die gesänge, welche
er empfangen und gedichtet hatte, überlieferte, und dass
dieselben durch das öftere hören auch in dem weiteren
kreise des volkes bekannt wurden, entstand ein
poesiencyclus, welcher, ohne dass ein autor der einzelnen
stücke bekannt gewesen wäre, rhapsodisch von geschlecht
zu geschlecht forterbte, bis endlich die aufzeichnung
einzelner rhapsodien oder grösserer epopöen erfolgte. Der
berühmte Codex Exoniensis ist eine solche sammlung
späterer aufzeichnungen einzelner rhapsodien des
angelsächsischen sangkreises.

Während der langen zeit zwischen dem entstehen der
dichtungen und ihrer aufzeichnung durch die schrift,
wurden sie ganz allein dem gedächtniss anvertraut und so
erhalten. Jetzt, wo die schrift an die stelle des gedächtnisses
getreten ist, mag man sich über die kraft und
empfänglichkeit des letzteren ungemein wundern. Der
aufzeichner von Wilfred's lebensbeschreibung, Eddius (vita
Wilfred. in Gale's Historiae Britanniae scriptores XV. fol.
Oxon. 1691. Seite 52. 53), erwähnt, dass Wilfred als
jüngling, während seines aufenthaltes im kloster
Lindisfarne, zuerst das psalmbuch nach dem lateinischen
texte von Hieronymus, und dann das ganze noch einmal
nach dem römischen text (more Romanorum juxta quintam
editionem) auswendig gelernt habe. Aus William von
Malmsbury (p. 77. Ausg. 1601) geht hervor, dass noch zu

seiner zeit im 12. jahrhundert, als die angelsächsische literatur schon im verfall war, viele lieder aus alter zeit im munde des volkes lebten. Die wesentliche folge dieser überlieferung von mund zu mund war, dass die ursprüngliche form der gedichte sich im laufe der zeit änderte. Wenn die späteren sänger sie vortrugen, so geschah es natürlich in der sprache, die sie sprachen und ihre zuhörer am besten verstanden; daher kommt es, dass die handschriften, welche sie enthalten, in dem herrschenden westsächsischen dialekte ihrer zeit abgefasst sind, so dass man eigentlich nicht im stande ist, die allmälige veränderung der lebendigen sprache bis zu ihrer erstarrung in der schrift stufenweise zu verfolgen. Ja selbst die ursprüngliche gestalt des inhalts der gesänge konnte durch auslassungen, zusätze und kleine dem orte und der zeit angepasste veränderungen wechseln, wie sich dies in der that namentlich an Caedmon nachweisen lässt.

Noch zu Alfred's zeit mochte das gedächtniss das hauptmittel der überlieferung der alten gesänge sein. Er selbst wurde schon im frühen alter angehalten, die dichterischen erzeugnisse seines volkes auswendig zu lernen (Saxonica poemata diu noctuque solers auditor relatu aliorum sæpissime audiens docibilis memoriter retinebat. Asser, vita Aelfr. ed. M. Parker p. 7). Von dem zehnten jahrhundert bis in das zwölfte hinab erfolgten die meisten aufzeichnungen, wie die vielen aus dieser zeit herrührenden handschriften beweisen. Eine sichere nachricht über solche aufzeichnungen findet sich in dem buche de Gestis Herwardi Saxonis (in einem manuscripte des zwölften jahrhunderts), desselben Hereward, welcher mit seinen gefährten in den sümpfen von Ely den scharen Wilhelm's des eroberers lange zeit trotzte. Der anonyme verfasser des buches erzählt in seiner vorrede, dass er als quelle das werk von Hereward's priester *Leofric*, editum a Lefrico diacono eiusdem ad Brun presbitero, benützt habe und fährt dann fort: „Huius enim memorati presbiteri erat studium, omnes actus gigantum et bellatorum ex fabulis antiquorum, *aut ex fideli relatione*, ad edificationem audientium congregare, et ob memoriam Angliæ literis commendare." Leofric mochte der Scop Hereward's sein und den muth der sächsischen kämpfer durch schilderung der heldenthaten ihrer vorväter kräftigen.[56]

Der poetische ausdruck der alten gesänge beruht auf dem parallelismus der gedanken, häufigen metaphern und paraphrasen, besonders aber auf der natürlichen lebendigkeit der schilderung. Die poetische figur des gleichnisses kommt sehr selten vor. Im ganzen Beowulf findet sich nur fünfmal eine vergleichung in höchst einfacher form: eines schiffes mit einem vogel, der augen Grendel's mit feuer, seiner nägel mit stahl, des lichtes in Grendel's wohnung mit dem sonnenlichte, und des schmelzens eines schwerdtes mit dem des eises. Sylbenmass giebt es in den angelsächsischen gedichten nicht, binnen- wie end-reim nur selten.[57] Beide werden durch eine gewöhnlich doppelte hebung und senkung der stimme in je zwei durch alliteration verbundenen hemistichen ersetzt, welche von den englischen herausgebern angelsächsischer poesie in der regel getrennt als besondere verse, von den deutschen meist in einen vers zusammen gedruckt werden. In den handschriften sind die gedichte ununterbrochen gleich prosa geschrieben, jedoch sind die hemistichen meist durch punkte geschieden, was besonders bei langen versen für die verstheilung der Engländer spricht.[58] Die alliteration in ihrer regelmässigen form verlangt, dass in dem ersten hemistich die beiden tonwörter mit demselben buchstaben beginnen, welcher dann wiederum der anfangsbuchstabe des ersten tonwortes im zweiten hemistich sein soll. Jedoch finden sich viele abweichungen von dieser regel, welche auch durch spätere interpolationen und durch die ungenauigkeit der abschreiber verletzt worden sein mag. Die alliteration begünstigte, wie in späteren zeiten der reim, die bewahrung der gedichte im gedächtnisse. Man kann dieses daraus entnehmen, dass man sie auch in den predigten benutzte, um dem volke das behalten derselben zu erleichtern. (Vergl. Thorpe's analecta Anglo-Saxonica seite 74, und Leo's angelsächsische sprachproben seite 23.)

BeowulÐas wahrscheinlich älteste denkmal der angelsächsischen vorzeit ist das epos *Beowulf*, welches der Däne G. J. Thorkelin von dem einzigen, noch dazu im jahre 1731 bei dem feuer im brittischen museum beschädigten manuscripte (Cotton. Vitellius A. 15) 1815 zu Kopenhagen zum ersten male und zwar sehr fehlerhaft herausgab.[59]

Die handschrift scheint aus dem zehnten jahrhundert zu stammen, bis wohin also das gedicht den mündlichen änderungen der sänger und den irrthümern der abschreiber unterworfen gewesen ist. Obgleich der geschichtliche stoff (aus der mitte des fünften jahrhunderts) und dessen behandlungsweise ersichtlich weit älter sind und in ihren grundlagen von den Angeln aus ihrer alten heimath nach England gebracht worden sein mögen, so hat doch dieses epos im laufe der zeit mannigfache umgestaltungen erlitten, namentlich scheint jede erwähnung der alten gottheiten der Angeln von den späteren christlichen Barden absichtlich in dem gedichte vertilgt worden zu sein. Das epos ist mehr mythus als heldensage, indem es von dem kampfe Beowulf's zu Heorot, dem schlosse des dänenkönigs Hrothgar, mit zwei mächtigen wassergeistern, Grendel und dessen mutter, seinem hauptinhalte nach handelt und zum schluss den tod Beowulf's bei der besiegung eines schätze bewachenden drachen und sein begräbniss schildert.

Als der todtwunde Beowulf sein ende herannahen fühlt, befiehlt er sein mal zu errichten (Kemble XXXVIII. v. 5598):

Ne mæg ic her leng wesan;	Nicht mag ich hier lang bleiben;
hatað heaðo-mære hlæw ge wyrcean,	heisset die kriegsberühmten ein mal aufrichten,
beorhtne æfter bæle, æt brimes nosan;	glänzend nach dem leichenbrande
se scel to gemyndum minum leodum	an des (see) randes nase, welches soll zum gedenken meinen leuten
heah hlifian on Hrones næsse;	hoch emporragen auf Hronesnæs;
þæt hit sæ-liðend syððan hatan Biowulfes biorh,	dass es die seefahrer seitdem heissen Beowulf's berg,
ða ðe Brentingas ofer floda genipu feorran drifað.	wann die Brentinge über der fluth dunkel

weithin treiben.

Und so wie Beowulf sein grabmal wünschte, so wird es von den seinigen hoch an der küste aufgeführt (XLIII. v. 6268):

Him ða gegiredan	Ihm dann bereiteten
Geata leode	die Geatenmänner
ad on eorðan,	einen scheiterhaufen auf erden
unwaclicne,	einen mächtigen,
helm-behongen,	helmbehangenen,
hilde-bordum,	mit kriegsschilden,
beorhtum byrnum,	glänzenden panzern,
swa he bena wæs:	wie er gewünscht hatte:
alegdon ða to-middes	es legten dann zu mitten
mærne þeoden	den berühmten führer
haeleð hiofende,	die trauernden helden,
hlaford leofne;	den geliebten herrn;
ongunnon þa on	begannen dann auf dem berge
beorge	den mächtigsten leichenbrand
bæl-fyra mæst	wetteifernd zu wecken:
wigend weccan:	der holzrauch stieg auf,
wu[du-r]ec astah	schwarz vom holzverzehrer,
sweart of swic-ðole,	rauschende gluth,
swogende [g]let	mit wehklagen umwunden,
[woþe] bewunden,	windwirbel lag (darauf),
wind-blond gelæg	bis dass er das beinhaus
oð þæt he ða ban-hus	gebrochen hatte,
gebrocen hæfd[e],	heiss auf der brust;
hat on hreðre;	in den seelen bekümmert,
higum unrote	im gemüth besorgt betrauerten
mod-ceare mændon	(sie)
mon-dryhtnes	des mannherrn tod.
[cwealm].	

Hier ist die handschrift lückenhaft. Der schluss des ganzen gedichtes, welcher das aufrichten des Beowulfmals schildert, möge hier nach der von Leo gegebenen übersicht des inhaltes einen platz finden; er enthält die alten heidnischen gebräuche bei der todtenbestattung.

> „Da machte das Wedervolk einen todtenhügel, einen hohen und breiten, den die seefahrer leicht von weitem sehen konnten; und in zehn tagen zimmerten sie auf des kriegsberühmten zeichen (becn); mit einem walle umgaben sie es, wie die klügsten es als die ehrenvollste weise angaben. Sie thaten in den todtenhügel ringe und glänzende siegelsteine, aller art rüstzeug, wie es die wildsinnigen männer vorher aus dem schatze genommen hatten; sie liessen die erde halten der edlen zierden, den kies das gold—da liegt es nun noch unnütz wie sonst. Dann ritten um den leichenhügel kampfthiere, edelinge, es waren deren zwölf; sie sprachen und sangen zu seinem preise; sie durchforschten seine edlen eigenschaften, priesen seine heldenthaten, wie es recht ist, dass männer ihren holden herrn mit worten loben, wenn er fort muss aus der leibesumhüllung. So betrauerten die stammhäupter der Geaten ihren theuern herrn, seine heerdgenossen; sie sagten, dass von allen königen der welt er der freigebigste gewesen und freundlichste; dem volke der mildeste und nach edlem begierig."

In das hauptthema Beowulf's sind acht zum theil längere episoden eingeflochten. Die dritte und schönste (XVI. XVII. v. 2119-2317), welche ein Scóp bei dem festmahle nach Grendel's besiegung vorträgt, der kampf Hengest's und Hnæf's gegen den Friesen Finn und die eroberung und endliche zerstörung der Finn's burg,[60] ist bruchstückweise in einer andern bearbeitung auf uns gekomen, welche Kemble in seiner ausgabe des Beowulf seite 238-241 mittheilt. Auch der stoff und die erste grundlage dieses gedichtes ist, wie es scheint, von den Angeln von ihren ursprünglichen sitzen nach England verpflanzt worden.

Sängers Reise Ein anderes, sehr altes gedicht ist der Traveller's Song, nach dem anfange desselben auch *Scopes widsith*, sängers weitfahrt, sängers reise genannt. Dieses gedicht befindet sich in der berühmten Exeter handschrift[61] aufbewahrt und ist öfters gedruckt worden (in Conybeare's Illustrations of Anglo-Saxon Poetry, Kemble's Beowulf, Guest's History of English Rythms und Leo's altsächsischen und angelsächsischen sprachproben) und daher sehr bekannt, obwohl sein inhalt dunkel und offenbar durch viele interpolationen entstellt ist. Das einschieben vieler völkernamen lässt das gedicht nicht mehr als eine schilderung der sängerfahrt erkennen, sondern macht es eher zu einer zusammenstellung der in den damaligen poetischen volkssagen vorkommenden helden- und völkernamen, aus welcher sich die ursprüngliche fassung schwer abscheiden lässt. Diese selbst mag sehr alt sein und in die zeit, wo die Angeln noch auf dem festlande lebten, hineinragen. Leo (in seinen alt- und angelsächsischen sprachproben s. 75) sagt über den Traveller's Song:

„In dem gedicht sind zwei ostdeutsche und zwei norddeutsche heldenkreise, von denen jene um 200 jahre aus einander liegen, verschmolzen. Eormanrîk (Hermanarich) der ostgothenkönig mit den gothenhelden bildet den einen kreis, der auch von deutschen heldensagen vielfach berührt wird. Der zweite ist der Älfvynes (Alboins), des sohnes Eádvynes (Audoins). Beide sind verknüpft durch Ealhhilden, die tochter Eádvynes, die (wie es scheint) fürstin der Myrgingen (wohl Eadgil's gemahlin) geworden ist, und welche als friedenswerberin den sänger zu Eormanrîk begleitet. Ein dritter berührter kreis ist der der Kûtrûn, denn Hagena (Hagen) und Henden (Heþin), so wie Wâda (Wâte) werden erwähnt; ein vierter ist der des Beówulf, dem Fin Folcvalding und Hrôdvulf (Rudolf) und Hrôdgâr (Rüdiger) angehören. Diese vier epischen kreise mussten offenbar dem sänger schon ihrer historischen grundlage nach in solcher entfernung stehen, dass er bei seinen zuhörern eine chronologische scheidung nicht zu fürchten brauchte; sie waren alle schon sagenhaft; weshalb das gedicht nicht wohl früher als etwa 100 jahre nach Alboin — also nicht vor den letzten zeiten des 7. jahrhunderts verfasst sein kann; vielleicht aber auch später, denn dass die andern sagenkreise im volke fortlebten, ist bekannt, und dass im 8. jahrhundert noch, wie in diesem gedicht, Alboin bei Altsachsen und Baiern gefeiert wurde, sagt Paulus Diaconus. Dass diese epischen stoffe bei den Angelsachsen erst nach ihrer bekehrung zum christenthum, jedenfalls also erst im 7. jahrhundert, so verbunden wurden, macht auch die einmischung der Meder, Perser, Griechen, Idumäer, Hebräer u. s. w. wahrscheinlich. Doch geben wir auch diese späteren elemente und einmischungen alle zu, so bleibt immer noch ein bedeutender stoff übrig, der nur alten an das 4. jahrhundert hinaufreichenden liedern und heldensagen entnommen und zum theil nicht durch spätere landes- und stammkenntniss corrigirt sein kann, sondern so wie er ist von den Angeln mit nach England genommen sein muss."

Leo hat seinen abdruck des gedichtes aus Kemble's zweiter ausgabe des Beowulf mit dankenswerthen bemerkungen versehen, welche in das dunkel einiges licht tragen. Eben so Ettmüller, welcher dem gedichte eine besondere bearbeitung gewidmet hat.[62]

Der schluss des gedichtes lautet:

[63]Swa scriþende	So schreitend
gesceapum hweorfað	mit liedern wandern
gleomen gumena	die sänger der menschen
geond grunda fela,	über viele länder,
Þearfe secgað,	bedürfniss sagen,
Þoncword spreccað,	dankwort sprechen (sie)
simle suð oþþe norð,	immer süd oder nord,
sumne gemelað	(wenn) einem sie begegnen
gydda gleawne,	liedeskundigen,
geofum unhneawne,	gaben-unkargen,
se þe fore duguþe wile	der vor dem adel will
dom aræran,	herrschaft aufrichten,
eorlscipe æfnan,	würde zeigen,
oþþæt eal scageð	bis alles schüttert

leoht and lif somod.	licht und leben zusammen.
Lof se gewyrceð	Lob wer erwirkt,
hafað under heofonum	hat unter dem himmel
heahfæstne dom.	hochfeste herrschaft.

Byrhtnoth's Tod. Endlich gehört zu den bekannten epischen gedichten, welche der volkspoesie angehören, noch eine romantische schilderung des todes des aldermannes Byrhtnoth, welche ihren stoff aus der wirklichen geschichte geschöpft hat. Im jahre 991 fand der held des gedichtes im kampfe gegen die Dänen den tod, und der ursprung des gesanges dürfte nicht später zu setzen sein, indem der rühmliche tod eines edlen gleichzeitigen sängern hinreichende veranlassung zu einem liede sein mochte. Anfang und ende des gedichtes fehlen. Das Ms. (ehemals Cotton. Otho, A. 12) ist verbrannt. Es findet sich abgedruckt in W. Conybeare's Illustrations of Anglo-Saxon Poetry, seite 173-183, und Thorpe's Analecta Anglo-Saxonica, seite 121.

An diese alten volksthümlichen epischen sagen und gesänge schliesset sich ein anderer cyclus von epischen gedichten, welcher auf den mit dem christenthume überkommenen vorstellungen und geschichtlichen stoffen ruht.

Die einführung des christenthums eröffnete den Sachsen ein neues feld der dichtkunst, welches auch alsbald eifrig angebaut wurde. Die sänger vertauschten nun ihre alten sagenkreise mit den erzählungen des alten und neuen testamentes, oder mit christlichen legenden und fanden eifrige hörer. Dabei blieben aber die worte und ausdrucksweise fast dieselben; man änderte nur den stoff.

Caedmon. Der hauptträger der neuen religiösen poesie ist *Caedmon*, der mönch von Whitby, wie er gewöhnlich genannt wird. Nach Beda's ausspruch waren Caedmon's verse von besonderer schönheit und blieben unerreicht von andern dichtern (Bedæ Hist. eccl. IV, 24: „et quidem et alii post illum in gente Anglorum religiosa poemata facere tentabant, sed nullus eum æquiparare potuit"). Dieser umstand mag veranlassung zur erfindung der mit dem namen Caedmon verknüpften legende gewesen sein, wonach derselbe auf ungewöhnliche weise die gabe der dichtkunst empfangen haben soll. Es wäre auch möglich, dass Caedmon der erste gewesen wäre, welcher religiöse dichtungen gesungen hätte, so dass man bei ihm eine besondere göttliche eingebung voraussetzen mochte. Wie dies immer sein möge, so viel ist gewiss, dass die zeit zwischen Caedmon († 680) und Beda († 735) der hervorbringung religiöser poesie ganz besonders günstig war. Beda selbst war (doctissimus in nostris carminibus) in der religiösen poesie der Angelsachsen bewandert.

Die Caedmon-legende, der eine geschichtliche[64] grundlage nicht abgesprochen werden soll, wird von Beda in seiner kirchengeschichte (IV, 24) erzählt, wonach ein ehemaliger viehhirt, in der nähe des klosters von Whitby in der mitte des siebenten jahrhunderts lebend, die gabe des gesanges im schlafe vom himmel (divinitus) erhalten haben soll.

Erzbischof Usher kam im anfange des siebzehnten jahrhunderts in den besitz einer angelsächsischen handschrift aus dem zehnten jahrhundert, deren inhalt in vieler beziehung mit Beda's angabe der von Caedmon behandelten stoffe übereinstimmte. Junius, welcher diese handschrift von Usher empfing, gab dieselbe im jahre 1655 unter Caedmon's[65] namen heraus. Gegenwärtig befindet sich das Ms. in der bodleyanischen bibliothek zu Oxford in einem sehr mangelhaften zustande, indem sogar einzelne blätter herausgeschnitten worden sind. Es zerfällt in zwei theile, von denen der erste ursprünglich fünf und fünfzig abschnitte enthielt, erscheint gegenwärtig aber unvollständig; die behandelten stoffe sind aus dem alten testamente entlehnt. Der zweite theil, in einer jüngeren und nachlässigeren hand geschrieben, umfasst jetzt noch elf abschnitte, welche hauptsächlich die höllenfahrt Christi und dessen sieg über den teufel betreffen.[66] Im jahre 1832 gab Thorpe diese dichtungen von neuem unter Caedmon's[67] namen heraus, wodurch sie der kritik zugänglicher wurden. Schon Hickes und später Conybeare hatten auf die verschiedenheit der einzelnen abschnitte in der sprache, auf die völlige zusammenhangslosigkeit des ganzen aufmerksam gemacht, und in neuester zeit ist man ziemlich darüber einverstanden, dass die unter Caedmon's namen gehenden gedichte, so wie sie sind, nicht von Caedmon herrühren.[68]

Vielleicht mag ihm keines in der ganzen sammlung, oder doch nur in der überarbeitung eines späteren angelsächsischen dichters angehören. Sagt doch schon Beda, dass viele den von Caedmon zuerst betretenen weg, die heiligen Schriften poetisch zu paraphrasiren, nach ihm gewandelt sind; auch besitzen wir noch eine anzahl ähnlicher dichtungen, obwohl einige in der „Caedmon's" sammlung die schönsten und besten der ganzen gattung sind und einen schwung zeigen, dass man zu glauben versucht wird, Milton müsse sie gekannt haben, ehe er sein Paradise Lost dichtete, in welchem ähnliche stoffe behandelt sind.[69]

Der anfang Caedmon's lautet:

[70]Us is riht micel,	Uns ist sehr recht,
þæt ve rodera veard,	dass wir der himmel wart,
vereda vuldorcining,	der heere herrlichen könig,
vordum herigen,	mit worten ehren,
môdum lufien.	mit gemüth loben.
He is mægna spêd,	Er ist der kräfte ursprung,
heáfod ealra	haupt aller hochgeschöpfe,
heáhgesceafta,[71]	herr, allmächtiger.
freá ælmihtig.	
Næs him fruma æfre,	Nicht war ihm anfang jemals,
òr gevorden;	ursprung geworden;
ne nû ende cymð	nicht nun ein ende kommt
èccan drihtnes;	des ewigen herrn;
ac he bîð â rîce	sondern er ist immer mächtig
ofer heofenstôlas.	auf himmelsthronen.
Heágum þrymmum,	Mit hohen kräften,
sôðfæst and svîðfeorm,	wahrhaft und mächtig,
sveglbôsmas heold,	himmelsräume hielt er,
ða væron gesette	die gesetzt waren,
vîde and sîde,	weit und breit,
ðurh geveald godes,	durch gottes gewalt,
vuldres bearnum,	den kindern der herrlichkeit,
gàsta veardum.	den beschützern der geister.

Hæfdon gleám and dreám and heora ordfruman engla þreátas, beorhte blisse væs heora blæd micel; þegnas þrymfæste þeóden heredon, sægdon lustum lôf heora lîffreán démdon drihtnes, dugeðum væron svîðe gesælige.	Sie hatten freude und lust und ihren uranfang der engel scharen; glänzende herrlichkeit war ihre grosse seligkeit: kraftfeste diener priesen den herrn, sagten mit lust das lob ihres lebensherrn, rühmten des herrn, waren in tugenden sehr selig.
Synna ne cûðon, firena fremman, ac hie friðe lifdon èce mid heora aldor. Elles ne ongunnon ræran on roderum, nymðe riht and sôð, ærþon engla veard for oferhygde dveal on[72] gedvilde.	Sünden konnten sie nicht. (nicht) verbrechen begehen, sondern sie lebten in frieden ewig mit ihrem vater. Anderes begannen sie nicht aufzurichten in den himmeln, als recht und wahrheit, ehe denn der engel wart wegen überhebung ……. irrthum.
Noldan dreógan leng heora selfra ræd, ac hie of siblufan godes âhvurfon. Hæfdon gielp micel, þæt hie við drihtne dælan meahton vuldorfæstan vîc, verodes þrymme, sîd and svegltorht.	Sie wollten nicht lang ausdehnen ihren eigenen rath, sondern sie von der kindesliebe Gottes wendeten sich. Sie hatten viel anmassung, dass sie mit dem herrn theilen möchten den herrlichfesten ort,

	mit heeresmacht,
	bahn und himmelslicht.
Him þær sâr gelamp,	Ihm da schmerz zustiess,
æfst and oferhygd,	neid und überhebung,
and **þ**æs engles môd,	und jenes engels gemüth,
þe **þ**one unræd	der diesen unrath
ongan ærest fremman,	begann zuerst zu fassen,
vefan and **v**eccean.	weben und wecken.
þâ he **v**orde cvæð,	Dann er mit wort sprach,
nîðes ofþyrsted,	durstig nach bösem,
þæt he on **n**orðdæle	dass er am nordtheil
hâm and **h**eáhsetl	heimath und hochsitz
heofena rîces	des himmelreiches
âgan **v**olde.	besitzen wollte.
þâ **v**earð yrre god	Da ward Gott ergrimmt
and þâm **v**erode **v**râð,	und dem heere zornig,
þe he ær **v**urðode	das er vorher würdigte
vlîte and **v**uldre;	mit glanz und herrlichkeit;
sceôp þam **v**êrlogan	er schuf jenen verlogenen
vræclîcne hâm,	eine verbannungs-heimath,
veorce tô leáne	zum schweren lohne
helleheáfas,	höllklagen,
hearde niðas;	harte strafen,
hêht þæt **v**îtehûs	hiess das strafhaus
vræcna bîdan,	der verbannten bleiben
deóp **d**reáma leás,	tief, freudenlos,
drihten ure,	unser herr,
gâsta **v**eardas.	der geister warten.
þa he hit geare **v**iste,	Da er es fertig wusste,
sinnihte beseald,	mit ewiger nacht versehen,
sûsle geinnod,	mit schwefel geschwängert,
geon**d**folen **f**yre	überfüllt mit feuer
and **f**ærcyle,	und mit überkälte,
rêce and **r**eáde lêge,	mit rauch und rother

hêht þâ geond	flamme,
þæt rædleáse hof	hiess er dann über
veáxan vîtebrôgan.	jenen rathlosen hof
	wachsen die strafschrecken.

Judith. Ausser den unter Caedmon's namen herausgegebenen dichterischen bearbeitungen der heiligen schriften ist noch eine andere erhalten, deren verfasser ebenfalls unbekannt ist. Es ist dieses das bruchstück eines längeren gedichtes, welches seinen stoff aus dem apokryphischen buche *Judith* entlehnt und mit Judith c. 12, v. 10 beginnt. Die schilderungen und die reden der handelnden personen gehören dem dichter an, welcher nur den stoff und zusammenhang aus der bibel entnommen hat. Das ganze bestand einst aus zwölf abschnitten, von denen jedoch die ersten acht und ein theil des neunten verloren sind. Das erhaltene bruchstück dieses schönen gedichtes befindet sich in demselben Ms. (Cotton. Vitellius, A. XV), welches uns den Beowulf bewahrt hat. Es ist oft gedruckt worden, am besten in Thorpe's Analecta p. 131, woraus es in Leo's alt- und angelsächsische sprachproben seite 65 u. f. und in Ettmüller's scôpas and bôceras seite 140 übergegangen ist.

Judith XI.

[73]þa seo gleave het,	Dann die kluge hiess,
golde gefrætevod,	mit gold geschmückt,
hire þinenne,	ihre mägde,
þoncolmode,	gedankenvoll,
þæs herevæðan	des heerführers
heafod onvriðan	haupt enthüllen
and hit to behðe[74]	und es zum zeichen
blodig ætyvan	blutig zeigen
þam burhleodum	den burgleuten,
hu hire æt beaduve gespeov.	wie ihr im kampfe gelang.
Spræc þa seo æðele	Sprach dann die edle
to eallum þam folce:	zu allem dem volke:

Her ge magon sveotole,	hier mögt ihr offenbar,
sigerofe hæleð!	siegreiche helden!
Leoda ræsvan!	volkes führer!
on þæs laðestan	auf dieses gehasstesten
hæðenes heaðorinces	heiden-häuptlinges
heafod starjan,	haupt starren,
Olofernus,	Holofernes,
unlifigendes,	des leblosen,
þe us monna mæst	der uns von menschen die meisten
morðra gefremede,	der morde anthat,
sarra sorga,	bittere sorgen,
and sviðor git	und mehr noch
ycan volde;	hinzufügen wollte;
ac him ne uðe God	aber ihm nicht zuliess Gott
lengran lifes,	längeres leben,
þæt he mid læððum	dass er mit verletzungen
us eglan moste;	uns bekümmern sollte;
ic him ealdor oðþrang,	ich ihm das leben nahm
þurh Godes fultum.	durch Gottes hülfe.
Nu ic gumena gehvæne,	Nun ich der männer jeden,
þissa burhleoda,	dieser burgleute,
biddan ville,	bitten will,
rondviggendra,	der schildträger,
þæt ge recene, eov,	dass ihr schleunigst, ihr,
fysan to gefeohte,	eilet zum gefechte,
siððan frymða God,	seit der anfänge Gott,
ærfæst cyning,	der ehrenfeste könig,
eastan sende	von osten sendet
leohtne leoman.	einen glänzenden strahl.
berað lind forð	Traget die banner vor,
bord for breostum	den schild vor den brüsten,
and byrnhomas,	und panzerhemden,
scire helmas,	glänzende helme,

in sceaðena gemong,	in der räuber gemeng,
fyllan folctogan	zu fällen die führer
fagum sveordum,	mit blitzenden schwerdtern,
fæge frumgaras.	die feigen fürsten.
Fynd sindon eovere	Es sind euere feinde
gedemed to deaðe,	dem tode geweihet,
and ge dom agon,	und ihr habet die
tir æt tohtan,	vollstreckung,
swa eov getacnod hafað,	sieg von dem feldherrn,
myhtig drihten,	wie er euch gezeigt hat,
þurh mine hand.	der mächtige herr,
	durch meine hand.

Juliana. An diese biblischen stoffe epischer dichtung reihen sich solche, welche sich an die heiligenlegenden anschliessen, sämmtlich von unbekannten verfassern. Hierzu gehört das in der exeterhandschrift befindliche christliche epos *Juliana*, welches die martergeschichte dieses in der christenverfolgung Maximian's zu Commedia geopferten mädchens enthält.

Andrêas. Elêne. Ein zu Vercelli in Piemont von Blume[75] aufgefundenes manuscript, seitdem unter dem namen der Vercellihandschrift bekannt, enthält ausser einigen bruchstücken zwei grössere christliche epopöen, die legende des heiligen Andreas und die auffindung des heiligen kreuzes durch Helena, mutter Constantin's des grossen. Diese gedichte hat Thorpe für die mitglieder der Record Commission im jahre 1836 zu London veröffentlicht,[76] und die beiden darunter befindlichen christlichen epopöen sind unter den namen *Andrêas* und *Elêne* mit sachlichen und sprachlichen erklärungen und bemerkungen über das wesen der angelsächsischen poesie im jahre 1840 zu Cassel von J. Grimm herausgegeben worden.

Für den muthmasslichen Verfasser des Andreas wird von dem herausgeber Aldhelm gehalten (vergl. seite 35), und der dichter der Elene giebt sich im epilog mit eingeflochtenen runenbuchstaben (seite 88 der ausgabe Grimm's) als „Cynewulf" zu erkennen, ganz in derselben weise, wie dieses in einigen räthseln der exeterhandschrift geschieht. Wright (Biog. Brit. Liter. A. S. Period. Seite 501-505) schliesst aus dieser übereinstimmung in der art der namensanführung auf einen und denselben verfasser, den er, obgleich nicht mit gewissheit, für denjenigen Cynewulf hält, welcher um das jahr 992 abt des klosters zu Peterborough war. Wenn diese annahme richtig wäre, dann würde J. Grimm unrecht haben, das gedicht Elene zugleich mit Beowulf in den beginn des achten Jahrhunderts zu setzen. Bemerkt möge noch werden, dass die im facsimile von Grimm mitgetheilte handschrift des Ms. zu Vercelli mit dem von Thorpe gegebenen facsimile des Codex Exoniensis viele ähnlichkeit hat und dem ende des zehnten, oder dem anfang des elften jahrhunderts angehört. Folgendes ist der anfang des epos Andreas, genau nach der redaction von

J. Grimm:

Hvät ve gefrunon	Was wir vernahmen
on fyrndagum	in fernen tagen:
tvelfe under tunglum	zwölf unter den sternen
tîreádige häleð	vorzügliche männer,
þeódnes þegnas	des herren diener,
(no hira þrym âläg	(nicht ihre herrlichkeit erlag
camprædenne)	im kampfzustande)
þonne cumbol hneótan,	erhoben damals die fahne,
siððan hie gedældon,	seitdem sie sich theilten,
svâ him dryhten sylf	wie ihnen der herr selbst,
heofona heáhcyning	himmels hochkönig,
hlyt getæhte.	das loos zeigte,
þät væron mære	das waren grosse
men ofer eorðan,	menschen auf erden,
frome folctogan	fromme volksführer
and fyrdhvate,	und kräftige herzöge,
rôfe rincas,	berühmte krieger,
þonne rond and hand	da schild und hand
on herefelda	auf dem heerfelde
helm ealgodon	den helm schützten,
on meotudvange.	auf dem gottesplatze.
Väs bira Matheus sum,	Da war unter ihnen ein Matthäus,
se mid Judêum	der bei den Juden
ongan godspell ærest	anfing das evangelium zuerst
vordum vrîtan,	mit worten zu schreiben
vundorcräfte.	in wunderkraft.
Þâm hâlig god	Dem der heilige Gott
hlyt geteóde	das loos bestimmte,
ût on þät îgland,	hinaus auf jene insel,
þær ænig þâ git	wo irgend einer bis jetzt
ellþeódigra	der fremden

êðles ne mihte	edlen lebens
blædes brûcan.	nicht möchte geniessen.
Oft him bonena	Oft ihn der frevler
hand on herefelda	hand auf dem heerfelde
hearde gesceód,	hart bedrückte.
eal väs þät mearcland	Ganz war das grenzland
morðre bevunden	mit mord umwunden,
feóndes fâcne,	mit feindes betrug
folcstede gumena,	im lager der männer,
häleða êðel.	der edlen helden;
näs þær hlâfes vist	nicht war da des brodes speise
verum on þâm vonge	den menschen in dem lande,
ne väteres drync	noch des wassers trank
to brûcanne.	zu gebrauchen,
ah hie blôd and fel,	sondern sie blut und haut,
fira flæschoman	menschliche leiber
feorran cumenra	der fernkommenden
þêgon geond þâ þeóde.	nahmen sie bei jenem volke.
svelc väs þeàv hira,	Solches war ihre sitte,
þät hie æghvylcne	dass sie von allerlei
ellþeódigra	fremden
dydon him tô môse	tödteten sich zur tafel,
mete þearfendum,	den nahrung bedürftigen,
þâra þe þät eáland	derer, die das eiland
ûtan sôhte.	von aussen besuchten.

Guthla*Endlich* gehört noch hierher die legende des angelsächsischen heiligen *Guthlac*, welche sich ohne angabe des verfassers im Codex Exoniensis in einem verstümmelten zustande befindet.[77] Das gedicht gründet sich auf die Vita Guthlaci des Felix von Croyland, von welchem auch eine ungedruckte angelsächsische übersetzung in prosa vorhanden ist. Auch die legenden des heiligen Cuthbert[78] und des heiligen Edmund, königs der Ostangeln, welche in form versificirter homilien in Thorpe's Analecta Anglo-

Saxonica seite 74 und seite 131 veröffentlicht worden sind, können zu den epischen stoffen angelsächsischer dichtkunst gerechnet werden.

Athelstan's SiegesliedDie lyrik ist in den resten der angelsächsischen poesie reich vertreten, obwohl, wie das epos, mehr in der kirchlichen gattung, als im volksliede. Von letzterem ist ein siegeslied der schlacht bei Brunanbyrig, wo die Westsachsen unter Athelstan und Edmund den normannenkönig Anlaf im jahre 938 schlugen, in der angelsächsischen chronik aufbewahrt, welches, wahrscheinlich bald nach dem kampfe gedichtet, diesen mit begeisterung schildert. Der anfang dieses liedes lautet:

[79] Her **Ae**ðelstan cyning,	Hier Athelstan könig,
Eorla drihten,	der adeligen herr,
Beorna **b**eah-gyfa,	der beiden armspangengeber,
And his **b**roðor eac	und sein bruder auch
Eadmund æðeling,	Edmund der edle,
ealdor langne tyr,	weitgerühmte fürst,
ge**s**lohgon æt sæcce sweorda ecgum ymbe **B**runan-**b**urh,	schlugen im kampfe mit der schwerdter schärfe um Brunanburg,
bord-weall clufan, **h**eowan **h**eaðo-linde, **h**amora lafum **e**aforan **E**adwardes,	spalteten den brettwall, hieben die hohen banner mit der hammer stümpfen die kinder Edward's,
swa him geæðele wæs from cneo-mægum, þæt hie æt campe oft wið laðra gehwæne land ealgodon, **h**ord and **h**amas, **h**ettend crungon.	wie ihnen angeboren war von den geschlechtsverwandten, dass sie im kampfe oft gegen der bösen jeden das land vertheidigten, den schatz und die wohnungen, den feind vernichteten.

Sceotta leode	Schottenleute
and scip flotan	und die schiffflotte
fæger feollan,	fielen schön,
feld dynede	das feld rauschte
secga swate,	von heldenblut,
syððan sunne up	seit die sonne auf
on morgen-tid,	zur morgenzeit,
mære tungol,	das grosse gestirn,
glad ofer grundas	froh über tiefen,
godes condel, beorht	Gottes licht, der glanz
eces drihtnes,	des ewigen herrn,
oþþ sio æþele gesceaft	bis das edle geschöpf
sah to setle;	sank zur ruhe;
þær læg secg mænig	da lag mancher kämpfer
garum forfrunden,	von geren durchbohrt,
guman norðerne	die nordmänner
ofer scyld sceoten,	auf dem schild erschossen,
swylce Scyltisc eac	dazu der Schotte auch,
werig wiges sæd.	sehr müde des kampfes.

Lyrische Gedichte Einige andere lyrische dichtungen haben subjective veranlassungen. Eine derselben in der exeterhandschrift,[80] in welchem die alten deutschen sagenkreise erwähnt sind, trägt das gepräge eines hohen alters. Sie ist von Torpe mit der überschrift Deor the Scald's Complaint versehen worden. Die klage eines heimathlosen weibes, eines landfahrers und eines seefahrers, sämmtlich in der exeterhandschrift,[81] haben mit ausnahme des zweiten, welches einen ächt englischen seemannscharakter trägt, wenig anziehungskraft. Unter den religiösen und kirchlichen lyrischen dichtungen befinden sich in der exeterhandschrift eine grosse zahl hymnen auf die dreifaltigkeit, auf Christi geburt, menschwerdung, kreuzigung, auferstehung, höllen- und himmelfahrt, auf die wunder der schöpfung, die güte Gottes und das jüngste gericht.

Ausserdem enthält die exeterhandschrift ein seltsames

moralisches gedicht, worin eine verdammte seele sich gegen ihren leichnam, der sie im leben am seligwerden hinderte, beklagt. Diesem ist von Thorpe (aus der vercellihandschrift) ein gegenstück beigegeben worden, welches die freudige anrede einer seligen seele an ihren körper enthält, der ihr im leben zur erringung der seligkeit beistand. Das letztere gedicht ist nur ein bruchstück.[82]

Didaktische Gedichte. Unter die lyrischen produkte der angelsächsischen poesie gehört auch die paraphrasirende übersetzung der psalmen,[83] welche von Thorpe im jahre 1835 aus einer pariser handschrift auf kosten der universität Oxford herausgegeben worden ist. Bis zum fünfzigsten psalm ist die übersetzung in freier prosa, von da ab in einer metrischen paraphrase verfasst. Ob Aldhelm der verfasser wenigstens des letzteren theiles sei, wie Thorpe vermuthet, ist sehr ungewiss. Die für diese ansicht angeführten gründe sind sehr schwach.

An die psalmenparaphrase schliessen sich poetische umschreibungen des apostolischen glaubensbekenntnisses und des vaterunsers.

In der exeterhandschrift befinden sich drei allegorische lehrgedichte,[84] von denen das eine in symbolischer weise den wallfisch (leviathan) mit dem teufel vergleicht. Das übereinstimmende beider wird in den gefahren gefunden, welche sie dem menschen bereiten. Das andere beschreibt die eigenschaften des panthers und vergleicht sie dann mit denen des heilandes. Das dritte ist eine paraphrase des dem Lactanz zugeschriebenen gedichtes vom vogel phönix, mit welchem der angelsächsische dichter in längerer selbstständiger ausführung die auserwählten diener Christi vergleicht.

Die Gaben der Menschen. Die exeterhandschrift enthält ferner mehrere moralische gedichte über die verhältnisse des menschlichen lebens, von denen das folgende, vollständig abgedruckte eine probe ist:

   Von den verschiedenen gaben der menschen.

[85]Fela bið on foldan.   Viele sind auf erden
 forð gesynra.   stets offenbare

geongra geofona.	(jüngere) zartere gaben,
þa þa gæst-berend.	welche der geist tragend
wegað in gewitte.	bewegt im verstande,
swa her weoruda god.	wie hier der heerscharen Gott,
meotud meahtum swið.	der herr in mächten stark,
monnum dæleð.	den menschen zutheilet,
syleð sundor-giefe.	giebt verschiedene gaben,
sendeð wide.	sendet weit
agne spede.	mit eigener kraft,
Þara æghwylc mot.	deren ein jeder soll
dryht-wuniendra.	der menschenwohnenden
dæl onfôn.	einen theil empfangen,
ne bið ænig þæs.	Nicht ist ein so
earfoð-sælig.	schwer seliger
mon on moldan.	mensch auf erden,
ne þæs med-spedig.	nicht so mittelglücklich,
lytel hydig.	wenig behutsam,
ne þæs læt-hydig.	nicht so spät bedacht,
þæt hine se ar-gifa.	dass er ihm der ehr-gaben
ealles biscyrge.	gänzlich beraube,
modas cræfta.	der geistes kräfte,
oþþe mægen-dæda.	oder tüchtiger thaten,
wis on gewitte.	weise im verstande
oþþe on word-cwidum.	oder im wortgespräch,
þy læs ormod sy.	damit er nicht verzweifelnd sei
ealra þinga.	aller dinge,
þara þe he geworhte.	derer, die er gewirkt
in woruld-life.	im weltlichen leben
geofona gehwylcre.	mit jeglicher der gaben.
næfre god demeð.	Niemals Gott bestimmt,
þæt ænig eft.	dass einer wiederum,
þæs earm geworðe.	so arm würde,

nænig eft þæs swiþe.	noch irgend einer so gross
þurh snyttru-cræft.	durch geisteskraft
in þeode þrym.	in dem volksgetümmel
þisses lifes.	dieses lebens
forð gestigeð.	vorsteigt,
þæt him folca weard.	dass ihm der volkswart
þurh his halige giefe.	durch seine heiligen
hider onsende.	gaben,
wise geþohtas.	werde hierher senden
and woruld cræftas.	weise gedanken
under anes meaht.	und weltliche künste,
ealle forlæte.	um eines macht
þy læs he for wlence.	alle verlasse,
wuldor-geofona ful.	damit er nicht aus stolz,
	herrlicher gaben voll,
mon mode swið.	ein mensch, geistes stark,
of gemete hweorfe.	vom masse sich wende
and þon forhycge.	und dann verachte
hean-spedigran.	die weniger glücklichen;
ac he gedæleð.	sondern er theilt aus,
se þe ah domes geweald.	welcher hat der verfügung
missenlice.	gewalt,
geond þisne middan-geard.	mannigfaltig
leoda leoþo-cræftas.	über diese welt
lond-buendum.	der menschen gliederkräfte
	den landbauern.
sum her ofer eorþan.	Einer hier auf erden
æhta onlihð.	habe anlegt
woruld-gestreona.	weltlicher schätze;
sum bið wonspedig.	einer ist ein bedürftiger,
heard-sælig hæle.	schwerseliger mensch,
bið hwæþre gleaw.	ist dennoch kundig
modes cræfta.	der geisteskräfte;
sum mægen-strengo.	einer gewaltige kraft,

furþor onfehð.	höhere empfängt;
sum freolic bið.	einer ist fröhlich,
wlitig on wæstmum.	schön an gestalt;
sum biþ woð-bora.	einer ist ein dichter,
giedda giffæst.	der lieder fähig;
sum biþ gearu-wyrdig.	einer ist wortebereit;
sum biþ on huntoþe.	einer ist auf der jagd
hreð-eadigra.	wildhafter
deora dræfend.	thiere ein dränger;
sum dyre bið.	einer ist theuer
woruld-ricum men.	welt-mächtigen männern;
sum bið wiges heard.	einer ist ein kampfharter,
beado-cræftig beorn.	kriegskundiger mann,
þær bord stunað.	wo der schild tönt;
sum in mædle mæg.	einer im rathe kann
mod-snottera.	der klugen
folc-rædenne.	volksgesetze
forð gehycgan.	ausdenken,
þær witena biþ.	wo der weisen sind
worn ætsomne.	viele beisammen;
sum mæg wrætlice.	einer kann wunderbar
weorc ahycgan. (ms. ahyggan.)	werk ersinnen, irgend ein
heah-timbra gehwæs.	hochgezimmertes;
hond bið gelæred.	die hand ist gelehrt,
wis and gewealden.	weise und gewaltig,
swa bið wyrhtan ryht.	wie es einem baumeister ziemt,
sele asettan.	
con he sidne ræced.	einen saal zusammenzusetzen;
fæste gefegan.	kann das weite gerüst
wiþ fær-dryrum.	fest zusammenfügen gegen plötzliche einstürze.
sum mid hondum mæg.	Einer mit händen mag

hearpan gretan.	die harfe grüssen;
ah he gleo-beames.	er hat des klangholzes
gearo brygda list.	bereiter griffe kunst;
sum bið rynig.	einer ist ein läufer,
sum ryht scytte.	einer ein rechter schütze,
sum leoða gleaw.	einer in liedern geschickt,
sum on londe snel.	einer zu lande schnell,
feþe spedig.	fussflüchtig.
sum fealone wæg.	Einer die falbe woge
stefnan steoreð.	mit dem steven
stream-rade con.	durchsteuert,
weorudes wisa.	den stromweg kennt
ofer widne holm.	der schar führer
þôn sæ-fore.	über den weiten holm,
snelle mægne.	wann seefahrer,
arum bregdað.	mit schneller kraft
yð-borde neah.	mit rudern treiben
	dem wogenbord (strande)
	nahe.
sum bið syndig.	Einer ist sinnig, (?)
sum searo-cræftig.	einer besonders kundig
goldes and gimma.	des Goldes und der
þôn him gumena weard.	Edelsteine,
hateð him to mærþum.	wann ihn der männer
maþþum renian.	wart
	heisst, ihm zur mähr
	eine zier bereiten.
sum mæg wæpen-þræge.	Einer mag waffentrachten
wige to nytte.	(?)
mod-cræftig smið.	dem kriege zu nutzen,
monige gefremman.	ein geschickter schmied,
þôn he gewyrceð.	viele bereiten,
to wera hilde.	wann er arbeitet
helm oþþe hup-seax.	dem männer kampfe

oððe heaþu-byrnan.	helm oder hüftmesser,
scirne mece.	oder volle rüstung,
oððe scyldes rond.	glänzendes schwert,
fæste gefegan. (gefegeð.)	oder schildes rund,
wið flyge gares.	fest gefügt
	gegen den flug des gers.
sum bið arfæst.	Einer ist ehrenfest
and ælmes georn.	und giebt almosen gern,
þeawum geþyde.	in sitten gesellig.
(geþyded?)	
sum bið þegn gehweorf.	Einer ist ein vertrauter
on meodu-healle.	diener
sum bið meares gleaw.	in der methhalle;
wic-cræfta wis. (wicg-	einer ist des pferdes
cræfta.)	kundig,
	in reiterkünsten weise.
sum gewealden-môd.	Einer demüthig,
Þafað in geþylde.	leidet in geduld,
þæt he þôn sceal.	was er dann muss.
sum domas con.	Einer urtheile versteht,
þær dryht-guman.	wo freunde
ræd eahtiað.	rath schlagen.
sum bið hræd tæfle.	Einer ist würfelkundig,
sum bið gewittig.	einer ist witzig
æt win-þege.	bei dem weintrinken,
beor-hyrde god.	ein guter bierwächter.
sum bið bylda til.	Einer ist ein guter
ham to habbanne.	zimmerer,
sum bið here-toga.	ein haus zu errichten.
fyrd-wisa from.	Einer ist ein herzog,
sum biþ folc-wita.	ein starker heerführer.
sum biþ æt þearfe þrist.	Einer ist ein volksrath,
hydigra-þegn.	einer ist in der noth dreist,
mid his þeodne.	der schüchternen diener;
sum geþyld hafað.	mit seinem herrn

fæst gongel ferð.	einer geduld hat, eine feste (?) seele.
sum bið fugel-bona.	Einer ist ein vogeljäger,
hafeces cræftig.	des falken kundig.
sum bið to horse hwæt.	Einer ist zu pferde geschwind,
sum bið swið-snel.	einer ist sehr schnell,
hafað searolic	hat ein künstliches
gomen gleo-dæda.	spiel lustiger dinge,
gife for gum-þegnum.	gaben für gute diener,
leoht and leoþu-wac.	leicht und gelenk.
sum bið leofwende.	Einer ist angenehm,
hafad môd and word	hat gemüth und wort,
monnum geþwære.	bei menschen beliebt.
sum her geornlice.	Einer hier gern
gæstes þearfe.	des geistes bedürfnisse
mode bewindeþ.	im gemüthe verschliesst
and him metudes est. (Ms. eft.)	und sich des schöpfers gunst
ofer eorð-welan.	vor irdischem wohle,
ealne geceoseð.	allem, wählt.
sum bið deor-mod.	Einer ist bedacht
deofles gewinnes.	auf des teufels krieg,
bið a wið firenum.	ist immer gegen sünden
in gefeoht gearo.	im gefecht bereit.
sum cræft hafað.	Einer geschicklichkeit hat
circ-nytta fela.	vieler kirchengenüsse,
mæg on lof-songum.	kann in lobsängen
lifes waldend.	des lebens walter
hlude hergan.	laut ehren,
hafað healice	hat eine hohe,
beorhte stefne.	helle stimme.
sum bið boca gleaw.	Einer ist buchbewandert,
larum leoþu-fæst.	in lehren gliedfest.

sum biþ list-hendig.	Einer ist behend,
to awritanne.	auf zu schreiben
word-gerynu.	wortgeheimnisse. —
Nis nu ofer eorþan.	Nun ist nicht auf erden
ænig monna.	irgend ein mann
mode þæs cræftig.	im geiste so erfahren,
ne þæs mægen-eacen	noch so künste reich,
þæt hi æfre anum.	dass sie stets einem
ealle weorþen.	alle würden
gegearwade.	bereitet,
þy læs him gilp sceððe.	damit ihm nicht übermuth
hade, oþþe fore þære	schade,
mærþe.	oder wegen deren mähr
môd astige.	das gemüth sich überhebe,
gif he hafaþ ana.	wenn er hätte allein
ofer ealle men.	vor allen menschen
wlite and wisdom.	schönheit und weisheit
and weorca blæd.	und der werke frucht;
ac he missenlice. (He. i. e. God.)	sondern er verschiedentlich
monna cynne.	des menschengeschlechtes
gielpes styreð.	stolz steuert,
and his giefe bryttað.	und seine gaben vertheilt:
sumum on cystum. (Ms. summum.)	einigen in würden,
sumum on cræftum.	einigen in künsten,
sumum on wlite.	einigen in schönheit,
sumum on wige.	einigen im kriege;
sumum he syleð monna.	einigen menschen verleiht er
milde heortan.	milde herzen,
þeaw fæstne geþoht.	ein wohlbestelltes gemüth;
sum biþ þeodne hold.	einer ist dem herrn hold.
swa weorðlice.	So würdiglich
wide tosaweð.	weit säet aus

dryhten his duguþe.	der herr seine tugenden.
a þæs dôm age.	Immer also habe macht,
leoht-bære lof.	leuchtendes lob,
se us þis lif giefeð.	der uns dieses leben giebt
and his milde môd.	und seinen milden geist
monnum cyþeð.	den menschen verkündet!

Sinnsprüche. Die Angelsachsen besassen einen grossen schatz körniger sprüchwörter und inhaltsreicher sinnsprüche in versen, von denen uns die exeterhandschrift vier sammlungen aufbewahrt hat. Diese sentenzen sind derjenigen ähnlich, welche uns Cuthbert in seiner epistola de morte Bedæ als einen spruch des sterbenden Beda in folgenden worten aufbewahrt hat:

For þam nedfere	Vor der nothfahrt
neni wirþeð	niemand wird
þances snotera,	gedanken weiser,
þonne him þearf sy,	denn ihm bedarf sei,
to gehicgenne	zu forschen
er his heonongange,	vor seinem hingange,
hwet his gaste	was seinem geiste
godes oððe yveles	des guten oder bösen
efter deaðe heonon	nach dem tode (von) hinnen
demed weorþe.	zugeurtheilt werde.

Räthsel. Endlich sind uns in der exeterhandschrift eine grosse menge räthsel überliefert, deren aufgeben und lösen eine beliebte unterhaltung der Angelsachsen war. Von den beiden hier mitgetheilten räthseln mag die auflösung des ersten „gedanke" oder „luft" und des zweiten „gerste" sein, mit rücksicht auf das daraus gebraute getränk (John Barleycorn).

Codex Exoniensis, seite 482.

Ic eom mare.	Ich bin mehr
þon þes middan-geard.	als diese welt, weniger als ein handwurm,

læsse þon hond-wyrm.	leichter als der mond,
leohtre þon mona.	schneller als die sonne,
swiftre þon sunne.	die seen gehören mir alle,
sæs me sind ealle.	die fluthen in umfassungen,
flodas on fæðmum.	und des feldes schooss,
and þas foldan bearm.	grüne gefilde;
grene wongas.	
grundum ic hrine.	die gründe berühre ich,
helle under-hnige.	zur hölle neige ich mich hinunter,
heofonas ofer-stige.	die himmel ersteige ich,
wuldres eðel.	der herrlichkeit wohnsitz;
wide ræce	weit reiche ich
ofer engla eard.	über der engel heimath;
eorðan gefylle.	die erde erfülle ich,
ealne middan geard	die ganze welt
and mere-streamas.	und die meerströme
side mid me sylfum.	weit mit mir selbst.
saga hwæt ic hatte.	Sage, wie ich heisse?

Codex Exoniensis, seite 410. (Wright's Introductory Essay, seite 79).

Bið foldan dæl.	Es ist ein theil des feldes,
fægre gegierwed.	schön bereitet,
mid þy heardestan.	mit dem härtesten
and mid þy scearpestan.	und mit dem schärfesten
and mid þy grymmestan.	und mit dem grimmigsten menschlicher werke,
gumena gestreona.	
corfen sworfen.[86]	geschnitten, gestrichen,
cyrred þyrred.	gewendet, gedörrt,
bunden wunden.	gebunden, gewunden,

blæced wæced.	gebleicht, geweckt,
frætwed geatwed.[87]	geputzt, gezeigt,
feorran læded.	weit gebracht
to durum dryhta.	zu den thüren der leute.
dream bið in innan.	Eine freude ist es im innern
cwicra wihta.	lebender wesen,
clengeð[88] lengeð.	hängt sich an und verlängert;
þara þe ær lifgende.	derer das vorher lebende
longe hwile.	lange zeit
wilna bruceð.[89]	willen gehorcht
and no wið-spriceð.	und nicht widerspricht
and þon æfter deaðe.	und dann nach dem tode
deman onginneð.	zu urtheilen beginnt,
meldan mislice.	zu melden verschiedentlich.
micel is to hycganne.	Sehr muss nachdenken
wisfæstum menn.	der weiseste mann,
hwæt seo wiht sy.	was dieses wesen sei.

In diesen räthseln kommen hin und her die alten runen theils, wie es scheint, als buchstaben, theils auch in ihrer wortbedeutung vor. Ein angelsächsisches gedicht über die bedeutung der runen ist von W. Grimm herausgegeben worden.

Prosa. Wenn wir uns zu den prosaischen schriften der angelsächsischen literatur wenden, welche der mündlichen überlieferung so wie späterer ungenauer aufzeichnung mehr entrückt waren, so findet sich nicht nur grössere sicherheit in sprache und rechtschreibung, welche mit geringen ausnahmen die des autors sein mag, sondern es ist auch leichter, den historischen fortschritt in der literatur zu verfolgen, als bei der poesie, da dieselbe nur selten auf einzelne dichter zurückzuführen ist, sondern auf der breiten unterläge des volkslebens ruht.

Athelbert's und Wihtræd's Gesetze. Die ersten anfänge angelsächsischer prosa sind in den gesetzen zu suchen, welche *Athelbert*, könig von Kent, der im jahre 616 starb, bald nach seiner bekehrung zum christenthum in neun und

achtzig bestimmungen erlassen haben soll. Manche
derselben mag eingeschoben sein. Die sprache ist gewiss
modernisirt; die überschrift This syndon tha domas, the
Aethelbirht cyning asette on Augustinus dæge, welche sich
in dem einzigen manuscript dieser gesetze findet, ist
ebenfalls späteren ursprungs, worauf auch die aufzählung
der priesterlichen rangordnung und die volle entwickelung
des kirchenregimentes im ersten paragraph schliessen lässt:

§ 1. Godes feoh and ciricean XII gylde; biscopes feoh XI gylde; preosles feoh IX gylde; diacones feoh VI gylde; clerices feoh III gylde; ciricfrið II gylde; mynsteres frið II gylde.	§ 1. Gottes- und kirchen-gut gelte zwölffach; bischof'sgut elffach; priestergut gelte neunfach; diakonusgut gelte sechsfach; clerikergut gelte dreifach; kirchenfrieden gelte zwiefach; klosterfrieden gelte zwiefach.

Von den kentischen königen Hlothar, Eadric und *Wihtræd*,
sind gleichfalls gesetze erhalten. Die des letzteren sind unter
zuziehung des brittischen erzbischofs Birhtwald (Bretone
heahbiscop) und des bischofs von Rochester nach vorher
gepflogener berathung mit den mächtigen des landes
erlassen worden. In diesen gesetzen findet sich im § 13
schon eine strafe auf götzendienst gesetzt:

§ 13. Gif ceorl buton wifes wisdome deoflum gelde, he sie ealra his æhtan scyldig and healsfange. Gif butwu deoflum geldað, sion his healsfange scyldige and ealra æhtan.	§ 13. Wenn ein ehemann ohne wissen der frau den götzen diene, sei er aller seiner güter verlustig und des halsfanges. Wenn beide den götzen opfern, seien sie des halsfanges und aller güter verlustig.

Alfred's Gesetze Dann folgen die gesetze der
westsächsischen könige Ine und *Alfred*, welcher letztere
seinen gesetzen die mosaischen vorsetzte und die gesetze
seiner Vorgänger Ine, des königs Offa von Mercia und
Athelbert's von Kent benützte, wie er selbst in einfacher rede

erzählt:

Ic þa Aelfred cyning þæs togædere gegaderod and awritan het manega þara, þe ure foregengon heoldon þara þe me licedon, and manege þara þe me ne licodon ic awearp mid minra witena geþeahte and on oðre wisan bebead to healdenne.	Ich, könig Alfred, sammelte da diese und liess viele von denen, welche unsere vorgänger hielten, wenn sie mir gefielen; und viele derer, die mir nicht gefielen, verwarf ich mit meiner witan rathe und gebot, sie in anderer weise zu halten.
Forþam ic ne dorste gedyrstlæcan þara minra awuht feala on gewrit settan; forþan me wæs uncuð, hwæt þæs þæm lician wolde, þe æfter us wæron;	Denn ich wagte nicht es zu unternehmen, von den meinigen viel in die schrift zu setzen; denn es war mir unbekannt, was davon denen gefallen würde, die nach uns wären;
ac þa þe ic gemette awðer on Ines dæge mines mæges, oððe on Offan Mercna cyninges, oððe on Aeðelbyrhtes, þe ærest fulluht onfeng on Angelcynne, þa þe me ryhtoste þuhton, ic þa her on gegaderode and þa oðre forlet.	aber die, welche ich fand entweder in Ine's meines verwandten tagen, oder in Offa's, des königs der Mercier, oder in Athelbert's, der zuerst die taufe empfing im Angelvolke, die, welche mir am wichtigsten schienen, die sammelte ich hier, und die anderen liess ich weg.
Ic þa Aelfred Westseaxna cyning eallum minum witum þæs geeowde and hy þa cwæðon þæt him	Ich nun Alfred, könig der Westsachsen, zeigte diese allen meinen witan (räthen), und sie erklärten dabei, dass

þæt licode eallum wel to healdenne.	ihnen allen dieses wohl gefiel zu halten.

Cnut's Gesetze. Ausser den Alfred'schen gesetzen zeichnen sich die von *Cnut* gegebenen durch milde und edle humanität aus, welche gegen die barbarei und härte der mittelalterlichen, ja selbst vieler neueren gesetze bedeutend absticht. Als eine probe der sprache sowohl wie der grundsätze in Cnut's gesetzen mögen folgende bestimmungen hier einen platz finden:

2. And we lærað, þæt þeah hwa agylte and hine sylfne deope forwyrce, þonne gefadige man þa steore, swa hit for gode sy gebeorhlic and for woruld aberendlic.	2. Und wir ermahnen, dass, obwohl jemand etwas verbreche und sich selbst tief verwirke, dann man eine strafe anordne, wie sie vor Gott gebührlich und vor der weit erträglich sei.
And geþence swiðe georne se þe domes geweald age, wæs he sylf georne, þonne he þus cweð: Et dimitte nobis debita nostra, sicut et nos dimittimus, þæt is on englisc: and forgif us, drihten, ure gyltas, swa we forgyfað þam þe wið us agyllað.	Und es bedenke sehr sorgfältig der, welcher des urtheils gewalt habe, was er selbst gern habe, wenn er also spricht: Et dimitte nobis debita nostra, sicut et nos dimittimus, das ist auf Englisch: und vergieb uns, herr, unsere schuld, wie wir vergeben denen, die sich gegen uns verschulden.
And we beodað, þæt man cristene men for ealles to lytlum huru to deaðe ne forræde, ac elles geræde man friðlice steora folce to þearfe, and ne forspille man for	Und wir gebieten, dass man christenleute für alles zu geringe wenigstens nicht zum tode verurtheile, sondern man vielmehr milde strafen feststelle dem volke zum nutzen, und nicht den

litlum godes handgeweorce and his agene ceap, þe deore gebohte.

66. And utan don, swa us þearf is, helpan a þam raðost, þe helpes best behofað; þonne nime we þæs lean þær us leofast byð. Forþam a man sceal þam unstrangan men for godes lufe and ege liðelicor deman and scryfan, þonne þam strangan, for þam þe ne mæg se unmaga þam magan, we witon, ful georne gelice byrðene ahebban, ne se unhæla þam halan gelice.

And þy we sceolan medmian and gesceadlice todælan ylde and geogoðe, welan and wædle, freot and þeowæt, hæla and unhæle, and ægðer man sceal ge on godcundan scriftan ge on woruldcundan doman þæs þinge tosceadan.

Eac on mænigre dæde,

menschen, das geschöpf Gottes, und sein eigenes gut, das er theuer erkaufte, um geringes zerstöre.

66. Und möchten wir thun, wie wir sollen, helfen immer dem zunächst, welcher der hilfe am besten bedarf; dann empfangen wir den lohn da, wo er uns am liebsten ist. Denn immer soll man den schwachen mann aus Gottesliebe und furcht gelinder richten und büssen, als den starken, denn nicht kann der unmächtige, wie wir wissen, mit dem mächtigen eine völlig gleiche bürde haben, noch der sieche mit dem gesunden eine gleiche.

Und darum sollen wir maass halten und unterschiedlich zutheilen dem alter und der jugend, dem reichthum und der armuth, der freiheit und der knechtschaft, der gesundheit und dem siechthum, und jeder mann soll sowohl bei göttlichen büssen als bei weltlichen urtheilen diese dinge scheiden.

Auch bei mancher handlung,

þonne man bið nydwyrhta, þonne bið se man gebeorges þe bet wyrðe, þe he for neode dyde þæt þæt he dyde. And gif hwa hwæt ungewealdes gedeð, ne byð þæt ealum na gelice, þe hit gewealdes gedeð.

67. Þis is þonne seo lihtinge, þe ic wylle eallon folce gebeorgan, þe hig ær þyson mid gedrehte wæron ealles to swiðe. Þæt is þonne ærest, þæt ic bebeode eallum minan gerefan, þæt big on minan agenan rihtlice tilian and me mid þam feormian, and þæt him nan man ne þearf to fearme fultume nan þinge syllan, buton he sylf wylle.

77. And ic wille þæt ælc man sy his huntnoðes wyrðe on wuda and on felda on his agenan. And forga ælc man minne huntaðloce hwær ic hit gefriðod wille habben, be fullan wite.

wenn der mensch nothgedrungen ist, ist der mensch des schutzes würdiger, weil er aus noth das that, was er that. Und wenn jemand etwas unabsichtlich thut, ist er nicht in allem dem gleich, der es absichtlich that.

67. Dieses ist denn die erleichterung, die ich allem volke angedeihen will, da sie vor diesem damit zu sehr gedrückt wurden. Das ist das erste, dass ich gebiete allen meinen amtleuten, dass sie auf meinem eigenthum ordentlich bauen und mich damit beköstigen, und dass ihnen niemand zur beköstigung als unterstützung irgend etwas geben darf, ausser er will es selbst.

77. Und ich will, dass jedermann seiner jagd würdig sei in wald und feld auf seinem eigenthum. Und es vermeide jedermann mein jagdgehege, we ich es gefriedigt haben will, bei voller strafe.

Die Gesetze Wilhelm's des Eroberers Die alten

angelsächsischen gesetzsammlungen[90] sind fortgeführt bis zu *Wilhelm* dem eroberer, welcher ebenfalls noch einige verordnungen in angelsächsischer sprache erliess, obwohl er sich im allgemeinen der französischen und lateinischen sprache bei seinen erlassen bediente.

Das folgende angelsächsische gesetz Wilhelm's zeigt ausser der sprache auch die geringe achtung, in welcher die sächsische tapferkeit bei dem eroberer stand. Es ist aufbewahrt im Codex Roffensis, welcher eine reiche, von Arnulf, bischof von Rochester (starb 1124), angelegte sammlung angelsächsischer urkunden enthält.

Willelmes cyninges asetnysse.	**König Wilhelm's Satzungen.**
Wilhelm cyng gret ealla þa þe þys gewrit tocymð ofer eall Englaland freondlice, and beot and eac cyð eallum mannum ofer eall Angel-cynn to healdenne, þæs is:	König Wilhelm grüsst alle, denen diese schrift zukömmt, über ganz England freundlich, und gebietet und heisst auch allen mannen im ganzen Angelvolke zu halten, nämlich:
1. Gif Engliscman beclypað ænigne Frænciscne man to orneste for þeofte oððe for manslihte, oððe for ænigan þingan, þe gebyrige ornest fore to beonne oððe dom betweox twam mannum, habbe he fulle leafe swa to donne.	1. Wenn ein Engländer einen fränkschen mann zum ernstkampfe fordert wegen diebstahls, oder todtschlages, oder wegen irgend einer sache, wegen der sich ernstkampf gebührt oder gottesurtheil zwischen zwei männern, habe er volle erlaubniss, es zu thun.
And gif se Englisca forsæcð þæt ornest, þe Frencisca, þe se Englisca	Und wenn der Engländer jenen kampf aufgiebt, reinige sich der Franke, den der

beclypað, ladige hine mid aðe ongean hine mid his gewitnesse æfter Norðmandiscere lage.

2. Eft gif Frenciscman beclypað Engliscne man to orneste for þam ylcan þingan, se Englisca be fulre leafe hine werige mid orneste oððe mid irene, gif him þaet gecwemre byð. And gif he untrum byð and nelle þæt ornest oððe ne mæge, begyte him lahlicne spalan.

3. And gif se Francisca byð ofercuman, he gyfe þam cynge III pund. And gif se Englisca nele hine werian mid orneste oððe mid gewitnesse, he ladige hine mid irene.

4. Aet eallan ullagan þingan se cyng geselle, þæt se Englisca ladige hine mid irene. And gif se Englisca beclypað Frenciscne mid utlagan þingan, and wille hit þonne on him gesoðian, se Frencisca bewerie hine mid orneste.

Engländer belangt, mit eid gegen ihn mit seinem zeugniss nach normännischem gesetz.

2. Dann wenn ein Franke einen Engländer zum ernstkampfe wegen derselben dinge fordert, so vertheidige sich der Engländer nach willkür mit kämpf oder mit eisen-(ordal), wenn ihm das bequemer ist. Und wenn er schwach ist und den kampf nicht will oder mag, so schaffe er sich einen gesetzlichen vertreter.

3. Und wenn der Franke überwältigt ist, gebe er dem könige drei pfund. Und wenn der Engländer sich nicht mit ernst wehren will, oder mit zeugniss, reinige er sich mit eisen.

4. Bei allen verbrecherischen dingen setzt der könig fest, dass der Engländer sich mit eisen reinige. Und wenn der Engländer einen Franken mit verbrecherischen dingen beschuldigt und will es an ihm bewahrheiten, wahre sich der Franke mit kampf.

And gif se Englisca ne
durre hine to orneste
beclypian, werige hine
se Fræncisca mid
unforedan aðe.

Und wenn der Engländer ihn
nicht zum kämpf zu fordern
wagt, wahre sich der Franke
mit ungebrochenem eide.

Das durch die christlichen sendboten und kirchenobern eingeführte Studium der klassischen sprachen, besonders der lateinischen, hatte einen so günstigen boden in England gefunden, dass die früchte desselben bald auch in Deutschland und Frankreich genossen werden konnten, indem England den genannten ländern nicht nur lehrer, sondern auch bücher lieferte. Der eifer für die christliche religion und das studium der römischen spräche führte seit dem ende des siebenten jahrhunderts Engländer in grosser anzahl auf jener strasse nach Italien und Rom, welche noch jetzt die grosse heeresbahn der reisenden Engländer ist.

Der Glossator AldredDiese beschäftigung der Angelsachsen mit den wissenschaften musste auch einen wohlthätigen einfluss auf ihre muttersprache ausüben, indem in dieser nun für das verständniss der grösseren menge eine grosse zahl übersetzungen und paraphrasen von den gebildeteren geschrieben wurden. Dadurch bekam die angelsächsische sprache, welche bis dahin nur umgangs- und dichtersprache war, einen festen boden. Zu der zeit, als die kenntniss der lateinischen sprache den mönchen und geistlichen schwand, und dafür dem volke die allgemeine bildung zugänglicher ward, also in der mitte des neunten jahrhunderts, beginnen auch die glossen und übersetzungen zwischen den zeilen in heiligen wie profanen schriften. In dem sogenannten Durham buche und dem Durham Ritual[91] nennt sich der glossator *Aldred*. Folgendes ist ein beispiel, wie die glossen des Durham buches beschaffen sind:

Glossen.

Luc. 1, 6. 7.

Wæs	in dagum	Herodes	cyniges	Judæ	sacerd	sum
Fuit	in	Herodis	regis	Judææ	sacerdos	quida

      diebus

        of   Abia, and wif þæm of dohterum and
      lond   oððe   Aaron,
                                him

Zacharias de Abia, et uxor illi   de   et
             vice   filiabus
                                    Aron,

    noma   his   Elisabeð.

nomen eius Elisabet.

Wœron uut soð- bœgo fore   færendo   in allum
              fæsto   Gode

Erant autem iusti ambo ante incedentes   in
                               Deum   omnibı

  bodum and soðfæstnissum Drihtnes buta gnornunge.

mandatis et justificationibus Domini   sine
                                                     quærella.

Zur vergleichung der angelsächsischen sprache, wie sie an verschiedenen orten und zu verschiedenen zeiten bei der bibelübersetzung im gebrauch war, folgt hier die parabel vom säemann (Marc. IV, 3-8): 92 C

Aus Marshall's Gospels, Dordrecht 1665. (Westsächsisch, reines Angelsächsisch.)	Aus dem im Anfang des zehnten Jahrhunderts geschriebenen Durham Book (Cotton. Mss. Nero, D. IV. fol. 100).
3. Gehyrað, Ute eode se sædere hys sæd to sawenne. 4. And þa he sew, sum feoll wið þone weg, and fugelas comon and hyt fræton. 5. Sum feoll ofer stans-cyligean,	3. Heono eode ðe sawende (sedere) to sawenne. 4. and miððs geseuw, oðer (sum) feoll ymb ða stret, and cwomon flegendo and fretton (eton) ðæt. 5. sum ec feoll of stæner, ðer ne

þar hyt næfde mycel eorðan, and sona up-eode, forþam hyt næfde corðan þiccnesse. 6. Þa hyt up-eode, seo sunne hyt forswælde, and hyt forscranc, forþam hyt wirtruman næfde. 7. And sum feoll on þornas, þa stigon þa þornas and forðrysmodon þæt, and hyt wæstm ne bær. 8. And sum feoll on god land, and hyt sealde, upstigende and wexende, wæstm, and an brohte þrittig-fealdne, sum syxtig-fealdne, sum hund-fealdne.

hæfde eorðu michel (menig); and bræðe upp iornende wæs (arisen wæs) forðon niefde heanisse eorðes: 6. and ða arisen (ða upp eode) wæs sunna, gedrugade (forbernde); forðon niefde wyrt-ruma, gedrugade. 7. and sum feoll in ðornum, and astigon (upp eodun) ðornas, and under-dulfon þæt and wæstm ne salde. 8. and oðer feoll on eorðu grodum, and salde wæstm stigende, and wæxende, and to brohte enne (an) ðrittig and un sexdig, and an hundrað.

Aus der zu Harewood oder Harwood (æt Harawuda) im zehnten Jahrhundert über die lateinischen (St. Hieronymi) Evangelien geschriebenen sogenannten Rushworth Glosse (Ms. Bibl. Bodl. D. 24. Nr. 3946, jetzt D. 2. 19. Auct.)

Aus Wicliffe's um 1380 verfassten Bibelübersetzung.

3. Geherðe; heonu eode ðe sedere (sawend) to sawend. 4. and miððy giseow, oðer (sum) gifeol

3. Here ye, lo a man sowinge goith out to sowe, 4. and the while he sowith sum seed fel aboute the

ymb ða strete, and comun flegende, and fretan (etan) ðæt. 5. oðer (sum) soðlice gifeol ofer stænere, ðer ne hæfde eorðo, and hræðe up iornende wæs, forðon ne hæfde heonisse eorðo. 6. and ða aras (uparnende wæs) sunne, and drygde for bernde; and for þon ne hæfde wyrtruma, adrugade. 7. and oðer gifeol in þornas, and astigun (upeadun) ðornas and underdulfun dæt, and wæstem ne salde. 8. and oðro gifeol on eorðo gode; and salde wæstem stigende, and wexende, and tobrohte an (enne) ðritig, and an sextig and an hundreð.

weye, and briddis of hevene camen and eeten it, 5. other felde doun on stony places where it hadde not myche erthe, and anoon it sprong up; for it hadde not depnesse of erthe, 6. and whanne the sunne roos up it welewide for hete, and it driede up, for it haade no roote. 7. And other fel doun into thornes, and thornes sprungen up and strangliden it, and it gaf not fruyt. 8. And othere felde doun into good lond, and it gaf fruyt spryngyng up and wexinge, and oon broughte thritty fold, and oon sixty fold, and oon an hundrid fold.

Jetzige englische Bibelübersetzung.

3. Hearken: behold, there went out a sower to sow: 4. and it came to pass, as he sowed, some fell by the wayside, and the fowls of the air came and devoured it up. 5. And some fell on stony ground, where it had not much earth; and immediately it sprang up, because it had no depth of earth. 6. But when the sun was up, it was scorched; and because it had no root, it withered away. 7. And some fell among thorns, and the thorns grew up, and choked it, and it yielded no fruit. 8. And other fell on good ground, and did yield fruit that sprang up and increased; and brought forth, some thirty, and some sixty, and some an hundred.

Ethelwold. Dunstan. Alfred Mönchsregeln wurden ebenfalls aus dem Lateinischen in das Angelsächsische übersetzt, oder glossirt. Solche übersetzungen und glossen sind von *Ethelwold*, bischof von Winchester, gestorben 984 (Wright's Biogr. Brit. Liter. A. S. Period. seite 441. 442), und von dem berühmten *Dunstan*, erzbischof von Canterbury und bischof von London und Rochester, gestorben 988 (am angeführten orte, seite 459. 460), meist nur handschriftlich vorhanden. Diese glossenliteratur macht den natürlichen übergang zu der ausbildung der angelsächsischen prosa.

Als eigentlicher schöpfer der angelsächsischen prosa ist *Alfred* (848-901) anzusehen, welcher nicht bloss gross als könig, sondern noch grösser als lehrer seines volkes ist. Seine wissbegierde machte ihn schon im knabenalter zu einem eifrigen zuhörer bei den gesängen des scop's (Saxonica poemata diu noctuque solers auditor relatu aliorum sæpissime audiens docibilis memoriter retinebat. Vergl. Asser, vita Aelfr. ed. M. Parker p. 7), und der wunsch, diese gedichte auch selbst lesen zu können, soll der erste anstoss bei Alfred gewesen sein, lesen zu lernen. Die lateinische sprache war zu seiner zeit in England schon so weit in vergessenheit gerathen, dass die priester selbst die messe, welche sie täglich lasen, kaum verstanden. Alfred jammert über diese vernachlässigung der wissenschaften an mehreren stellen seiner werke, so in der vorrede zu Gregor's liber pastoralis (ed. M. Parker), worinm er auch klagt, dass die kirchen zwar überall mit literarischen schätzen angefüllt seien, dass aber niemand nutzen aus diesen büchern ziehe, weil sie nicht in der angelsächsischen sprache geschrieben wären. Alfred selbst trug sorge, dass diesem übelstande abgeholfen wurde, indem er mehrere bücher in das Angelsächsische übersetzte, so das Pastorale des Gregorius, des Boethius abhandlung de consolatione philosophiæ, die geschichte des Orosius, die englische kirchengeschichte von Beda und wahrscheinlich auch die selbstgespräche des heiligen Augustinus (Wright's Biogr. Brit. Liter. A. S. Period. seite 394). Ausserdem liess er andere bücher von seinen literarischen freunden übersetzen, mit deren beistande er auch seine eigenen übersetzungen ausarbeitete, indem er sich die originale in leichtere sätze und worte umschreiben liess. Es möge hier beiläufig bemerkt werden, dass die metrische paraphrase des Boethius, welche gewöhnlich Alfred zugeschrieben wird, aus inneren gründen[93] ihm nicht angehörig zu sein scheint. Die unter Alfred's namen gehenden sprüchwörter[94] sind in der sprache des dreizehnten jahrhunderts und sicher unecht. Alfred's beispiel musste ein mächtiger antrieb für die gebildeten seines volkes sein, die angelsächsische sprache und literatur zu pflegen, für welche er noch dadurch sorgte, dass in den neuerrichteten schulen neben dem studium der klassischen sprachen der volkssprache gleiche sorgfalt gewidmet wurde.[95]

Die vorrede zu Alfred's Übersetzung des Boethius lautet:

[96] Alfred kuning wæs wealhstod ðisse bec. And hie of bec Ledene on Englisc wende, swa hio nu is gedon. hwilum he sette word be worde. hwilum andgit of andgite. swa swa he hit þa sweotolost and andgitfullicost gereccan mihte for þæm mistlicum and manigwealdum weoruld bisgum þe hine oft ægþer ge on mode ge on lichoman bisgodan.	König Alfred war übersetzer dieses buches und übersetzte es aus bücherlatein in das Englische, wie es nun geschehen ist. Zuweilen setzte er wort für wort, zuweilen sinn für sinn, so wie er es am deutlichsten und verständigsten deuten konnte, wegen der verschiedenen und mannigfaltigen weltlichen geschäfte, welche ihn oft sowohl im gemüthe als mit dem körper beschäftigten.
(Ða bisgu us sint swiþe earfoþ rime þe on his dagum on þa ricu becomon þe he underfangen hæfde. and þeah þa he þas boc hæfde geleornode and of Lædene to Engliscum	Die geschäfte sind sehr schwer zu zählen, die in seinen tagen über das reich kamen, die er unterfangen hatte. Und doch, da er dieses buch gelernt und aus dem Latein in die englische sprache übersetzt hatte, da

spelle gewende. þa geworhte he hi efter to leoþe. swa swa heo nu gedon is.)[97]	setzte er es später in verse, so wie es nun geschehen ist.
and nu bit and for Godes naman healsaþ ælcne þara ðe þas boc rædan lyste. þas he for hine gebidde. and him ne wite gif he hit rihtlicor ongite þonne he mihte. forþæmðe ælc mon sceal be his andgites mæðe and be his æmettan sprecan ðæt he sprecþ. and don þæs þas he deþ.	Und er bittet nun und um Gottes namen beschwört jeden derer, welche dieses buch zu lesen gelüstet, dass er für ihn bete, und ihn nicht tadele, wenn er es richtiger versteht, als er konnte, denn jedermann soll nach seines verstandes maasse und nach seiner musse sprechen, das er spricht, und dasjenige thun, was er thut.

Unzweifelhaft echt ist die vorrede Alfred's zu seiner übersetzung des Gregor'schen hirtenbuches, von welchem er an jeden seiner bischöfe, deren namen in dem anschreiben (der vorrede) enthalten sind, ein exemplar übersendete. Drei der urschriften sind noch vorhanden, welche an Wulfsige, bischof von Sherborne (in der öffentlichen bibliothek zu Cambridge), an Waerferth, bischof von Worcester (in der Bodleyana zu Oxford Ms. Hatton, 88), und an Plegmund, erzbischof von Canterbury (im brittischen museum Ms. Cotton. Tiberius, B. XI) gerichtet wurden. Da Alfred das reinste Westsächsisch schrieb, möge hier die ganze vorrede und, zur vergleichung mit dem jetzigen Englisch, die von Th. Wright seite 397 ff. seiner Biog. Brit. Liter. A. S. mitgetheilte genaue übersetzung derselben einen platz finden:

Ðis is seo fore-spræc hu S. Gregorius þas boc ge- dihte, þe man Pastoralem nemnað.	This is the preface how St. Gregory made the book which people call Pastorale.

Ælfred kyning haleð gretung Wulfsige bisceop his worðum luflice and freondlice, and þe cyðan hate, þæt me com swiðe oft on gemynd, hwylce witan geo wæron geond Angel-cyn, ægðer ge godcundra hada ge woruldcundra, and hu ge-sæliglica tida þa wæron geond Angle-cyn,	Alfred the king greets affectionately and friendly bishop Wulfsige his worthy, and I bid thee know, that it occurred to me very often in my mind, what kind of wise men there formerly were throughout the English nation, as well of the spiritual degree as of laymen, and how happy times there were then among the English people,
and hu þa cyningas þe þone anweald hæfdon þæs folces, Gode and his æryndwritum hyrsumodon; and hu hi ægðer ge heora sybbe ge heora sydo, and ge heora anweald innan borde gehealdon and eac ut hira eðel rymdon; and hu him þa speow, ægðer ge mid wige ge mid wisdome;	and how the kings who then had the government of the people obeyed God and his Evangelists, and how they both in their peace and in their war, and in their government, held them at home, and also spread their nobleness abroad, and how they then flourished as well in war as in wisdom;
and eac þa godcundan hadas hu georne hi wæron ægðer ge ymbe lara ge ymbe leornunga, and ymbe ealle þa þeow-domas þi hy Gode sceoldon, and hu man ut on borde wisdome and lare hider on land	and also the religious orders how earnest they were both about doctrine and about learning, and about all the services that they owed to God; and how people abroad came hither to this land in

sohte, and hu we hi nu sceoldon ute begitan, gif we hi habban sceoldon.

Swa clæne heo wæs oðfeallen on Angel-cynne þæt swiðe feawa wæron be-heonan Humbre þe hira þenunge cuðon understandan on Englisc, oððe furðon an ærend-gewrit of Ledene on Englisc areccan: and ic wene þæt naht monige begeondan Humbre næron. Swa feawa heora wæron, þæt ic furþon anne ænlepne ne mæg ge-þencan be-suðan Thamise þa þa ic to rice feng.

Gode ælmightigum sy þanc, þæt we nu ænigne an steal habbað lareowa. For þam ic þe beode, þæt þu do swa ic ge-lyfe þæt þu wille, þæt þu þe þissa woruld þinga to þam ge-æmtige, swa þu oftost mæge, þæt þu þone wisdome þe þe God sealde þær þær þu hine befæstan mæge befæst. Ge-þenc hwilce witu us þa becomon for þisse woruld,

search of wisdom and teaching, and how we now must obtain them from without if we must have them.

So clean it was ruined amongst the English people, that there were very few on this side the Humber who could understand their service in English, or declare forth an epistle out of Latin into English; and I think that there were not many beyond the Humber. So few such there were, that I cannot think of a single one to the south of the Thames when I began to reign.

To God Almighty be thanks, that we now have any teacher in stall. Therefore I bid thee that thou do as I believe thou wilt, that thou, who pourest out to them these worldly things as often as thou mayest, that thou bestow the wisdom which God gave thee wherever thou mayest bestow it. Think what kind of

þa þa we hit na hwæðer ne selfe ne lufedon, ne eac oþrum mannum ne lyfdon.

Þone naman anne we lufdon þæt we Cristene wæron, and swiðe feawe þa þeawas. Þa ic þis eal ge-munde, þa ge-mund ic eac hu ic ge-seah ær þam þe hit eal for-heregod wære and for-bærned, hu þa circan geond eal Angel-cyn stodon maðma and boca ge-fylled, and eac micel mæniu Godes þeawa, and þa swiðe lytle feorme þara boca wiston, for þam þe hi hira nan þing ongitan ne mihton, for þam þe hi næron on hira agenge þeode awritene.

Swilce hi cwædon ure yldran þa þe þas stowa ær heoldon, hi lufedon wisdome, and þurh þone hi begeton welan and us læfdon. Hær mon mæg gyt ge-seon hira swæð; ac we him ne cunnon æfter spyrgean, for þam we habhað ægðer for-læton ge þone wela ge þone wisdom,

punishments shall come to us for this world, if we neither loved it ourselves nor left it to other men.

We have loved only the name of being Christians, and very few the duties. When I thought of all this, then I thought also how I saw, before it was all spoiled and burnt, how the churches throughout all the English nation were filled with treasures and books, and also with a great multitude of God's servants, and yet they knew very little fruit of the books, because they could understand nothing of them, because they were not written in their own language;

as they say our elders, who held these places before them, loved wisdom, and through it obtained weal and left it to us. Here people may yet see their path, but we cannot follow after them, because we have lost both weal and wisdom by reason of our unwillingness to stoop

for þam þe we noldon to þam spore mid ure mode on lutan.

Þa ic þa þis eall ge-munde, þa wundrode ic swiðe þæra godera witena þe geo wæron geond Angel-cyn, and þa bec befullan ealle ge-leornod hæfdon þæt hira þa nanne dæl noldon on hira agen ge-þeode wendan, ac ic þa sona eft me sylfum andwyrde and cwæð, hi ne wendon þæt æfre men sceoldon swa recelease wurðan, and seo lar swa ðofeallan.

For þære wilnunge hi hit for-leton, and woldon þæt her þe mara wisdome on lande wære, þi we ma ge-þeode cuðon. Þa ge-munde ic hu seo æ wæs æryst on Ebreisc ge-þeode fundon, and eft þa Crecas ge-leornodon, þa wendon hi hit on hira agen ge-þeode ealle, and eac ealle oðra bec,

and eft Leden-ware swa sone siððan hi hit ge-leornodon, hi wendon ealle þurh wise wealhstodas on

to their track.

When I thought of all this, then I wondered greatly that none of the excellent wise men who were formerly in the English nation and had fully learned all the books, would translale any part of them into their own native language; but I then soon again answered myself and said, they did not think that ever men would become so careless and learning so decay.

They therefore willingly let it alone, and would that more wisdom were in this land, the more languages we knew. Then I considered how the law was first found in the Hebrew tongue; and again the Greeks learnt it, then they translated it all into their own speech, and also all other books;

and also the Latin people afterwards, as soon as they had learnt it they translated it all through

heora agen ge-þeode, and eac alle oðra Cristene þeoda sumne dæl hira on hira agen ge-þeode wendon.	wise interpreters into their own tongue; and also all other Christian people translated some part of them into their own tongue.
For þi me þingð betere gif geow swa þincð, þæt we eac sume bec þa þemed beþyrfysta syn eallum mannum to witanne, þæt we þa on þæt ge-þeode wendon þe we ealle ge-cnawan mægen, and ge-don swa we swiðe eaðe magon mid Godes fultume, gif we þa stylnesse habbað, þæt eall seo geoguð þe nu is on Angel-cynne freora manna, þara þe þa speda hæbben, þæt hi þam befeolan mægen syn to leornunga oðfæste, þa hwile þe hi nanre oðerre note ne mægen, oð fyrst þe hi wel cunnen Englisc ge-writ arædan.	Therefore it appears to me better, if you think so, that we also some books which seem most needful for all men to understand, that we translate them into that language that we can all understand, and cause, as we very easily may with God's help, if we have the leisure, that all the youth that is now in the English nation of free men, such as have wealth to maintain themselves, may be put to learning, while they can employ themselves on nothing else, till at first they can read well English writing.
Lære mon siððan furðor on Leden geþeode, þa þe man furðor læran wille, and to herran hade don wille. Þa ic ge-munde hu seo lar Leden ge-þeodes ær þysum afeallen wæs geond	Afterwards let people teach further in the Latin tongue those whom they will teach further and ordain to higher degree. When I thought how the learning of the Latin language

Angel-cyn, and þeah manega cuðon Englisc gewrit arædan,	before this was decayed through the English people, though many could read English writing,
þa ongan ic ge-mong oðrum mislicum and monigfealdum bisgum þisses kynerices þa boc wendan on Englisc þe is genemned on Leden Pastoralis, and on Englisc Hirde-boc, hwilum word be worde, hwilum andgit of andgite, swa swa ic hi ge-leornode æt Plegmunde minum ærce-biscope, and æt Assere minum biscope, and æt Grimbolde minum mæsse-preoste, and æt Johanne minum mæsse-preost.	then I began among other divers and manifold affairs of this kingdom to translate into English the book which is named in Latin Pastoralis, and in English Herdsman's book, sometimes word for word, sometimes meaning for meaning, as I learnt it of Plegmund my archbishop, and of Asser my bishop, and of Grimbold my presbyter, and of John my presbyter.
Siððan ic hi þa ge-leornod hæfde, swa swa ic hi for-stod swa hic hi andgitlicost arrecan meahte, ic hi on Englisc awende; and to ælcan biscop-stole on minum rice wylle ane on-sendan, and on ælere bið an æstel se bið on fiftigum mancessa.	After I had then learnt it so that I understood it as well as my understanding could allow me, I translated it into English; and I will send one copy to each bishop's see in my kingdom, and on each one there is a stile of the value of fifty mancuses;
And ic bebeode on Godes naman, þæt man þone	and I bid in God's name that no one take the

æstel fram þare bec ne do, ne þa boc fram þam mynstre, uncuð, hu lange þær swa ge-lærede biscopas syn, swa swa nu Gode þanc wel hwar sindon. For ði ic wolde ðæt hi ealne weg æt þære stowe wæron, buton se biscop hi mid him habban wylle, oððe heo hwær to læne sy oððe hwa oðre bi-write.

handle from these books, nor the books from the mynster, unknown, as long as there are any learned bishops, as (thanks to God) there are now everywhere. Therefore I would that they remain always in their places, unless the bishop will have them with him, or it be lent somewhere until somebody write another copy.

In die übersetzung des Orosius fügte Alfred den bericht eines normanns über die umsegelung Skandinavien's ein, dessen anfang hier als eine andere probe der Alfred'schen schreibart mitgetheilt wird.

[98] Ohthere sæde his hlaforde Aelfrede kyninge þæt he ealra Norðmanna norðmest bude. He cwæð þæt he bude on þæm lande norðeweardum wið þa west sæ. he sæde ðeah þæt þæt land sy swyðe norð þanon. ac hit is eall weste buton on feawum stowum. sticce mælum wiciað Finnas. on huntaðe on wintra. and on sumera on fiscoðe be þære sæ.

He sæde þæt he æt sumum cyrre wolde fandian hu lange þæt land norð right læge. oððe hwæþer ænig man be norðan þæm westene bude. Ða for be norðrihte be þæm lande. let him ealne weg þæl weste land on þæt steorbord. and þa wid sæ on bæc-bord. þry dagas þa wæs he swa feor norið swa swa hwæl huntan fyrrest farað.

Ohther sagte seinem herrn, dem könig Alfred, dass er von allen nordmännern am nördlichsten wohne. Er sagte, dass er in dem lande nordwärts gegen die westsee wohne; er sagte indessen, dass dieses land von da weit nach norden sich erstrecke, und ganz wüst sei, ausser dass an wenigen orten him und her Finnen hausen, zur jagd im winter und im sommer auf dem fischfang an der see.

Er sagte, dass er einmal untersuchen wollte, wie weit das land nach norden läge, oder ob jemand noch nördlich von dieser wüste wohne. Deshalb ging er gerade nördlich von dem lande, und liess den ganzen weg das wüste land an dem steuerbord und die offene see an dem backbord. In drei tagen war er so weit nördlich, wie die wallfischjäger weitestens

Ða for he þa gyl norð ryhte. swa fær swa he mihte on þæm oðrum þrim dagum geseglian. Þa beah þæt land þær caste ryhte. oððe sio sæ in on þæt land. he nyste hwæþer. buton he wisste þæt he þær bad westan windes. oððe hwone norðan. and seglede þanon east be lande. swa swa he mihte on feower dagum geseglian.	fahren, deshalb ging er dann noch immer gerade nördlich, so weit er in anderen drei tagen segeln konnte; da zog sich das land genau östlich, aber ob die see in das land hineinging, wusste er nicht; er wusste jedoch, dass er dort west- oder etwas nördliche winde abgewartet, und segelte dann östlich am lande hin so weit er in vier tagen segeln konnte.
Þa sceolde he þær bidan ryhte norðan windas. forðan þæt land beah þær suð rihte. oððe sio sæ in on þæt land. he nyste hwæþer. Þa seglede he þanon suðrihte be lande, swa swa he mihte on fif dagum geseglian.	Dann musste er da rechte nordwinde abwarten, denn das land zog sich dann ganz nach süden, ob aber die see in das land hinein ging, wusste er nicht. Dann segelte er von da südlich am lande so weit, als er in fünf tagen segeln konnte.

Folgendes ist eine probe von Alfred's Übersetzung des Boethius c. XII.

Ða ongan se wisdom gliowian. and geoddode þus. Se þe wille fæst bus timbrian. ne sceall he hit no settan upon þone hehslan cnol. and se ðe wille godcundne wisdom secan. ne mæg he hine	Da begann die Weisheit zu singen und sang also: derjenige, welcher ein festes haus zimmern will, der soll es nicht setzen auf die höchste bergspitze, und der da will göttliche weisheit suchen, der mag es nicht

wiþ ofermetta. and eft se
þe wille fæst hus timbrian.
ne seile he hit on
sondbeorhas.

Swa eac gif þu wisdom
timbrian wille. ne sete ðu
hine uppan þa gitsunga.
forðam swa swa sigende
sond þonne ren swylgþ.
swa swylgþ seo gitsung
þa dreosendan welan
þisses middangeardes.
forðam hio hiora simle bið
ðurstegu.

ne mæg hus naht lange
standan on ðam hean
munte. gif hit full
ungametlic wind gestent.
næft þæt þæt te on ðam
sigendan sonde stent for
swiþlicum rene. swa eac
þæt mennisce mod bið
undereten and aweged of
his stede. þonne hit se
wind strongra geswinca
astyrod. oððe se ren
ungemetlices ymbhogan.

Ac se þe wille habban þa
ecan gesælþa. he sceal
fleon þone frecnan wlite
þises middaneardes. and
timbrian þæt hus modes
on þam fæstan stane

mit übermuth. Und wieder,
wer ein festes haus zimmern
will, der setze es nicht auf
sandberge.

So auch wenn du weisheit
bauen willst, so setze sie
nicht auf gelüste; denn so
wie durstiger sand den
regen verschlingt, so
verschlingt auch die
begierde die vergänglichen
schätze dieser welt, denn sie
ist ihrer immer durstig.

Ein haus kann nicht lange
stehen auf dem hohen
berge, wenn es ein voller,
unmässiger wind drängt;
auch behält er das nicht,
welches auf dem durstigen
sande steht, wegen vieles
regens. So wird auch das
menschliche gemüth
verkehrt und von seiner
stätte gebracht, wenn es der
wind starker versuchungen
bewegt, oder der regen
unermesslicher gelüste.

Aber der, welcher das ewige
glück haben will, muss
fliehen den gefährlichen
glanz dieser welt und das
haus des geistes auf dem
festen steine der demuth

eaðmetta. forþam ðe Crist eardað on þære dene eadmodnesse. and on þam gemynde wisdomes.	zimmern; denn Christus wohnt in dem thale der demuth und in dem geiste der weisheit.
forþam simle se wisa mon eall his lif læt on gefean unonwendendlice and orsorh. Þonne he forsihþ ægðer ge þas eorþlican god ge eac þa yflu. and hopaþ to þam toweardam. Þæt sint þa ecan. forþam ðe God. hine gehelt æghwonan. singallice wuniende. on his modes gesælþum. ðeah þe se wind. þara earfoþa. and seo singale gemen. þissa woruld selþa. him onblawe.	Daher führt der weise mann immer sein ganzes leben in unveränderlicher und unbesorgter freude, wenn er sowohl das irdische gut als auch das übel verachtet und auf die zukünftigen dinge hofft, welche ewig sind; denn gott hält ihn überall, immerdar wohnend in seines geistes freuden, wenn auch der wind der kümmernisse und die beständige sorge dieser weltfreuden ihn anblase.

AlfricÆbenso bedeutend für die angelsächsische literatur und spräche als Alfred ist *Alfric*, erzbischof von Canterbury, welcher 1006 starb. Er hinterliess zahlreiche schriften, von denen mehrere auf uns gekommen sind: eine sammlung von acht predigten, eine übersetzung der ersten sieben bücher der bibel und mehrere abhandlungen. Auch war er der verfasser eines lateinischen glossariums, eines colloquiums und einer lateinischen grammatik, welche ihm den namen des grammatikers erwarb. Diese schriften, welche für den unterricht der mönche und geistlichen hauptsächlich bestimmt waren, verdankten ihren ursprung dem streben, die sinkende kenntniss der lateinischen sprache zu heben. Klagt doch Alfric, dass es schon so weit gekommen war, dass kein englischer priester einen lateinischen brief schreiben oder verstehen konnte, bis erzbischof Dunstan und bischof Ethelwald mit der klosterregel einige gelehrsamkeit hergestellt habe, (swa þat nan Anglisc preost

ne cuðe dihtan oððe asmeagan ænne pistol on Leden, oð
þæt Dunstan arce-biscop and Aeðelwald biscop æft þa lare
on munuc lifum arærde.) Obwohl Alfric ein geistlicher und
gelehrter war, bediente er sich doch nicht, wie seine
vorgänger, der lateischen sprache, sondern schrieb in
angelsächsischer, um das volk aufzuklären, wie er angiebt,
zu welchem zwecke er auch nach seiner eigenen erklärung
alle dunklen worte vermied, damit er besser verstanden
würde.[99]

Aus Alfric's Abendmahls-Predigt.

Übersetzung.

[100]Nu smeadon ge-hwilce men oft, and git ge-lome smeagaþ hu se hlaf ðe bið of corne ge-gearcod and ðurh fyres hætan abacen, mage beon awend to Cristes lichaman, oððe þæt win, þe biþ of manegum berium awrungen, weorþe awend þurh anigre bletsunge to Drihtnes blode.

Nun untersuchten etliche Menschen oft und forschen noch häufig, wie das brod, das aus korne bereitet ist und durch feuers hitze gebacken, in Christi leib verwandelt werden könne, oder dass wein, der aus vielen beeren gepresst ist, durch eine segnung in des herrn blut verwandelt werde.

Nu secge we ge-hwilcum mannum þæt sume ðing sind ge-cwedene be Criste þurh ge-tacnunge, sume þurh ge-wissum ðinge. Soð ðing is and ge-wis þæt Crist wæs of mædene acenned, and sylfwilles ðrowode deaþ, and wæs bebyriged, and on ðisum dæge of deaþ aras.

Nun sagen wir solchen menschen, dass einige dinge bei Christo durch gleichniss, andere mit gewissheit gesagt sind. Eine wahre und gewisse sache ist es, dass Christ von einer jungfrau geboren ward, und freiwillig den tod litt, und begraben ward und an diesem tage (ostern) vom tode aufstand.

He is ge-cweden hlaf ðurh ge-tacnunge, and lamb, and leo, and gehu elles. He is hlaf ge-haten, for þan þe he is ure lif and engla. He is lamb ge-cweden, for his unscæþþinysse; leo, for ðære strencþe þe he oferswiþde ðone strangan deofol. Ac swa þeah æfter soþum ge-cynde nis Crist naþor ne hlaf, ne lamb, ne leo.	Er wird brod durch gleichniss, und lamm, und löwe und was sonst. Er wird deshalb brod geheissen, weil er unser und der engel leben ist; er wird lamm genannt, wegen seiner unschuld; löwe, wegen der kraft, mit der er den starken teufel überwältigte. Aber doch ist Christ nach wahrem wesen weder brod, noch lamm, noch löwe.
Hwi is ðonne þæt halige husell ge-cweden Cristes lichama, oððe his blod, gif hit nis soþlice þæt þæt hit ge-haten is? Soðlice se hlaf and þæt win þe beoþ þurh sacerda mæssan ge-halgode, oþer ðing hi æteowiaþ menniscum andgitum wiþutan, and oþer þing hi clypiað wiþ-innan geleaffullum modum.	Warum wird denn das heilige abendmahl Christi leib oder sein blut genannt, wenn es das nicht wahrhaftig ist, was es geheissen wird? Wahrlich, das brod und der wein, die durch des priesters messe geheiligt werden, zeigen äusserlich dem menschlichen verstande ein anderes wesen, und eine andere sache rufen sie innerlich den gläubigen gemüthern zu.
Wiþ-utan hi beoþ ge-sewene hlaf and win ægþer ge on hiwe ge on swæcce, ac hi beoþ soþlice æfter þære halgunge Cristes lichama	Aeusserlich sind sie sichtbarlich brod und wein sowohl im aussehen als im geschmack; aber sie sind auch in Wahrheit nach ihrer heiligung Christi leib und

and his blod ðurh gastlice gerynu. Hæþen cild biþ ge-fullod, ac hit ne bræt na his hiw wiþ-utan, ðeah ðe hit beo wiþ-innan awend.

Hit biþ ge-broht synfull ðurh Adames forgægednysse to þam fant fate. Ac hit biþ aþwogen fram eallum synnum wiþinnan, ðeah ðe hit wiþ-utan his hiw ne awende.

Eac swylce þæt halige fant wæter, ðe is gehaten lifes wyl-spring, is gelic on hiwe oðrum wæterum, and is under ðeod brosnunge, ac ðæs halgan gastes miht ge-nealæcþ þam brosnigendlicum wætere, ðurh sacerda bletsunge, and hit mæg syþþan lichaman and sawle aþwean fram eallum synnum ðurh gastlice mihte.

Efne nu we ge-seoþ twa ðing on ðisum anum ge-sceafte. Æfter soþum ge-cynde, þæt wæter is brosniendlic wæter, and

sein blut durch geistiges geheimniss. Ein heidenkind wird getauft, aber es ändert seine gestalt äusserlich nicht, obwohl es innerlich umgewandelt sei.

Es wird durch Adam's ungehorsam sündig zu dem taufgefäss gebracht; aber es wird von allen sünden innerlich abgewaschen, obgleich es äusserlich seine gestalt nicht verwandle.

Auch solches heilige taufwasser, welches die quelle des lebens geheissen wird, ist an gestalt anderen wässern gleich, und ist dem gänzlichen verderben (ausgesetzt), aber des heiligen geistes macht kommt durch des priesters segnung zu dem verderblichen wasser, und es kann darauf leib und seele durch geistige macht von allen sünden abwaschen.

Seht, nun erblicken wir zwei wesen an diesem einen geschöpfe. Der wahren natur nach ist das wasser verderbliches wasser und

æfter gastlicre ge-rynu hæfþ halwende mihte.	nach dem geistigen geheimniss hat es heiligende macht.
Swa eac gif we sceawiaþ þæt halige husel æfter lichamlicum andgite, þonne ge-seo we þæt hit is ge-sceaft brosniendlic and awendedlic: Gif we þa gastlican mihte ðær on to-cnawaþ, ðonne undergite we þæt ðær is lif on, and forgifþ undeadlicnysse ðam ðe hit mid ge-leafan þicgaþ.	So auch wenn wir das heilige abendmahl nach menschlichem verstande schauen, dann sehen wir, dass es ein verderbliches und wandelbares geschöpf ist; wenn wir die geistige macht daran erkennen, dann sehen wir ein, dass leben darin ist, und dass es unsterblichkeit giebt denen, die es mit glauben geniessen.
Micel is betwux ðære ungesewenlican mihte ðæs halgan husles, and þam ge-sewenlican hiwe agenes ge-cyndes. Hit is on ge-cynde brosniendlic hlaf and brosniendlic win, and is æfter mihte Godcundes wordes soþlice Cristes lichama and his blod, na swa þeah lichamlice, ac gastlice.	Viel ist zwischen der unsichtbaren macht des heiligen abendmahles und der sichtbaren gestalt seiner eigenen natur. Es ist von natur verderbliches brod und verderblicher wein, und ist nach der macht des göttlichen wortes wahrlich Christi leib und sein blut, doch nicht etwa leiblich, sondern geistig.

Alfric Bata. Als nachfolger Alfric's ist *Alfric Bata* oder Putta, erzbischof von York, zu nennen. Er ist der verfasser von zwei hirtenbriefen, welche zuerst in lateinischer sprache geschrieben waren, aber auf den wunsch Wulfstan's, welcher bis 1023 erzbischof von York war, in das Angelsächsische übersetzt wurden, damit ihr nutzen ein allgemeiner würde. Ein zuerst von Alfric Grammaticus verfasstes colloquium, so wie wahrscheinlich auch dessen grammatik und glossarium, wurde von Alfric Bata von neuem herausgegeben. Der tod Alfric's erfolgte im jahre 1051.[101]

Aus dem zweiten Hirtenbriefe Alfric's.

[102] Crist sylf ge-halgode husel ær his þrowunge; he bletsode þone hlaf and to-bræc, þus cweþende to his halgum apostulum, „etaþ þisne hlaf, hit is min lichama;" and he eft bletsode ænne calic mid wine, and cwæþ heom þus to „Drincaþ ealle of þisum, hit is min agen blod þære niwan ge-cyþnysse, þe biþ for manegum agoten, on synna for-gyfenysse."

Christ selbst heiligte das abendmahl vor seinem leiden; er segnete den leib und brach ihn, also zu seinen heiligen aposteln sprechend: „esset dieses brod, es ist mein leib;" und darauf segnete er einen kelch mit wein und sprach also zu ihnen: „trinket alle von diesem, es ist mein eigenes blut des neuen zeugnisses, welches für viele vergossen wird zur sündenvergebung."

Se Drihten þe halgode husel ær his þowunge, and cwæþ þæt se hlaf wære his agen lichama, and þæt win wære witodlice his blod, se halgaþ dæghwamlice þurh his sa cerda handa blaf to his lichaman and win to his blod on gastlicere ge-ryne, swa swa we rædað on bocum.

Der herr, welcher das abendmahl vor seinem leiden heiligte und sprach, dass das brod wäre sein eigener leib, und der wein wirklich sein blut wäre, weiht täglich durch seines priesters hand brod zu seinem leib und wein zu seinem blut im geistigen geheimniss, wie wir in büchern lesen.

Ne biþ se liflica hlaf lichamlice swa þeah se ylca lichama þe Crist on

Das lebendige brod ist indessen doch nicht derselbe körper, an dem

þrowode, ne þæt halige win nis þæs Hælendes blod þe for us agoten wæs on lichamlican þinge; ac on gastlicum andgyte ægþer biþ soþlice, se hlaf his lichama, and þæt win eac his blod, swa swa se heafonlica hlaf wæs þe we hataþ manna.

Christus litt, noch ist der heilige wein des heilandes blut, das für uns vergossen ward in leiblicher weise, aber in geistigem sinne ist ein jedes wahrlich, das brod sein leib, und der wein auch sein blut, wie es das himmlische brod war, das wir manna heissen.

Aus dem Colloquium.

Þu cnapa liwæt dydest to dæg
Magister. Tu, puer, quid fecisti hodie?

Manega þing ic dyde on þisse niht þa þa cnyll
Discipulus. Multas res feci. Hac quando signur nocte,

ic ge-hyrde ic arás of mínon bedde and eode to cyrcean
audivi, surrexi de lectulo, et exivi ad ecclesiam,

and sang uht-sang mid ge-broþrum
et cantavi nocturnam cum fratribus;

æfter þa we sungon be eallum halgum and dægred
deinde cantavimus de omnibus sanctis, et matutir

æfter þysum prím and seofon seolmas mid letar
post hæc, primam, et septem psalmos, cum letar

capitol mæssan syþþan undern-tide and dydon mæssa

primam missam; deinde tertiam, et fecimus missa

æfter þisum we sungon middæg and æton
post hæc cantavimus sextam, et manducavimus,

and slepon and eft we arison and sung(
et dormivimus, et iterum surreximus, et cantav:

and nu we synd her æt-foran þe gearuwe ge- hwe
                                                                                                                       hyran
et modo sumus hic coram te, parati audire qui

        Hwænne wylle singan æfen oþþe niht-s,
                     ge
M. Quando vultis cantare vesperum, aut complet

        Þonne hyt tima byþ
D. Quando tempus erit.

        Wære þu to dæg beswuncgen
M. Fuisti hodie verberatus?

        Ic næs for-þam wærlice ic me heold
D. Non fui, quia caute me tenui.

        And hw þine ge-feran
M. Et quomodo tui socii?

        Hwæt me ahsast be þam Ic ne deor ypp
D. Quid me interrogas de hoc? Non audeo pan(

        digla úre Anra ge-hwylc wát gif he oþþ(
                                                                                    beswuncgen
                                                                                    wæs
secreta nostra. Unusquisque scit si flagellatus au{
                                                                                    erat

Cynewulf Wright (Biog. Brit. liter. A. S. Period. Seite 501 ff.) erwähnt einen angelsächsischen dichter *Cynewulf*, von welchem aus der vercellihandschrift und aus der exeterhandschrift drei religiöse gedichte, welche diesen namen in runen eingefügt enthalten, beigegeben sind. Ob dieser Cynewulf aber derselbe sei, den lateinische schriftsteller Kenulfus nennen, und welcher abt von Peterborough um das jahr 992 war und später im jahre 1006 bischof von Winchester wurde, ist unsicher und zweifelhaft. Der tod des letzteren erfolgte im jahre 1008.

Wulfstan Endlich verdient noch *Wulfstan*, erzbischof von York und bischof von Worcester von 1003 bis 1023, in welchem jahre er starb, erwähnt zu werden. Er war der freund beider Alfric's, von denen der jüngere für ihn die beiden hirtenbriefe in das Angelsächsische übersetzte. Wulfstan selbst schrieb einen hirtenbrief an das volk seiner kirchenprovinz, welcher erhalten und auf uns gekommen ist. Ausserdem schrieb er eine anzahl angelsächsischer predigten, welche unter dem namen des Lupus Episcopus bekannt sind. Die merkwürdigste dieser homilien ist im jahre 1012, vier jahre vor dem tode Athelred's verfasst und trägt im manuscript die überschrift: Sermo Lupi ad Anglos, quando Dani maxime persecuti sunt eos.[103]

Aus der angeführten Predigt.

For-ðam hit is on us eallum swutol and ge-sene, þæt we ær ðysan oftor bræcon þonne we betton, and ðy is ðysse ðeode fela onsæge: Ne dohte hit nu lange inne ne ute: ac wæs here and hunger, bryne, and blodgyte on ge-wel hwylcum ende oft and ge-lome;	Deshalb ist es uns allen deutlich und offenbar, dass wir vor diesem öfterer sündigten als wir uns besserten, und daher kommt das viele leid dieses volkes. Es taugte nun lange weder innen noch aussen, sondern es war hier hunger, brennen und blutvergiessen an jedem ende oft und unaufhörlich,

and us stalu and cwalu, stric and steorfa, orf-cwealm and uncoðu, hol and hete and rypera reaflac derede swyðe ðearle, and us ungylda swyðe ge-drehton, and us unwedera foroft weoldan unwæstma.	und diebstahl und qual, pest und sterben, viehseuche und krankheit, verleumdung und hass und diebes überfälle belästigten uns übergewaltig, und ungerechte auflagen drückten uns sehr, und unwetter bereiteten sehr oft unfruchtbarkeit.
For-ðam on ðysum earde wæs, swa hit ðincan mæg, nu fæla geara unrihta fela, and tealte ge-trywð æghwær mid mannum.	Deshalb waren in diesem lande, wie man es sich denken kann, nun viele jahre viele ungerechtigkeiten. und die treue wankt überall bei den menschen.

Predigten machen einen hauptbestandtheil der angelsächsischen literatur aus, wovon die grosse anzahl handschriften mit homilien, welche Wanley in seinem cataloge verzeichnet hat, den besten beweis liefert. Gedruckt ist das wenigste davon.

Apollonius von Tyrus. Die übersetzung der geschichte des Apollonius von Tyrus[104] von einem unbekannten Verfasser ist das einzige angelsächsische werk der romantischen prosa, welches sich im ganzen mittelalter beliebt erhielt und zuletzt in dem Shakespeare zugeschriebenen Play of Pericles eine dramatische verwandlung erfuhr.

Astronomie. Einen schatz wissenschaftlicher werke besitzt die angelsächsische literatur nicht, da die lateinische sprache die wissenschaft im engeren sinne beherrschte. Indessen verdienen doch zwei bücher, ein populär-astronomisches und ein medicinisches, beide in angelsächsischer sprache vorhanden, erwähnt zu werden. Beide mögen aus dem zehnten jahrhundert herrühren. Das erstere ist in mehreren exemplaren auf uns gekommen, woraus auf dessen verbreitung geschlossen werden kann.[105] Es beschreibt und erklärt die himmelserscheinungen in einfacher sprache, von welcher folgendes eine probe ist:

Ms. Cotton. Titus D. XXVII. (Mitgetheilt in Wright's Introductory Essay. Seite 86 ff.)

Ure eorðlice niht soðlice cymð þurh þære eorðan sceade, þonne seo sunne gæð on æfnunge under þissere eorðan; þonne bið þære eorðan bradnys betwux us and þæra sunnan, þæt we hyre leoman lihtinge nabbað oððæt heo eft on oðerne ende upastihð.

Seo eorðe stent on gelicnesse anre pinn-hnyte, and seo sunne glit onbuton be Godes gesetnysse, and on þone ende þe heo scinð is dæg þurh hyre lihtinge, and se ende þe heo forlæt bið mid þeostrum oferþeaht, oððæt heo eft þyder geneahlæce.

Middan-geard is gehaten eall þæt binnan þam firmamentum is. Firmamentum is þeos roderlice heofen, mid manegum steorrum amet; seo heofen, and sæ, and eorðe, synd gehatene middan-geard.

Seo firmamentum tyrnð symle onbutan us under

Unsere irdische nacht kommt in wahrheit von der erde schatten, wenn die sonne des abends unter diese erde geht; dann ist der erde breite zwischen uns und der sonne, so dass wir ihre lichtstrahlen nicht haben, bis sie wieder am anderen ende aufsteht.

Die erde gleicht einer fichtennuss, und die sonne gleitet herum nach Gottes gesetz, und an dem ende, wo sie scheint, ist tag durch ihr licht, und das ende, welches sie verlässt, ist mit düsterheit bedeckt, bis sie sich wieder dahin nähert.

Middan-geard heisst alles, das binnen dem firmamente ist. Firmament ist der ätherische himmel, mit vielen sternen geziert; der himmel, und die see und die erde werden middan-geard geheissen.

Das firmament dreht sich beständig um uns, unter

þissere eorðan and bufon, ac þær is ungerim fæc betwux hire and þære eorðan; feower and twentig tida beoð agane, þæt is an dæg and an niht, ær þam þe heo beo æne ymb-tyrnd, and ealle þa steorran þe hyre on fæste synd, turniað onbutan mid hyre.	dieser erde und darüber, aber es giebt einen unermesslichen raum zwischen ihm und der erde; vier und zwanzig stunden sind vorüber, das ist ein tag und eine nacht, ehe es sich einmal umdreht, und alle die sterne, die ihm angeheftet sind, drehen sich herum mit ihr.
Seo other stent on æle-middan, þurh Godes mihte swa gefæstnod, þæt heo næfre ne byhð ufor ne neoðor, þonne se ælmihtiga scyppend þe ealle þing hylt buton geswince hi gestaðelode.	Die andere steht in der mitte, durch Gottes macht so befestigt, dass sie niemals höher oder niedriger ist, als der allmächtige schöpfer, welcher alle dinge ohne mühe hält, sie stellte.
Aelc sæ, þeah þe heo deop sy, hæfð grund on þære eorðan, and seo eorðe abyrð ealle sæ, and þone garsecg, and ealle wyll-springas and ean þurh hyre yrnað; swa swa æddran licgað on þæs mannes lichaman, swa licgað þa wæter-æddran geond þas eorðn; næfð naðor ne sæ ne ea nænne stede buton on eorðan.	Jede see, so tief sie auch sei, hat grund auf dieser erde, und die erde trägt alle seen, und das weltmeer und alle quellen und ströme laufen durch sie; so wie die adern liegen auf des menschen leichnam, so liegen die wasseradern durch die erde; und es hat weder eine see noch irgend ein fluss eine stätte, ausser auf der erde.

MedicinDas oben erwähnte medicinische buch findet sich in der königlichen bibliothek des brittischen museums in

einer prachtvollen handschrift, welche wahrscheinlich
einmal das eigenthum eines angesehenen arztes war. Das
werk handelt in zwei theilen von der behandlung äusserer
und innerer übel und den mitteln zu ihrer heilung.
Wunden, augenübel, schlangenbisse, vergiftungen müssen
in jener zeit, aus welcher die handschrift herrührt,
besonders häufig gewesen sein, da viele mittel dagegen
angegeben werden. Die heilmittel wurden gewöhnlich aus
dem pflanzenreiche entlehnt. Folgendes sind proben dieser
recepte.

Ms. Reg. 12. D. XVII. (Mitgetheilt in Wright's Introductory Essay, seite 98 ff.)

Wið þon ilcan: genim fætful grenre rudan leafa, and senepes sædes cucler fulne, gegnid to-gædere, do æges þæt hwite to cucler fulne, þæt sio sealf sie þicce, smire mid feþere on þa healfe þe sar ne sie.

Bei demselben (übel: kopfschmerz): nimm ein gefäss voll grüner rautenblätter und senfsamens einen löffel voll, reibe (es) zusammen, thue von einem eie das weisse dazu, einen löffel voll, dass die salbe dick sei, schmiere (sie) mit einer feder an die seite, welche nicht schmerzt.

Wið poccum: swiðe sceal mon blod lætan, and drincan amylte buteran bollan fulne; gif hie utslean, ælcne man sceall aweg adelfan mid þorne, and þonne win oððe alor[106]-drenc drype on inan, þonne ne beoð by gesyne.

Bei pocken soll der mensch viel blut lassen und geschmolzener butter einen napf voll trinken; wenn sie ausschlagen, soll selbiger mann (sie) mit einem dorne weggraben, und dann wein oder erlen-trank hinein tropfen, dann werden sie nicht gesehen werden.

To wunde clæsnunge: genim clæne hunig, gewyrme to fyre, gedo

Zur wundenreinigung nimm reinen honig, wärme (ihn) am feuer, dann thue (ihn) in ein

þonne on elæne fæt, do sealt to, and hrere oð þæt hit hæbbe briwes þicnesse, smire þa wunde mid, þonne fullað hio.	reines gefäss, thue salz dazu, und rühre bis dass es die dicke eines breies habe, schmiere die wunde damit, dann reinigt (es) sie.

Die Sachsenchronik. Den schluss der angelsächsischen, und zugleich den übergang zu der nächstfolgenden sogenannten halbsächsischen (Semi-Saxon), oder normännischen periode der englischen literatur bildet die *Sachsen-chronik*.[107] Die gewöhnliche annahme ist, dass der aufang von diesem, nächst Beda's kirchengeschichte, wichtigsten quellenwerke der angelsächsischen geschichte zur zeit des königs Alfred gemacht worden sei, als der geschmack an historischen gegenständen durch Alfred's eigene arbeiten geweckt und verbreitet wurde. Man will dieses auch aus dem umstande schliessen, dass die älteste handschrift, das „Benet Ms.," nicht nur bis zur geschichte des Jahres 891 von einer und derselben hand geschrieben ist, sondern auch bruchstücke aus Beda's kirchengeschichte nach Alfred's übersetzung enthält, wozu der umstand tritt, dass das werk bis über die mitte des neunten jahrhunderts hinaus unverkennbare spuren einer späteren abfassung zeigt. Erst mit Alfred's regierung fangen die eigentlichen annalen an, welche bis zu 925, dem todesjahre Eduard's, fortgesetzt sind. Mit diesem jahre werden die aufzeichnungen kürzer und abgebrochener, bis sie mit dem jahre 1001 in dürftige notizen übergehen, welche bis zum jahre 1070 fortgesetzt werden. Zum schluss der handschrift folgt eine lateinische lebensbeschreibung Lanfranc's. Andere handschriften führen den abgebrochenen faden der geschichte weiter bis zum tode Stephan's, welcher im jahre 1154 erfolgte. Gegen das ende des ganzen werkes, wie es uns in einer einzigen zusammenstellung der verschiedenen handschriften vorliegt, finden sich schon viele vernachlässigungen der grammatik, so wie auf den letzten seiten sogar französische Wörter. Peterborough, wo die letzten aufzeichnungen der in der angelsächsischen chronik zusammengestellten handschriften erfolgt sein mögen, blieb auch nach der eroberung England's durch die Normannen ein sächsisches kloster, in welchem die sprache des unterliegenden volkes eine letzte zufluchtsstätte fand. An mehreren stellen athmet das werk den unwillen der besiegten über den übermuth der normannischen sieger.

Als Verfasser des ältesten theiles der sachsenchronik, welcher aus mündlichen überlieferungen und älteren chroniken, besonders aber beinahe wörtlich aus Beda's kirchengeschichte und dessen Chronicon sive liber de sex ætatibus mundi geschöpft ist, wird nach blossen vermuthungen Plegmund angegeben, welcher ein freund Alfred's war und gerade um jene zeit erzbischof von Canterbury (von 890 bis 923) wurde, wo die älteste handschrift des ältesten manuscriptes schliesst. Erzbischof Plegmund ist zwar bereits in alten zeiten als angelsächsischer schriftsteller aufgeführt worden, allein ohne dass man ihm bis jetzt irgend ein werk mit einiger sicherheit zuschreiben könnte. Die übrigen alten handschriften, welche zur zusammenstellung des gegenwärtig unter dem namen der angelsächsischen chronik bekannten buches gedient haben, enthalten, mehr oder minder durch interpolationen und aus früher nicht benützten quellen geschöpfte zusätze erweitert, dieselbe älteste, wahrscheinlich aus Alfred's zeit stammende recension und verfolgen dann ihren eigenen weg, indem in ihnen selbstständige aufzeichnungen von begebenheiten niedergelegt sind. Eine sorgfältige kritische sichtung und würdigung der einzelnen haudschriften ist noch nicht erfolgt, da es den englischen herausgebern weniger darauf, als auf eine möglichst vollständige zusammenstellung des historischen stoffes angekommen ist.

Alter der angelsächsischen Sprache. Wie alt eigentlich die in den angelsächsischen handschriften erhaltene sprache nach ihrem inneren und äusseren wesen, nach ihrer bildung, rechtschreibung, mithin auch nach ihrer aussprache sei, lässt sich nicht mehr mit sicherheit bestimmen. Das gemeinsame loos beinahe aller schriftlichen werke des mittelalters war es, modernisirt und verändert zu werden, wenn sie von einer person abgeschrieben und vervielfältigt wurden, welche die sprache redete, in der sie abgefasst waren. Nur die unwissenheit des abschreibers sicherte vor

absichtlichen änderungen; die unvermeidlichen und
unfreiwilligen fehler eines solchen abschreibers[108] können
von der kritik viel leichter erkannt und verbessert werden,
als die eigenwilligen verbesserungen eines der sprache
kundigen schreibers, welcher gewöhnlich nur für den sinn,
nicht für die worte und deren construction, noch viel
weniger aber für die orthographie des autors sorge trug,
und die sprache und schreibart eines manuscripts in die
sprache und rechtschreibung seiner zeit und seines ortes
verwandelte. Auf diese weise drängt sich die frage nach der
sprache eines autors gewöhnlich in die frage nach der zeit
und dem orte zusammen, wann und wo das manuscript
entstanden sei, wie sich dieses mit bezug auf das
Angelsächsische aus parallelstellen unzweifelhaft
herausstellt (Bosworth's A. S. Diction. vorrede LVII). Das
älteste angelsächsische manuscript[109] wird von Wanley aus
inneren gründen auf das jahr 737 zurückgeführt,
wahrscheinlich aber ist es kurz vor Alfred's zeit entstanden.

Caedmon's Sprache. Dasselbe enthält einige dem Caedmon
als dessen erstlinge zugeschriebene verse, welche von Beda
(IV, cap. 24) in das Lateinische übersetzt werden. Dieselben
verse befinden sich in Alfred's angelsächsischer übersetzung
des Beda, jedoch in modernisirter sprache, wie sie der
herausgeber Caedmon's Thorpe (Pref. Caedm. XXII) in einer
zu Oxford aufbewahrten, dem zehnten jahrhundert
angehörenden handschrift fand.

Cod. Ms. Epis. Norwic. Wanley, p. 287.	**Cod. Ms. C. C. C. Oxon. Thorpe, Pref.**	**Wörtliche deutsche Uebersetzung**
Nu	Nu we	Nun sollen wir ehren (des)
scylun	sceolan	himmelreiches wart, (des)
hergan	herian.3)	schöpfers macht und seines
hefæn	heofon-	gemüthes gedanken, (der)
ricæs	ríces	menschen herrlicher vater! wie
uard	weard.	er, jeglicher wunder ewiger
metudæs	metodes	herr, den anfang aufstellte.

mæcti	mihte.	
end his	and his	
mod	mod-	
gidanc	geþonc.[4]	
uerc[a]	wera[5]	
uuldur	wuldor	
fadur	fæder.	
sue he	swa he	
uundra	wundra	
gihuæs	gehwæs.	
eci	ece	
drictin[1]	dryhten.[6]	
or	oord[7]	
astelidæ.	onstealde.[8]	
He ærist	He ærest	Er zuerst schuf (die) erde (den)
scop	gescéop.[9]	menschen, (den) himmel zum
elda[b]	eorðan	dach, heiliger schöpfer! dann
barnum	bearnum.	(den) erdkreis, (des)
heben til	heofon to	menschengeschlechtes wart,
hrofe	hrófe.[10]	(der) ewige herr, nachher
haleg	halig	(hervor) zog (den) führern
scepen	scyppend.	(das) Feld, herr allmächtiger!
þa	þa middan	
middun	geard.	
geard	mon	
mon	cynnes	
cynnæs	weard.	
uard	ece	
eci	dryhten.[11]	
dryctin	æfter teode.	
æfter	firum	
tiadæ	foldan.	
firum	frea	
foldu[2]	ælmihtig.	
frea		

allmectig.

Hierzu finden sich noch nach Bosworth's A. S. Dictionary p. LVII, wo beide stücke[110] mitgetheilt werden, folgende verschiedene lesarten: 1) dryctin. 2) foldum. 3) herigean. 4) geþanc. 5) fehlt. 6) drihten. 7) ord. 8) astealde. 9) gescop. 10) rofe. 11) drihtne. Ausserdem ist a) uerc entweder ein druckfehler, oder ein versehen des herausgebers für uere, was bei der ähnlichkeit der buchstaben c und e leicht geschehen konnte. Wäre die lesart uerc, oder weorc wie Sharon Turner in seiner History of the A. S. (vol. III. Book IX. chap. 1) liest, die richtige, dann würde „herrlicher *werke* vater" zu übersetzen sein. Ebenso scheint anstatt b) elda die richtige lesart erda zu sein. Ein anderes beispiel noch weit bedeutender abweichungen ist Caedmon's paraphrase des gesanges der drei männer im feurigen ofen, welche ausser im oxforder manuscript, auch noch in der exeterhandschrift (Codex Exoniensis, seite 185-197), in letzterer aber nicht bloss mit verschiedenen lesarten, sondern gegen das ende in wesentlichen erweiterungen und einer ganz anderen form erhalten ist. Vergleiche Bouterwek's Caedmon, I. seite 143 ff., wo eine genaue vergleichung der beiden handschriftlichen redactionen dieses dem Caedmon beigelegten gesanges angestellt ist. Welches nun die wirkliche Sprache Caedmon's, der um 680 starb, gewesen sei, lässt sich durch nichts bestimmen.

Dem zehnten jahrhundert verdanken wir die ältesten und besten der erhaltenen handsehriften in angelsächsischer sprache, weshalb der schluss wohl kein falscher sein dürfte, dass diejenige sprache, welche wir reines Angelsächsisch nennen, die sprache der gebildeten Westsachsen von dem jahre 900 bis 1000 war und sich vielleicht ein jahrhundert hindurch unverfälscht und wenig verändert erhalten hat.

Verschiedene DialekteAusserdem muss bemerkt werden, dass die verschiedenen stämme der Sachsen und Angeln fortwährend ihre dialektverschiedenheit in sprache und schreibart bewahrten, welche so tief gewurzelt ist, dass sie sich bis auf den heutigen tag in den provinziellen sprachsonderungen des englischen volkes verfolgen lässt. Die sprache des von den Angeln besetzten nördlichen theiles von England pflegte man früher den sächsisch-dänischen dialekt zu nennen, zumal hier die Dänen die hauptsitze ihrer langjährigen eroberung hatten. Besser und richtiger ist es aber wohl, ihn den nordanglischen, oder geradezu den anglischen im gegensatze des angelsächsischen (der eigentlich nie existirt hat), westsächsischen, oder sächsischen dialektes zu nennen, zumal die sprache der Dänen und Nordangeln damals noch sehr wenig verschieden sein mochte. Die bewohner von Yorkshire, Northumberland und der schottischen Niederlande unterscheiden sich durch ihre härtere und rauhere sprache noch heut von den Südengländern.

Verlust von Handschriften Während der beständigen einfälle der Dänen gingen viele angelsächsische bücher verloren, indem im neunten und zehnten Jahrhundert mehrere klöster mit ihren bücherschätzen von ihnen verbrannt wurden. Nach der normännischen eroberung wurden die besiegten und damit auch ihre sprache und bücher von den siegern verachtet, so dass sie nur noch in denjenigen klöstern und geistlichen stiften, welche in den händen der Sachsen verblieben, gelesen, in den andern aber von staub und feuchtigkeit verzehrt wurden. Im anfange des dreizehnten jahrhunderts war die volkssprache durch das eindringen des französischen idioms bereits so verdorben, dass die angelsächsischen bücher selbst von den nachkommen der alten Sachsen nicht mehr leicht verstanden werden konnten. Von nun ab wurden die angelsächsischen manuscripte nicht bloss vernachlässigt, sondern oft als unnütz beseitigt, oder anderweitig um ihres materiales willen verbraucht. So finden sich in einem im jahre 1248 angefertigten cataloge der in der bibliothek zu Glastonbury aufbewahrten bücher folgende worte:

Item, duo Anglica, vetusta et inutilia.
Item, Sermones Anglici, vetusti, inutiles.
Passionale Sanctorum Anglice scriptum, vetustum, inutile.

Wenn die mönche pergament brauchten, so pflegten sie wohl jene alten und unnützen angelsächsischen handschriften zu nehmen, die für sie unleserlichen, oder unverständlichen worte abzukratzen und ein für sie wichtigeres, neues werk auf das pergament zu schreiben.

Eines dieser palimpseste befindet sich in der bibliothek des Jesus-College zu Cambridge, auf welchem eine prächtige handschrift der homilien Alfric's lateinischen dekretalen hat platz machen müssen. Hier und da, vorzüglich am rande, sind die ursprünglichen angelsächsischen worte noch zu erkennen. Zuweilen brauchten die mönche auch einbände für ihre mess- und chorbücher; dann nahmen sie einige blätter jener alten, unnützen pergamente und klebten sie zusammen. So fand Sir Thomas Phillipps stücke einer angelsächsischen handschrift in den deckeln eines in der kathedrale zu Worcester aufbewahrten buches.[111] Auf diese und ähnliche weise mögen viele angelsächsische handschriften vernichtet worden sein. Zuweilen sind nur dadurch werthvolle angelsächsische manuscripte erhalten worden, dass sie sich zufällig in demselben bande mit lateinischen werken befanden, welche der aufbewahrung würdig erachtet wurden. Vielleicht lasen auch noch einzelne mönche die angelsächsischen handschriften, soweit sie dieselben etwa mit Alfric's grammatik und glossarium bemeistern konnten. Der letzte und grösste verlust angelsächsischer schriften erfolgte zur zeit der reformation, als bei der aufhebung der englischen klöster die handschriftlichen bibliotheken derselben nach allen richtungen zerstreut wurden. Die trümmer derselben sind noch in und an alten englischen büchereinbänden wahrzunehmen; denn obgleich die reformatoren gerade die kirchlichen schriften der Angelsachsen begierig aufsuchten, so sind doch viele andere angelsächsische manuscripte im sechszehnten Jahrhundert zu büchereinbänden benützt worden.

M. Parker. R. Cotton Die beiden hauptsammler angelsächsischer handschriften im sechszehnten jahrhundert waren Matthew *Parker*, erzbischof von Canterbury, und Sir Robert *Cotton*. Durch seine hohe geistliche stellung wurde es dem erzbischofe Parker leicht, die in den klöstern und kirchen gefundenen alten handschriften seiner eigenen sammlung einzuverleiben. Eben so glücklich war Cotton bei der sammlung der in den klöstern an angelsächsischen handschriften gemachten beute, welche in die hände der antiquare oder einzelner privatpersonen übergegangen war. Matthew Parker's

bibliothek wird jetzt im Corpus Christi College zu
Cambridge, die bibliothek Robert Cotton's im brittischen
museum zu London aufbewahrt. Ausserdem befindet sich
eine anzahl handschriftlicher schätze in angelsächsischer
sprache in der berühmten Bodleyana zu Oxford, in der
Universitätsbibliothek zu Cambridge, in den
büchersammlungen einiger Colleges zu Oxford und
Cambridge und einigen privatbibliotheken England's; auf
dem festlande existiren einzelne angelsächsische
handschriften in Brüssel, Paris und Vercelli.

Erst zur zeit der englischen reformation wurde die
öffentliche aufmerksamkeit auf die im staube der
bibliotheken ruhenden, oder von curiositätensammlern
aufbewahrten angelsächsischen handschriften gelenkt, weil
in ihnen waffen zur bekämpfung der römischen lehren
gesucht und gefunden wurden, denn die alten
angelsächsischen theologen predigten gegen dieselben als
damals neu entstehende irrthümer. Auch hatten die
Angelsachsen die heilige schrift theilweise in die
landessprache übersetzt, was die reformatoren begierig
benützten und nachahmten.

J. Foxe. W. L'Isle. Der berühmte John *Foxe* druckte im jahre
1571 die angelsächsischen evangelien mit einer englischen
übersetzung, nachdem er bereits früher einige auszüge aus
Alfric und dessen ganze homilie gegen die
Transsubstantiation herausgegeben hatte. Im jahre 1623
druckte William *L'Isle* Alfric's angelsächsische abhandlung
über das alte und neue testament und dessen „Sermon of the
Paschall Lambe," welche schrift für so wichtig erachtet
wurde, dass fünfzehn englische bischöfe und erzbischöfe
deren ächtheit mit ihrer unterschrift beglaubigt hatten.[112]
Darunter befand sich auch die des erzbischofs Parker, des
grossen beschützers angelsächsischer literatur. In der
vorrede zu der ersten dieser abhandlungen beklagt sich
L'Isle bitter über die vernachlässigung, mit welcher die
angelsächsischen schriften behandelt worden seien;
„having," sagt er, „in our libraries so goodly monuments of
reverend antiquitie, divine handwritings, in so faire and
large character that a man running may read them: we do
not make them known to the world, but let them lie still like

a treasure hid to no use, and even till they be almost forgotten of ourselves."

Hickes. Wheloc. Junius. Spelman. Wanley. Somner. Gibson L'Isle's bericht von dem umwege, auf welchem er seine kenntniss des Angelsächsischen erlangt hatte, zeigt uns deutlich, wie wenig bis zu seiner zeit geschehen war, um das Angelsächsische der vergessenheit zu entreissen. Er erzählt uns, dass er sich zuerst etwas mit dem Hoch- und Niederdeutschen bekannt machte. Dann las er zu seiner erholung alles Altenglische, dessen er habhaft werden konnte, und bemerkte, dass er dem Angelsächsischen um so näher kam, je älter das Englische war, aber er fand auch, dass das Angelsächsische je älter, desto grössere schwierigkeiten bot. Nach einiger zeit las er die übersetzung Virgil's von Gawin Douglas und setzte sich so allmälig in den stand, die alten denkmäler der angelsächsischen sprache zu lesen und zu verstehen. Man sieht aus L'Isle's geständnissen, mit welchen mühseligkeiten im anfange des siebzehnten jahrhunderts derjenige zu kämpfen hatte, welcher die verborgenen schätze der angelsächsischen literatur heben wollte. Doch war der anstoss einmal gegeben, und dasselbe jahrhundert wurde noch fruchtbar für die angelsächsische sprache. *Hickes*'s Thesaurus (3 vols. fol. Oxon. 1705) und Institutiones Gram. A. S. (4 Oxon. 1689) werden stets denkmäler des fleisses und der gelehrsamkeit ihres autors bleiben, so viele fehler diese werke auch enthalten; *Wheloc* veranstaltete eine ausgabe von Alfred's übersetzung des Beda (fol. Cantab. 1644) und der angelsächsischen gesetze (fol. Camb. 1644), welche 1568 zu London von *Lambard* zum ersten male veröffentlicht worden waren; *Junius* gab den Caedmon zum ersten male heraus; *Spelman* veröffentlichte die angelsächsischen kirchengesetze; *Wanley* bearbeitete einen catalog der damals bekannten angelsächsischen handschriften (catalogus librorum septentrionalium); *Somner* machte den ersten versuch eines angelsächsischen wörterbuchs; *Gibson* liess die angelsächsische chronik drucken.

Wilkins. Barrington. Manning. Rask. Grimm.Während des achtzehnten jahrhunderts kam das studium des Angelsächsischen etwas in verfall, obwohl Miss *Elstob* in den ersten jahren desselben die angelsächsische homilienliteratur pflegte und förderte, auch eine grammatik schrieb, und *Wilkins* eine neue und vermehrte auflage (fol. Lond. 1721) der angelsächsischen gesetze veranstaltete, auch die alfred'schen schriften in *Barrington* und *Manning* gegen ende dieses jahrhunderts bearbeiter fanden. Im neunzehnten jahrhundert wurde die sprache der Angelsachsen auf dem wege der comparativen grammatik und der geschichtlichen sprachforschung von dem Dänen *Rask* und dem deutschen sprachgelehrten Jacob *Grimm* untersucht und damit der grund zu weiterer wissenschaftlicher bearbeitung des Angelsächsischen gelegt, auf dem seit den letzten zwanzig jahren englische und deutsche gelehrte eifrig und erfolgreich weiter gebaut haben. Rask verglich in seiner grammatik das Angelsächsische mit dem Isländischen, welches freilich nicht gerade der am nächsten verwandte dialekt ist, weshalb manche irrthümer unvermeidlich waren. Englische und deutsche Bearbeiter Trotzdem brach dieses buch dem Studium des Angelsächsischen in England eine neue bahn. Mehr noch als Rask's grammatik bewirkte das lehrgebäude der germanischen sprachen von J. Grimm, welcher eine vergleichung sämmtlicher deutschen dialekte mit philologischer schärfe und philosophischem sinne durchführte. Erst diesem buche ist die verhältnissmässig grössere sicherheit und gründlichkeit des urtheiles über den organismus der angelsächsischen sprache zu verdanken, welche man bei den neuesten deutschen und englischen bearbeitern des angelsächsischen sprachschatzes vorfindet, wie selbst letztere mit anerkennungswerther offenheit eingestehen. Die auf Rask's und Grimm's arbeiten bauenden sprachforscher in England nennen sich daher mit recht die „new school" angelsächsischer philologen. Die anwendung der comparativen grammatik ist bei der angelsächsischen sprache um so nothwendiger, als die aus verschiedenen zeiten herrührenden handschriften mit ihrer verschiedenen rechtschreibung[113] und behandlung der sprache durchaus keinen sichern halt gewähren. Um nur einen fall anzuführen, sind die accente, welche offenbar die langen vokale bezeichnen sollen, in den handschriften theils weggelassen, theils bei einem und demselben worte verschieden gesetzt, so dass in dieser beziehung die handschriften oft irre leiten, während die vergleichung der verwandten sprachen gewöhnlich zu begründeten resultaten führt. Im übrigen muss bemerkt werden, dass die angelsächsischen philologen England's, denen eine grosse anzahl handschriften zu gebote stehen, ihren hauptfleiss auf die förderung des sprachschatzes verwenden und in der neuesten zeit die in England aufbewahrten manuscripte mit grösserer genauigkeit als in früherer zeit benützen, während deutsche philologen das von den Engländern zu tage geförderte erz kritisch sichten und einzelnes zu reinem metall verarbeitet haben. Wenn indessen die englischen ausgaben angelsächsischer werke im besten falle das zu grunde gelegte manuscript getreulich wiedergeben, weshalb bei der sehr verschiedenen orthographie und grammatik der einzelnen handschriften beinahe jedes in England aufgelegte angelsächsische buch von den andern in diesen beiden principien jeder sprache abweicht, haben dagegen die Deutschen, auf Grimm'schen grundsätzen fussend, eine angelsächsische sprache in ihren ausgaben geschaffen, wie sie in keinem manuscripte zu finden ist.

Thorpe. Kemble. Ingram. Wright. HalliwelDas wiederaufleben des studiums der angelsächsischen sprache machte zu derselben zeit auch den mangel gedruckter bücher fühlbar, da es nur wenigen vergönnt sein konnte, die reichen, aber in bibliotheken zerstreuten handschriften selbst einzusehen, noch viel weniger aber, sie zu benützen. Die Society of Antiquaries beschloss daher zu anfang des jahres 1831, um diesem mangel abzuhelfen, die veröffentlichung der überreste der angelsächsischen und ältesten englischen literatur, welche nur handschriftlich vorhanden, oder unvollständig herausgegeben, oder äusserst selten geworden waren. Bereits im folgenden jahre erschien eine vorzügliche ausgabe Caedmon's mit einer wörtlichen englischen übersetzung von Benjamin *Thorpe*, der sich schon durch seine übersetzung von Rask's angelsächsischer grammatik vortheilhaft bekannt gemacht hatte. Von demselben sprachforscher erschien im jahre 1842 eine gute ausgabe der unter dem namen Codex Exoniensis bekannten exeterhandschrift mit einer übersetzung, nachdem er kurz vorher die angelsächsische evangelienübersetzung (Ða halgan godspel, on Englisc), nach den handschriften revidirt, herausgegeben hatte. Der lang vernachlässigte Beowulf wurde von *Kemble* bearbeitet und der zweiten auflage desselben ein zweiter band mit einem guten glossarium, einer wörtlichen übersetzung des gedichtes und einigen anmerkungen beigegeben. Bald nach der ersten auflage Beowulf's erschienen Thorpe's Analecta Anglo-Saxonica, eine sammlung bisher ungenau, oder noch nicht herausgegebener prosaischer und poetischer stücke angelsächsischer literatur mit einem vollständigen glossarium; demselben gelehrten verdanken wir auch eine ausgabe der angelsächsischen übersetzung des Apollonius von Tyrus aus einem in Cambridge aufbewahrten manuscripte, welcher eine englische übersetzung und ein glossarium beigefügt sind. Im jahre 1823 erschien eine neue ausgabe der angelsächsischen chronik mit einer englischen übersetzung und kritischen und erklärenden anmerkungen von J. *Ingram*. In neuerer zeit hat sich auf dem gebiete der angelsächsischen literatur Thomas *Wright* besonders ausgezeichnet. Seine Essays on subjects connected with the literature, popular superstitions and history of England in the middle ages erschienen 1846, die Biographia Britannica literaria (Anglo-Saxon-Period) 1842, welchem werke eine auch besonders erschienene abhandlung, Introductory Essay on the state of Literature and learning under the Anglo-Saxons, vorangeht. Die Reliquiæ Antiquæ oder Scraps from ancient Manuscripts, welche ebenfalls einiges interessante aus der angelsächsischen literatur enthalten, sind von Wright in gemeinschaft mit J. O. Halliwell herausgegeben worden. Grammatiken. Lesebücher. Bosworth's WörterbuchDas studium des Angelsächsischen ist auch durch herausgabe mehrerer hilfsbücher erleichtert worden. Ausser der Übersetzung von Rask's grammatik erschienen: An Introduction to Anglo-Saxon Reading, comprising Aelfric's Homily on the Birthday of St. Gregory, with a copious Glossary etc. By L. Langley, und ein Guide to the Anglo-Saxon Tongue, on the basis of Professor Rask's Grammar, to which are added extracts in verse and prose, with notes for the use of learners. By E. J. Vernon. The Elements of Anglo-Saxon Grammar, with a Praxis and Vocabulary. 12. Leeds, 1819. By J. L. Sisson. The Elements of Anglo-Saxon Grammar with copious notes, illustrating the structure of the Saxon and the formation of the English language. 8. London, 1823. By J. Bosworth. Von demselben: A compendious grammar of the primitive English or Anglo-Saxon language. 8. London, 1826. Rudiments of a grammar of the Anglo-Saxon tongue. 8. London, 1829. By J. Gwilt. An Anglo-Saxon grammar and Derivatives. By W. Hunter. 8. London, 1832. In Deutschland gab im jahre 1838 H. *Leo* in Halle altsächsische und angelsächsische sprachproben heraus, mit einer freilich ungeordneten und unvollständigen erklärung der angelsächsischen wörter versehen. In diesem buche ist überall eine gleichmässige orthographie nach den von Grimm aufgestellten grundsätzen der lautveränderung eingeführt worden. Unter den Deutschen haben sich besonders beide *Grimm*, *Mone*, *Ettmüller* und *Bouterwek* durch kritische und wissenschaftliche behandlung der von den Engländern an das tageslicht geförderten schätze der angelsächsischen literatur ausgezeichnet. Ihr streben ist nicht ohne rückwirkung auf die englischen forscher geblieben, unter denen sich Kemble offen als schüler Grimm's bekennt, dem (J. Grimm) er auch seinen Beowulf gewidmet hat. Von J. *Bosworth* ist ein reichhaltiges, obwohl nicht vollständiges und kritisch gesichtetes wörterbuch, A dictionary of the Anglo-Saxon language. 8. London 1838, mit einer ausführlichen einleitung veröffentlicht worden, so dass seit dieser zeit das studium dieser reichen sprache jedem leicht zugänglich gemacht ist. Zu hoffen bleibt, dass Kemble englischen fleiss und deutsche gründlichkeit zur bearbeitung eines angelsächsischen „sprachschatzes" verwende.[114]

Die angelsächsischen BeugungsformenDas Angelsächsische hat, wie das Deutsche, drei sprachliche geschlechter, und eine deklination des artikels, der pronomina, adjectiva und substantiva, welche den casus zugleich mit dem geschlechte bezeichnen. Die pronomina der ersten und zweiten person besitzen ausser dem singular und plural auch eine dualform. Die deklination der nomina zerfällt in eine starke und schwache, wie die conjugation der verba, welche neben dem indicativ auch eine form für den conjunctiv besitzt. Als anhaltspunkte für die vergleichung der ausartenden formen in der späteren halbsächsischen und englischen sprache folgen hier die wesentlichen eigenthümlichkeiten der angelsächsischen sprachbildung nach J. Grimm's deutscher grammatik:

Substantiva.

Substantiva.

Starke Deklination.

Masculina.

	Sing.				**Plur.**			
	(fisch)	(hirt)	(sohn)					(leute)
N.	fisc	hird-e	sun-u	—	fisc-as	hird-as	sun-a	leod-e
G.	fisc-es	hird-es	sun-a	—	fisc-a	hird-a	sun-a	leod-a
D.	fisc-e	hird-e	sun-a	—	fisc-um	hird-um	sun-um	leod-um
Ac.	fisc	hird-e	sun-u	—	fisc-as	hird-as	sun-a	leod-e.

Feminina.

	(gabe)	(adel)		(that)				
N.	gif-u	æðel-o	—	dæd	gif-a	—	—	dæd-a
G.	gif-e	æðel-o	—	dæd-e	gif-ena	—	—	dæd-a
D.	gif-e	æðel-o	—	dæd-e	gif-um	—	—	dæd-um
Ac.	gif-e	æðel-o	—	dæd-e	gif-a	—	—	dæd-a.

Neutra.

	Sing.			**Plur.**		
	(wort)	(fass)	(reich)			
N.	word	fæt	ric-e	word	fat-u	ric-u

G.	word-es	fæt-es	ric-es	word-a	fat-a	ric-a
D.	word-e	fæt-e	ric-e	word-um	fat-um	ric-um
Ac.	word	fæt	ric-e	word	fat-u	ric-u.

Schwache Deklination.

	masc.	femin.	neutr.	masc.	femin.	neutr.
	(hahn)	(zunge)	(ohr)			
N.	han-a	tung-e	ear-e	han-an	tung-an	ear-an
G.	han-an	tung-an	ear-an	han-ena	tung-ena	ear-ena
D.	han-an	tung-an	ear-an	han-um	tung-um	ear-um
Ac.	han-an	tung-an	ear-e	han-an	tung-an	ear-an.

Unregelmässige Deklination.

Verschiedene m. und f. mit den vokalen a, o, u lauten im d. sing., meistens auch im n. und ac. pl. um. Man (mensch), d. men, pl. men; broðor (bruder), d. breðer; moðor (mutter), d. meðer; dohtor (tochter), d. dehter; fot (fuss), d. fet, pl. fet: toð (zahn), d. teð, pl. teð; boc (buch), d. bec, pl. bec; broc (hose), d. brec, pl. brec; gos (gans), d. ges, pl. ges; turf (rasen), d. tyrf, pl. tyrf; burh (burg), d. byrh, pl. byrh; cu (kuh), d. cy, pl. cy; lus (laus), d. lys. pl. lys; mus (maus), d. mys, pl. mys. Im gen. s. und im gen. und d. plur. findet der umlaut nicht statt.

Adjectiva.

Adjectiva.

Starke Deklination.

masc.	femin.	neutr.	masc.	femin.	neutr.
Sing.			**Plur.**		

(blind)

N.	blind	blind(u)	blind	blind-e	blind-e	blind-u
G.	blind-es	blind-re	blind-es	blind-ra	blind-ra	blind-ra
D.	blind-um	blind-re	blind-um	blind-um	blind-um	blind-um
Ac.	blind-ne	blind-e	blind.	blind-e	blind-e	blind-u.

Schwache adjectiva werden wie die schwachen substantiva deklinirt.

Comparation.

	Stark.	Schwach.
Posit.	smæl (klein)	smal-a
Comp.	smæl-ra **m.**, smæl-re **f. n.**	smæl-ra, smæl-re
Superl.	smal-ost.	smal-esta **m.**, smal-este **f. n.**

Pronomina.

Pronomina.[115]

Personalia.

Sing.	n.	ic (ich)	þu (du)	he (er)	heo (sie)	hit (es)
	g.	min	þin	his	hire	his
	d.	me	þe	him	hire	him
	ac.	me	þe	hine	hi	hit.

Plur.	n.	we (wir)	ge (ihr)	hi (sie)

g.	ure	eower	hira
d.	us	eow	him
ac.	us	eow	hi.

Dual.
	n.	wit (wir zwei)	git (ihr zwei)
	g.	uncer	incer
	d.	unc	inc
	ac.	unc	inc.

Possessiva.

	m. f. n.		m.		f.		n.
S. nom.	min (mein)	g.	min-es	g.	min-re	g.	min-es
	þin (dein)		þin-es		þin-re		þin-es
	uncer (unser zwei)		uncr-es		unc-re		uncr-es
	ure (unser)		ur-es		ur-e		ur-es
	incer (euer zwei)		incr-es		inc-re		incr-es
	eower (euer)		eowr-es		eow-re		eowr-es.

Im übrigen werden diese pronomina wie die starken adjectiva deklinirt.

Demonstrativa.

Hierzu gehören der bestimmende artikel, welcher so deklinirt wird:

	m.	f.	n.	m. f. n.
S. n.	se (der)	seo (die)	þæt (das)	pl. þa (die)
g.	þæs	þære	þæs	þara
d.	þam	þære	þam	þam
ac.	þone	þa	þæt	þa.

und das hinweisende pronomen:

S. n.	þes (dieser)	þeos (diese)	þis (dieses)	pl. þas (diese)
g.	þises	þisse	þises	þissa
d.	þisum	þisse	þisum	þisum
ac.	þisne	þas	þis	þas.

Relativa und Interrogativa.

	m. f.	n.
S. und pl. n.	hwa (welcher, wer)	hwæt
g.	hwæs	hwæs
d.	hwam	hwam
ac.	hwone	hwæt.

Hwilc, welcher, hwæðer, welcher von beiden, werden wie die starken adjectiva deklinirt.

Numeralia.

Numeralia.

An, einer, wird wie ein starkes und wie ein schwaches

adjectivum deklinirt; twegen **m.** twa **f. n.**, zwei, begen **m.** ba **f. n.**, beide, und þry, drei, haben folgende deklination:

	m.	**f. n.**	**m.**	**f. n.**
N.	twegen	twa	þry	þreo
G.	twegra	twegra	þreora	þreora
D.	twam	twam	þrym	þrym
Ac.	twegen	twa	þry	þreo.

Verba.

Verba.

Starke Conjugation.

J. Grimm nimmt in den deutschen sprachstämmen zwölf starke conjugationen an, nämlich folgende für das Angelsächsische:

		imp.	plur.	p. p.
1.	Fealle (falle)	feol	feollon	feallen
2.	Swape (fege)	sweop	sweopon	swapen
3.	Hleape (springe)	hleop	hleopon	hleapen
4.	Slæpe (schlafe)	slep	slepon	slæpen
5.	Blawe (blase)	bleow	bleowon	blawen
6.	Gale (singe)	gol	golon	galen
7.	Dwine (schwinde)	dwan	dwinon	dwinen
8.	Creope (krieche)	creap	crupon	cropen
9.	Drepe (treffe)	drap	dræpon	drepen
10.	Cwele (tödte)	cwal	cwælon	cwelen
11.	Swelle (schwelle)	sweall	swullon	swollen
12.	Binde (binde)	band	bundon	bunden.

Endungen.

		1.	2.	3.		1. 2. 3.
Ind. præs.	s.	-e	-est	-eð	conj.	-e
	pl.	-að	-að	-að		-en
imp.	s.	—	-e	—		-e
	pl.	-on	-on	-on		-en.

imperat. s. — pl. -að; inf. -an, -anne; part. pr. -ende; pp. -en.

Conjugation.

Schwache Conjugation.

Es giebt zwei schwache conjugationen:

         imp.   **plur.**   **p. p.**

1. Nerian (halten) ner-ede ner-edon ner-ed
2. Sealfian (salben) sealf-ode sealf-odon sealf-od.

Endungen.

		1.	2.	3.		1. 2. 3.
Ind. præs.	s.	-e	-st	-ð	conj.	-e
	pl.	-að	-að	-að		-en
imp.	s.	-de	-dest	-de		-de
	pl.	-don	-don	-don		-den.

imperat. s. — pl. -ð; inf. -an, -enne; part. pr. -ende; pp. -d.

Unregelmässige Conjugation.

Præs. ind. s.	eom (bin),	eart,	is;	pl.	sind, sindon;
conj. s.	si,	si,	si (sig, seo);		sin;
imperf. s.	wæs,	wære,	wæs;		wæron;

inf. wesan; imp. s. wes, pl. wesað; part. pr. wesende; pp. gewesen;
fut. oder præs. ind. beo (beom), bist, bið, pl. beoð; conj. beo. pl. beon;
inf. beon; imperat. beo, pl. beoð.

	praes.				**imperf.**
s. Mot (muss)	most	mot,	pl.	moton	moste.
Wat (weiss)	wast	wat,		witon	wiste.
Nat (weiss/nicht)	nast	nat,		nyton	nyste.
Ah (eigene, besitze)				agon	ahte.
Deah (tauge),	duge	deah,		dugon	duhte.
Mag (mag)	meaht	mag,		magon	meahte.
Sceal (soll)	scealt	sceal,		sculon	sceolde.
Gemon (erinnere)				gemunon	gemunde.
Dear (darf),	dearst	dear,		durron	dorste.
þearf (bedarf)	þurfe	þearf,		þurfon	þorfte.
Can (kann)	canst (const)	can,		cunnon	cuðe.
An (gebe)	unne	an,		unnon	uðe, pp. geunnen.
Wille (will)	wilt	wille,		willað	wolde.
Nylle (will/nicht)	nylt	nylle,		nyllað	nolde.
Do (thue)	dest	deð,		doð.	

imperf. s. dide, didest, dide; pl. didon; inf. don; pp. gedon.

Was man gewöhnlich das angelsächsische alphabet nennt, ist mit ausnahme der buchstaben þ, th, ð, dh, nichts anderes als das mit dem christenthume eingeführte römische

alphabet. Ehe man sich des letzteren bediente, besassen die
Angelsachsen zwar ihre eigenen buchstaben, runen, welche
man aber nur zu kurzen inschriften und denksprüchen
benützte; da nur wenige ihre bedeutung und anwendung
kannten, so betrachtete sie der aberglaube als etwas
mystisches, zauberisches, ähnlich wie man später die
schreibkunst oder auch wohl im allgemeinen die
gelehrsamkeit mit dem worte grammarye benannte, welches
aber auch magie, zauberei bedeutete. Als die schreibkunst
mit der einführung des römischen alphabets allgemeiner
wurde, legte man das alte runenalphabet nicht sogleich
ganz bei seite; ja es finden sich noch spuren davon in den
handschriften des zwölften jahrhunderts. In der
exeterhandschrift sind einzelne runen zum räthselspiel
angewendet. (Wright's Biog. Brit. Liter. A. S. Period. Seite
105. 502-504.)

Zweite Periode.

Die normännische Zeit.

(Von 1066 bis 1362.)

I. Der Verfall der angelsächsischen Sprache.

Erstes Eindringen der französischen Sprache. Während die angelsächsische sprache noch in ihrer blüthe stand, wurde ihr untergang und die einführung des Französischen bereits vorbereitet. Die herrschaft der Dänen hatte unter Swen, Cnut und Hardicnut ein halbes jahrhundert hindurch den alten sächsischen königsstamm verdrängt, bis dieser im jahre 1042 nach dem schnellen tode des letztgenannten dänischen königs durch allgemeine zustimmung der edelen wieder in der person Eduard's des bekenners den thron bestieg. In Frankreich, am hofe Wilhelm's, des herzogs von der Normandie, erzogen, besass Eduard eine vorliebe für französische sprache und sitte und zog sowohl fremde gelehrte und geistliche als fremde ritter[116] nach England, wodurch er der eroberung des landes durch die Normannen selbst vorarbeitete, abgesehen davon, dass er den herzog von der Normandie mit grosser feierlichkeit in England empfing und ihm später den thron förmlich zusicherte.

Eroberung England's durch die Normannen. Durch die auffallende bevorzugung der fremden (sogar der erzbischof von Canterbury war ein Normann) wurde indessen das nationalgefühl der Sachsen verletzt; die edelen, welchen ihre güter entrissen wurden, um sie fremden zu geben, standen auf, und das sächsische parlament (witena-gemot) verbannte im jahre 1052 die zahlreichen Normannen, welche der könig in staats- und kirchenämter eingesetzt hatte. Allein dieser beschluss und die vertreibung der Normannen konnte das schicksal England's nicht lange aufhalten. Nach Eduard's tode gelang es im jahre 1066 Wilhelm dem eroberer in der schlacht von Hastings, welche dem letzten sächsischen könige Harold das leben kostete, den thron England's zu erobern.

Unterdrückung des angelsächsischen Elementes. Jetzt beginnt für England eine zeit der gewaltthat und der unterdrückung, während welcher der grössere theil der englischen bevölkerung in einen zustand der äussersten noth und grössten unwissenheit versetzt wurde.[117] Die angelsächsische sprache litt darunter auf das schlimmste; sogar die form, in welcher die Sachsen die römischen buchstaben zu schreiben gewöhnt gewesen waren, wurde mit derjenigen[118] vertauscht, welche die Normannen mit ihrer sprache und literatur nach England brachten. Der gebrauch der angelsächsischen sprache zur schrift hörte mit der normannischen eroberung fast ganz auf. Sie wurde nur noch einige zeit zur fortsetzung der angelsächsischen chronik und zu einigen kleineren aufsätzen, meist religiösen oder moralischen inhalts, benützt, wofür wir wahrscheinlich den wenigen angelsächsischen mönchen, welche in ihren klöstern bleiben durften, dankbar sein müssen. Erleichtert wurde die einführung des Französischen, welches jetzt mit dem neuen politischen system verwebt war, durch den umstand, dass seit dem anfange des 11. jahrhunderts, während der dänischen herrschaft, die königliche familie, viele angelsächsische grosse und geistliche zuflucht auf dem festlande gesucht und, von der grösseren bildung der Normannen angezogen, deren sprache angenommen hatten, so dass zu der zeit der eroberung das Französische in den höheren kreisen des angelsächsischen volkes durchaus nicht mehr unbekannt war, sondern vielmehr als ein beweis höherer bildung betrachtet wurde.[119]

Französisch, die Sprache des Hofes und Adels. Obwohl Wilhelm besonders im anfange seiner regierung sich mühe gab, das Angelsächsische zu erlernen, um seine neuen unterthanen für sich zu gewinnen, und auch mehrere verordnungen von ihm in ihrer sprache erlassen wurden, so wurde er doch durch sein vorgerücktes alter und vielfache beschäftigungen von dem erlernen derselben abgehalten[120] und sprach mit dem grössten theile des adels nur Französisch.[121] Die wenigen angelsächsischen grossen, welche zuerst noch am hofe des neuen königs zutritt hatten, mussten selbstverständlich das Französische verstehen und sprechen können. Schon um das jahr 1070 gedenkt die geschichte nur noch eines einzigen angelsächsischen Earls mit namen Waltheof, welcher drei jahre später wegen theilnahme an hochverrath hingerichtet wurde. Von dieser zeit ab, sagt Ingulph, verlieh der könig güter und würden nur an Normannen.[122] Der zahlreiche französische adel, welchem die besitzungen der alten sächsischen Earls geschenkt wurden, umgab sich auf seinen gütern, wie der könig am hofe, ebenfalls mit fremden, so dass die französische sprache binnen wenigen jahren über alle theile des landes ausgebreitet war. Hier auf den gütern der normannischen barone war es, wo die Angelsachsen am tiefsten gedemüthigt, am meisten getreten wurden; hier war es, wo die sächsischen leibeigenen das vieh hüten und das wild schonen mussten, welches früher ihr eigenthum gewesen war und bis auf den heutigen tag die deutschen namen ox, cow, calf, sheep, swine, hart, roe, deer bewahrt hat, während ihre normännischen herren das geschlachtete thier, oder erlegte wild in der halle verzehrten und dem todten oder verendeten fleische mit den französischen wörtern beef, veal, mutton, pork, venison den normännischen besitztitel aufdrückten. Eine anzahl fester kastelle in den grossen städten wie auf verschiedenen punkten des landes schützten mit ihrer normännischen besatzung[123] die eroberung des landes und beförderten die an einzelnen orten nicht ohne widerstreben der Sachsen erfolgende unterjochung des volkes.

Französisch, die Sprache der Geistlichkeit.Vielleicht noch wichtiger als das politische übergewicht der Normannen war für die verdrängung der angelsächsischen und die verbreitung der französischen sprache diejenige massregel Wilhelm's, durch welche er alle höheren geistlichen stellen mit ihm ergebenen und französisch sprechenden fremden besetzte. Schon im jahre 1072 waren die zwei erzbischöfe, sieben von elf bischöfen und sechs von zwölf äbten keine Angelsachsen mehr, und wenige jahre später ist das missverhältniss der Franzosen und Sachsen noch grösser, indem man jedes mittel ergriff, um die volksthümliche geistlichkeit zu entfernen. Der angelsächsische bischof Wulfstan, welcher schon im jahre 1072 auf der kirchlichen synode sich eines dolmetschers[124] bedienen musste, um die rechte seines stuhles zu vertheidigen, sollte später mit wissen des königs wegen seiner einfalt und unwissenheit (simplicitate et illiteratura) abgesetzt werden, und nur ein wunder rettete ihn.[125] Es versteht sich, dass die höhere geistlichkeit keine gelegenheit vorübergehen liess, um auch die unteren stellen der kirche mit ergebenen und normännisch gesinnten und sprechenden priestern anzufüllen. Von dem könige und den neuen baronen wurde eine beträchtliche anzahl neuer klöster gegründet, welche mit normännischen mönchen besetzt wurden. Die zahl der klösterlichen stiftungen, welche von fremden klöstern auf dem festlande abhingen—alien priories—wuchs beträchtlich und belief sich 1414, in welchem jahre sie von der krone secularisirt wurden, auf ein hundert und vierzig.

Französisch, die Sprache des Rechtes und der Schule. Auch für die rechtspflege wurde sowohl von den normännischen baronen, welche gesetze für ihr gebiet erlassen konnten, als auch von den königlichen richtern, ausschliesslich die französische sprache gebraucht. Das Französische wurde auch in der schule von der normännischen eroberung bis zu Eduard's III. zeit als unterrichtssprache angewendet, in welcher allein eine humane und gelehrte bildung zu erreichen war.[126]

So trat an die stelle des Angelsächsischen als sprache des hofes, des adels, der rechtspflege und bildung das Französische in seiner damaligen gestalt. Wie dessen beschaffenheit war, könnte am besten aus den gesetzen Wilhelm's des eroberers ersehen werden, wenn diese in authentischer gestalt auf uns gekommen wären. Folgendes ist eine probe derselben:

Französische Gesetze Wilhelm's des Eroberers.

[127] Ces sount les Leis et les Custumes, que li	Dieses sind die gesetze und gewohnheiten, welche der

Reis William grauntat a tut le puple de Engleterre apres le Conquest de la terre. Ice les meismes, que li Reis Edward sun cosin tint devant lui. Co est a saveir:

1. Pais a saint Yglise; de quel forfait, que home out fait en cel tens, e il pout venir a sainte Yglise, out pais de vie e de membre.

E se alquons meist main en celui, qui la mere Yglise requireit, se ceo fust u Evesque u Abbeie u Yglise de religion, rendist ceo, que il i avereit pris, e cent solz de forfait, e de mere Yglise de Paroisse XX solz, e de Chapelle X solz.

E qui enfraint la pais le Rei en Merchene Lae, cent solz les amendes. Altresi de hemfare[128] e de aweit purpenset.

26. De murdre. Ki freceis occist e les homes del hundred

könig William dem ganzen volke von England gewährte nach der eroberung des landes. Es sind die nämlichen, welche der könig Edward, sein vetter, vor ihm hielt. Nämlich:

1. Friede der heiligen kirche; welch verbrechen nur immer jemand in dieser zeit begangen hat, und er kann in eine heilige kirche kommen, habe frieden des lebens und der glieder.

Und wenn jemand hand an den legt, welcher die mutter kirche aufsuchte, wenn es eine bischöfliche kathedrale, oder eine abtei, oder eine kirche von religiosen ist, gebe er zurück, was er dort genommen hatte und hundert sous busse, und bei einer mutter-pfarr-kirche 20 sous, und bei einer kapelle 10 sous.

Und wer den frieden des königs bricht, nach mercischem gesetz hundert sous die busse. Ebenso bei heimsuchung und vorbedachtem überfall.

26. Vom mord. Wer einen Franken tödtet, und die männer der hundertschaft ergreifen und

nel prengent e amenent a la justise dedenz les oit jours pur mustrer pur qui il l'a fait, sin rendrunt le murdre XLVII marc.	führen ihn nicht vor gericht innerhalb acht tagen, um zu zeigen, wer es gethan hat, sollen sie den mord mit 47 mark sühnen.

Die orthographie, also wahrscheinlich auch die aussprache des Französischen, wie es in den gesetzen Wilhelm's erscheint, war höchst unsicher. O, u, ou schwanken (seignor, seignur, seignour), ebenso oi und ei (roi, rei, saveir); ch, c, j wechseln (chascun, cascun, polcier, pochier, jose, chose); gu ist mit w vertauscht (guarant, warant, guage, wage), qu mit k und c (qui, ki, kar, queur); für s findet sich z (liveres, liverez, launces, launcez) u. s. w. Der artikel wird li, le, lui, in der zusammenziehung mit de bald du, bald del, mit a aber immer al geschrieben; die persönlichen pronomina lauten io, il, ele, nous, nus, le, lui, li, se, sei, eus, els; die conjugationen unterscheiden sich deutlich durch ihre endung 1) er: doner, trover, amener, 2) ir: venir, partir, 3) eir (oir, er): saveir, savoir, aveir, aver, 4) re: occire, nuire. Das part. præs. endet auf ant oder aunt (jatant, conusaunt), das part. pass. der ersten conjugation auf et, ed, e (blamet, apeled, juge), ebenso die 3. p. sing. præs. (truvet, apeled, passe), das imp. auf at oder ad (grauntat, achetad), das fut. auf t, d, a (aurat, aurad, serra), das subj. pr. auf ied und ie (s'en escondied, s'en escondie).[129]

Das Normännisch- FranzösischeAls die Normannen nach England kamen, war zwar erst ein und ein halbes jahrhundert seit ihrer niederlassung in Frankreich verflossen, allein sie hatten ihre nordische sprache längst vergessen und diejenige angenommen, welche das von ihnen besiegte volk sprach, nämlich jenes entartete Latein, welches man lingua Romana, langue Romane nannte, und aus welcher sprache das spätere Französisch sich gebildet hat. Schon der zweite normannenherzog Wilhelm I., nachfolger Rollo's, musste, wie Dudo de St. Quentin (lib. III, p. 112) erzählt, seinen sohn nach Bayeux senden, um dort Dänisch zu lernen, indem die langue Romane zu Rouen, wo der sitz der normannischen herrschaft war, fast ausschliesslich gesprochen wurde. Daher ist auch, was von der literatur der Normannen in Frankreich und England bekannt geworden ist, nur in der lingua Romana geschrieben; jedoch fallen die ältesten bekannten sprachdenkmale der Normannen in England, vielleicht mit ausnahme der gesetzgebung, erst in den anfang des 12. jahrhunderts.

Entartung des Angelsächsischen. Unterdessen ward das Angelsächsische durch den hass des volkes gegen seine fremden dränger erhalten und fortwährend, ja in den niederen schichten der eingeborenen bevölkerung, wahrscheinlich mit geringen ausnahmen, ausschliesslich gesprochen. Es erfuhr dadurch, dass die gebildeteren und höheren stände des landes sich nicht die mühe gaben, dasselbe zu lernen oder als schriftsprache veredelt fest zu halten, ausserordentliche veränderungen, nicht bloss durch allmäliges eindrängen französischer worte, sondern noch vielmehr durch die vernachlässigung der ableitungs- und beugungsendungen und das aufgeben seines grammatischen baues. Noch schlimmer erging es der alten sächsischen sprache, als nach einigen generationen sieger und besiegte sich mehr mischten und zu einem volke zu verschmelzen begannen. Jetzt musste die sprache des volkes, das bereits verstümmelte Angelsächsische, als mittel des verkehrs und der gegenseitigen verständigung dienen, wodurch seine umwandlung in das spätere Norman-Saxon oder Englisch beschleunigt wurde. Es war natürlich, dass der sieger nur so viel von der sprache des besiegten volkes lernen wollte, als er nothdürftig brauchte, um sich verständlich zu machen; er lernte daher zwar allmälig den wortschatz der sprache, nicht aber deren grammatik kennen, welche er vielmehr von seiner eigenen sprache auf die zu erlernende übertrug. Die verwickelten formen und veränderlichen endungen des Angelsächsischen liess der Normann unberücksichtigt, da sie ihm bei der auffassung der sprache als eines mittels zur verständigung nur hinderlich waren. Aber auch die besiegten mussten es nöthig finden, ihre sprache zu verstümmeln, um sich verständlich zu machen, da die Normannen nicht besondere lust haben mochten, auf die unterschiede der endungen zu achten, und schnelles verständniss der hauptzweck ihrer gespräche sein musste. Dieser ist am leichtesten zu erreichen, wenn man zu einem fremden nur in einfachen, wenig verbundenen worten spricht: der infinitiv der zeitwörter, der nominativ bei den hauptwörtern, die stammform bei den eigenschaftswörtern sind hierzu ausreichend.

Abschwächung der EndungenBesonders zeichnet sich die übergangszeit der halbsächsischen periode durch die neigung der wörter aus, die endsylben der deklination und conjugation zu kürzen oder abzuwerfen: ylc für ylce, sone für sunu, name für nama, dages für dagas, hwilon, hwilen für hwilum; cumme für cuman, nemne für nemnan; gehote für gehaten; lufian, lufien für lufienne oder lufigenne; clepen für cylpiað. Schon früh verwandelt sich das augmentative ge- vor dem part. perf. in ein y- oder i- z. b. i-hote für gehaten. In der deklination zeigt sich eine vermischung der starken und schwachen formen: munucan für munucas, steorres für steorran; bald hört bei der pluralisation jede rücksicht auf geschlecht oder deklination ganz auf, indem das einfache -s in übereinstimmung mit dem Französischen die mehrfache zahl der hauptwörter bezeichnet. Von den alten beugungssylben der deklinationen erhalten sich das -s im genitiv, -e im dativ und zuweilen ein -n im accusativ sing. für alle deklinationen und geschlechter, während der plural der substantiva und adjectiva ausser dem -s allmälig alle beugungssylben der casus abwarf. Die präpositionen of und to, welche schon im Angelsächsischen zur grammatischen bildung abhängiger casus angewendet worden waren, bewirken jetzt die vollständige abwerfung der casusendung, wenn sie vor den hauptwörtern stehen. Bei grösserer abschwächung der sprache verliert sich auch das -n des infinitivs, der gebrauch mancher starken formen des verbs im imperf. und part. praet., endlich auch die anwendung der artikel se, seo, þæt, wofür þe, the, gesetzt wird. Auffallend ist gegen ende des zwölften und im ganzen dreizehnten jahrhundert der gebrauch des wortes me (wahrscheinlich eine abkürzung von men oder man) in der bedeutung des deutschen wortes man. Beispiele finden sich schon in der Sachsenchronik. Am längsten halten sich die alten formen bei dem pronomen und pronominal adjectivum: þan, þonne, þære, þam, heo, heora, hem, min, þin etc. Auch bei dem worte beon, sein, verschwinden die alten formen sehr allmälig; noch sagte man ben und beeth für sind und sindon; mehrere derselben haben sich bis auf den heutigen tag erhalten. Im allgemeinen ist schon gegen ende des elften und im folgenden jahrhundert das bestreben der sprache zu bemerken, die vollen vokale mit leichteren zu vertauschen und die endsylben der wörter zu verkürzen; so findet man in den letzten jahren der Sachsenchronik schon kyng für cyning, biscopes für bisceopas, dohter für dohtor, sweren für swerian; bute für butan, lihtede für lihtedon, u. s. w.

Semi-SaxonDas zwölfte jahrhundert war die zeit, wo die veränderung des alten Angelsächsischen am schnellsten ging. Die wenigen literarischen produkte dieser zeit, welche man auch mit dem namen der Halbsächsischen (Semi-Saxon) bezeichnet, — die letzten aufzeichnungen der Sachsenchronik, die sprichwörter Alfred's in halbsächsischen versen, welche von Ailred de Rievaux im anfange des zwölften jahrhunderts (die beiden vorhandenen manusc. sind aus dem 13. sec.)[130] erwähnt werden, ein Bestiarium (wörtliche übersetzung aus dem lateinischen Physiologus von Theobald) aus derselben zeit,[131] ein gespräch zwischen leib und seele, eine modernisirte grammatik von Alfric (Ms. aus dem 12. sec.), eine übersetzung der nonnenordnung (Rule of Nuns) von Simon de Ghenf in mehreren manuscripten,[132] einige predigtsammlungen,[133] dann die grösseren werke von *Layamon* und *Orm* nebst dem gedichte von der eule und der nachtigall von Nicholas de Guildford — bilden den übergang zu der englischen (Norman-Saxon oder Anglo-Norman) literatur des dreizehnten und vierzehnten jahrhunderts. Zur vergleichung mögen folgende sprachproben hier eingeschaltet werden:

Sprachprobe aus der Sachsenchronik.

Aus der Sächsischen Chronik. (Ausgabe von Gibson.)

An. MCXXXV. On þis gere for se king Henri ofer sæ æt te Lammasse.	A. 1135. In diesem jahre fuhr der könig Heinrich über see zur lammmesse (festus

and þæt oðer dei. þa he lai an slep in scip. þa þestrede þe dæi ouer all landes. and uuard þe sunne swilc als it uuare þre-niht-ald mone. an sterres abuten him at middæi.

Wurðen men swiðe ofwundred and ofdred. and sæden þæt micel þing sculde cumme her efter. swa dide. for þæt ilc gær warð þe king ded. þæt oðer dæi efter S. Andreas massedæi on Normandi. Ða wes tre sona þæs landes. for æuric man sone ræuede oðer þe mihte.

Ða namen his sune and his frend and brohten his lic to Engleland. and bebiriend in Reding. God man he wes. and micel æie wes of him. Durste nan man misdon wið oðer on his time. Pais he makede men and dær. Wua sua bare his byrðen gold and silure. durste nan man sei to him naht bute god.

primitiarum), und am zweiten tage, da er im schiffe schlief, da verfinsterte sich der tag über alle lande und ward die sonne so als wenn sie ein drei nächte alter mond wäre, und sterne um sie zu mittage.

Da wurden die menschen sehr verwundert und erschreckt und sagten, dass ein grosses ding hierauf kommen würde; und so geschah es, denn dasselbe jahr ward der könig todt den anderen tag nach St. Andreas messetag in der Normandie. Da war alsbald störung des landes, denn jedermann, der konnte, beraubte bald den andern.

Da nahmen seine söhne und seine freunde und brachten seinen leichnam nach England und begruben ihn in Reding. Er war ein guter mann und viel furcht war vor ihm; niemand durfte unrecht zufügen einem andern zu seiner zeit. Frieden machte er menschen und thieren. Wenn jemand seine last gold oder silber trug, so durfte niemand ihm

	etwas sagen ausser gutes.
An. MCXXXVII. Ða þe king Stephne to Englaland com. þa macod he his gadering æt Oxeneford. and þar he nam þe biscop Roger of Seresberi. and Alexander biscop of Lincoln. and te Canceler Roger hise neues, and dide ælle in prisun. til hi jafen up here castles. Da þe suikes undergælon þæt he milde man was and softe and god. and na justice ne dide. þa diden hi alle wunder. Hi hadden him manred maked and aðes suoren. ac hi nan treuðe ne heolden. alle he wæron forsworen. and here treoðes forloren. for æuric rice man his castles makede and aganes him heolden. and fylden þe land full of castles.	A. 1137. Da der könig Stephan nach England kam, hielt er seine versammlung zu Oxford und nahm da den bischof Roger von Seresberie und Alexander bischof von Lincoln und den kanzler Roger, seinen neffen, und warf alle in das gefängniss, bis sie ihre schlösser übergaben. Da die verräther merkten, dass er ein milder mann war, und sanft und gut, und keine gerechtigkeit vollzog, da wunderten sie sich alle. Sie hatten ihm gehuldigt und eide geschworen, aber sie hielten keine treue; sie waren alle meineidig und ihres glaubens verlustig. Denn ein jeder reiche mann baute seine schlösser, und sie behaupteten sie gegen ihn; und füllten das land voll schlösser.
Hi suencten suiðe þe wrecce men of þe land mid castel-weorces. þa þe castles waren maked. þa fylden hi mid deoules and yuele men. Ða namen hi	Sie plagten sehr die unglücklichen menschen des landes mit schlösserbauen, und als die schlösser fertig waren, da füllten sie sie mit teufeln und bösen menschen.

þa onen þe hi wenden þæt ani god hefden. baðe be nihtes and be dæies. carl-men and wimmen. and diden heom in prisun efter gold and syluer. and pined heom untellendlice pining. for ne wæren næure nan martyrs swa pined alse hi wæron.

Me henged up bi þe fet and smoked heom mid ful smoke. me henged bi þe þumbes. oðer bi þe hefed. and hengen bryniges on her fet. Me dide cnotted strenges abuton here hæued. and uuryðen to þæt it gæde to þe hærnes.

Hi diden heom in quarterne þar nadres and snakes and pades wæron inne. and drapen heom swa. Sume hi diden in crucet-hus. þæt is in an ceste þæt was scort and nareu. and undep. and dide scærfe stanes her inne. and hwengde þe man þær inne. þæt hi bræcon alle þe limes. Etc.

An. MCLIV. On þis yær

Da nahmen sie diejenigen menschen, von denen sie wähnten, dass sie einiges gut hätten sowohl bei tage als bei nacht, männer und weiber, und warfen sie in das gefängniss nach gold und silber, und quälten sie mit unbeschreiblicher qual, denn kein märtyrer wurde so gequält, als sie es waren.

Man hängte sie auf bei den füssen und räucherte sie mit dickem rauche; man hängte sie auf bei den daumen, oder bei dem kopfe, und hängte brände an ihre füsse. Man legte knotige stränge um ihr haupt und würgte sie so, dass es an das gehirn ging.

Sie warfen sie in gefängnisse, in welchen nattern und schlangen und kröten waren, und quälten sie so zu tode. Einige thaten sie in das marterhans, das ist in einen kasten, der kurz und eng war und nicht tief, und steckten scharfe steine hinein und quälten die menschen darin, dass sie brachen alle die glieder. u. s. w.

A. 1154. In diesem jahre

wærd þe king Stephen ded, and bebyried þere his wif and his sune wæron bebyried æt Tauresfeld. þæt ministre hi makiden. þa þe king was ded, þa was þe eorl beionde sæ. And ne durste nan man don oþer bute god for þe micel eie of him. þa he to Engleland come, þa was he underfangen mid micel wortscipe, and to king bletcæd in Lundine, on þe Sunnendæi beforen mid-winter-dæi.	ward der könig Stephan todt und begraben, we sein weib und seine söhne begraben waren, zu Tauresfeld. Dieses Münster machten sie. Als der könig todt war, da war der Earl über see. Und niemand wagte etwas zu thun, als gutes, wegen der grossen furcht vor ihm. Als er nach England kam, da ward er empfangen mit grosser verehrung und in London zum könig geweiht am sonntage vor mittwintertag.

Diese stellen aus den letzten jahren der Sachsenchronik zeigen bereits eine stark veränderte grammatik und orthographie des Angelsächsischen, so wie einige französische wörter: castles, prisun, justice, martyrs, quarterne (carcer), ceste.

Sprachproben aus Homilien.

Das Grab. (Aus Bosworth's A. S. Dict. p. XXIV.)

(Am rande einer homiliensammlung in der Bodleyana Codex NE. F. 4. 12. nach Wanley's angabe um das jahr 1150 geschrieben.)

Ðe wes **bold gebyld**, er þu **iboren** were; ðe wes **molde imynt**, er ðu of **moder** come; ac hit nes no **idiht**,	Dir war ein gebäude gebaut, ehe du geboren warst; dir war eine erde bestimmt, ehe du von der mutter kamst; aber es ist noch nicht bereitet,

ne þeo **d**eopnes imeten;	noch die tiefe gemessen,
nes gyt i**l**oced,	noch ist nachgeblickt,
hu **l**ong hit þe were:	wie lang es dir wäre!
Nu me þe **b**ringæð,	Nun bringt man dich dahin,
þer ðu **b**eon scealt,	wo du bleiben sollst,
nu **m**e sceal þe **m**eten,	nun soll man dich messen,
and ða **m**old seoðða.	und die erde nachher.

Ein Bruchstück einer Predigt.

(Aus Reliq. Antiq. Bd. I. Seite 130.)

Nox precessit, dies autem appropinquabit. Hure heiest lorðen after ure loverd Jhesu Crist, þis is ure loverd sainte Powel, munegeð us to rihtlechen ur liflode, and wisseð us on wilche wise and seið þæt we haven riht þar to, and seið hwu, þus queðende:

Nox precessit, dies autem, etc., þe niht is forðgon, and dai neihlecheð. and for þi hit is riht þæt we forleten and forsaken nihtliche deden, þo ben þe werkes of þiesternesse, and scruden us mid wapnen of lihte, þæt beð soðfeste bileve, and of brihtnesse, swo þæt we gon a dai bicumeliche;

Nox precessit, dies autem appropinquabit. Unser höchster herr nach unserem herrn Jesus Christus, das ist unser herr der heilige Paulus, mahnt uns zu bessern unser leben, und weiset uns auf welche weise, und sagt, dass wir ursache dazu haben und sagt wie, indem er so spricht:

Nox precessit, dies autem, etc. die nacht ist fortgegangen, und der tag nahet, und deshalb ist es recht, dass wir nächtliche thaten unterlassen und aufgeben, das sind die werke der finsterniss, und uns zieren mit waffen des lichtes, das ist fester glauben, und des glanzes, auf dass wir stattlich am tage gehen;

non in commessationibus et ebrietatibus, non in cub. et in pud., non in contentione et emulatione, sed in horum oppositis; and noh on derke wedes. Ac her we seien eow of þese derke wedes, wat þe holie apostle meneð, þo he nemnede niht niehtes dede, and dai leochtes wapne.

non in commessationibus et ebrietatibus non in cub. et in pud., non in contentione et emulatione, sed in horum oppositis; und nicht in dunklen gewändern. Aber hier sagen wir euch von diesen dunkeln gewändern, was der heilige apostel meint, da er die nacht der finsterniss that und den tag des lichtes waffe nennt.

Sprachprobe aus den Sprüchwörtern Alfred's.

Der Anfang der Sprüchwörter Alfred's.

(Aus Reliq. Antiq. Bd. I. Seite 179. nach beiden Manuscripten.)

Cambridger Handschrift.	**Oxforder Handschrift.**[134]	
At Siforde setin kinhis monie, fele biscopis, and fele booclerede herles prude and cnites egleche.	At Sévorde séte theynes monye fele biscopes, and feole bok ilered, eorles prute, knytes egleche.	Zu Siford sassen viele thanen, viele bischöfe und viele buchgelehrte, stolze grafen und ritter desgleichen.
þer was erl Alfred of þe lawe suiþe wis,	Thar wes the eorl Alvrich of thare lawe swithe wis,	Da war Graf Alfred, des gesetzes wohlerfahren, und auch Alfred,

and heke Alfred, Englene herde, Englene derling; in Enkelonde he was king.	and ek Ealvred, Englene hurde, Englene durlyng; on Englene londe he wes kyng.	England's hirt, England's liebling; in England war er könig.
hem he gon lerin, so we mugen i-herin, whu we gure lif lede sulin. Alfred he was in Enkelonde a king, wel swiþe strong and lufsum þing.	Heom he bi-gon lere, so ye mawe i-hure, hw hi heore lif lede scholden. Alvred he wes in Englene lond and king wel swithe strong;	Sie begann er zu lehren, so ihr mögt hören, wie sie sollten ihr leben führen. Alfred, er war in England und könig wohl sehr stark;
He was king and cleric, ful wel he lovede Godis werc; he was wis on his word, and war on his werke; he was þe wisiste mon	he wes king and he was clerek, wel he luvede Godes werk; he wes wis on his word, and war on his werke; he wes the wysuste mon that wes Engle londe on.	er war könig und gelehrter, gar wohl liebte er Gottes werk; er war weise in seinem wort und klug in seinem werke; er war der weiseste mann, der in England (darin) war.

þad was in
Engelonde
on.

Normännische Sänger und Dichter. Schon vor dem einfalle der Normannen in England hatte sich die lingua Romana auf dem gebiete der literatur und poesie versucht, und die normännischen jongleurs (joculatores) dichter und sänger (trouvères) waren kaum weniger berühmt als die der Provence. Einer derselben, Taillefer, war der normännische Tyrtaeus in der schlacht bei Hastings und zugleich der erste ritter, welcher in die sächsische schlachtreihe einbrach. Die politischen verhältnisse England's nach der eroberung brachten es mit sich, dass die bedeutendsten schriftsteller der beiden auf die besetzung England's folgenden jahrhunderte Normannen waren, welche zum theil nicht einmal England ihr vaterland nennen konnten. Die normännisch-französische poesie in England tritt zuerst mit kirchlichen stoffen auf und scheint in Alice von Louvaine, gemahlin Heinrich's I., eine grosse beförderin gefunden zu haben. Ihr ist das versificirte Bestiarium des Philipp de Thaun und die gereimte legende des heiligen Brandan, deren ungenannter autor wahrscheinlich ein benedictinermönch war, gewidmet. Der anfang dieses letzteren gedichtes möge hier als eine sprachprobe der ältesten anglo-normännischen reimer eine stelle finden:

[135]Donna Aaliz la reine,
Par qui valdrat lei divine,
Par qui creistrat lei de terre
E remandrat tante guerre

Frau Alice, die königin, durch welche das göttliche gesetz sich kräftigen wird, durch welche das gesetz des landes wachsen und aufhören wird solcher krieg, durch die waffen Heinrich's des königs

Por les armes Henri lu rei,	
E par le cunseil qui ert en tei,	und durch den rath, welcher sein wird in dir, es grüssen (?) dich tausend und tausend
Salvet tei mil e mil feiz	mal die (?) apostel im Benedict (?) Was du befahlst, das habe ich unternommen in schrift gesetzt und in Romanze und so, wie es dein befehl war, (das leben) vom heiligen Brendan, dem guten abt.
Li apostoiles danz Benediz.	
Que comandas, ço ad enpris	
En letre mis e en Romanz,	
E si cum fud li teons cumanz,	
De saint Brendan le bon abeth.	

Hieran möge sich als eine probe anglo-normännischer prosa aus etwas späterer zeit die übersetzung des ersten psalms anschliessen:

Anglo-normännische Psalmenübersetzung.

[136]Beonuré barun chi ne alat el cunseil des feluns, et en la veie des pecheurs ne stout, et en la chaere de pestilence ne sist.

Mais en la lei de nostre seignor la volunted, e en la sue lei purpenserat par jurn e par nuit.

E iert ensement cume le fust qued et de juste les decurs des ewes, ki dunrat sun froit en son tens.

E sa fuille ne decurrat, e tutes les coses que il unques ferad serunt fait prospres.

Nient eissi li felun, nient eissi, mais ensement cume la puldre que li venz geted de la face de terre.

En pur iço ne surdent li felun, en juise, ne li pecheor el conseil des dreituriers.

[137]Bienheureux est l'homme qui ne marche point selon le conseil des méchants, et qui ne s'arrête point dans la voie des pécheurs, et qui ne s'assied point au bank des moqueurs;

mais qui prend plaisir en la loi de l'Eternel, et qui médite jour et nuit en sa loi:

car il sera comme un arbre planté près des ruisseaux d'eaux, qui rend son fruit en sa saison,

et duquel le feuillage ne se flétrit point; et ainsi tout ce qu'il fera, prospérera.

Il n'en sera point ainsi des méchants; mais ils seront comme la balle que le vent chasse au loin.

C'est pourquoi les méchants ne subsisteront point en jugement, ni les pécheurs dans l'assemblée des justes.

Kar nostre sire cunuist la veie des justes, e l'eire des feluns perirat.	Car l'Eternel connaît la voie des justes; mais la voie des méchants périra.

Ph. de Thaun. Turold. G. Gaimar. Wace. Geoffrey von Monmouth.Philippe de *Thaun*, verfasser von zwei abhandlungen in versen über astronomie und symbolische zoologie,[138] *Turold*, verfasser des schönen romans Roland,[139] Samson de Nanteuil, welcher die sprüche Salomon's in französische verse übersetzte,[140] Geoffroi *Gaimar*, verfasser einer chronik der angelsächsischen könige,[141] und David, ein bedeutender Trouvère, dessen werke aber verloren sind, waren die bekanntesten vorgänger eines normännischen schriftstellers von noch grösserer berühmtheit und bedeutung besonders für die spätere englische literatur, namens Maistre *Wace* aus Jersey. Um das jahr 1160 schrieb Wace in französischer sprache ein episches heldengedicht Li Romans de Brut, oder Le Brut d'Angleterre.[142] Der hauptheld des gedichtes ist Brutus, ein fingirter sohn des Trojaners Aeneas; von diesem Brutus wird viele jahrhunderte vor der christlichen zeitrechnung das britannische reich gegründet. Wace schöpfte seinen Brutus aus einer im guten ernst geschriebenen geschichte, welche einige jahre vorher *Geoffrey* von *Monmouth*, ein mönch, in lateinischer sprache geschrieben hatte,[143] und worin dieser die brittische geschichte durch eine lange reihe fingirter könige von Cadwallader, welcher im jahre 689 der christlichen zeitrechnung gelebt haben soll, bis auf Brutus, den sohn des Aeneas, hinaufführte.

Diese geschichte ist wegen ihres ursprunges und durch ihren einfluss auf die spätere englische literatur ein interessantes werk geworden. Die Britten von Wales, Cornwall und in der Bretagne besassen zu jener zeit in einer grossen menge von volksthümlichen legenden und fabelhaften sagen eine art von überlieferter geschichte, wie sie sich noch in späterer zeit bei den stammverwandten Schotten fand. Aus dieser brittischen quelle romantischer geschichte im äussersten westen Europa's haben die benachbarten völker reichlich geschöpft. Walter Calenius, archidiaconus von Oxford, sammelte einige jener sagen von geschichtlicher färbung und theilte sie dem mönche Geoffrey mit, welcher sie ordnete und in der gestalt einer wirklichen geschichte veröffentlichte. Historischen werth besitzt das buch des Geoffrey so gut als gar nicht, allein einen desto grösseren als eine hauptquelle geschichtlicher romantik für die nächstfolgenden zwei jahrhunderte, welche es noch nicht zu erschöpfen vermochten, denn Shakspeare entlehnte, wenn auch nicht direkt, diesem werke die fabel zu seinem King Lear, Sackville den stoff zu Ferrex und Porrex, während Drayton es zu seinem Polyolbion benutzte, und sogar Milton nicht verschmähte, manche anspielungen daraus zu entnehmen.

Maistre Wace schrieb auch eine geschichte der Normannen unter dem titel Roman de Rou,[144] d. h. Roman Rollo's, des ersten herzogs der Normandie, und einige andere schriften. Heinrich II. gab dem Chronisten eine domherrnstelle zu Bayeux.

Benoit. Guernes *Benoit*, ein zeitgenosse Wace's, und Verfasser einer geschichte der herzöge der Normandie,[145] sowie *Guernes*, ein geistlicher zu Pont de St. Maxence in der Picardie, welcher das leben Thomas à Becket's während der jahre 1172-1175 in versen beschrieb,[146] sind zwei andere normännische schriftsteller,[147] welche in naher beziehung zur literaturgeschichte England's stehen.

Layamon An Wace's Brut knüpft sich ein höchst interessantes denkmal der untergehenden angelsächsischen, oder neuentstehenden englischen sprache. Es is dieses die metrische übersetzung des Brut von *Layamon*, einem geistlichen, geboren zu Ernley an dem Severn. Da der Brut im jahre 1155 beendigt war, so muss Layamon später geschrieben haben, nach seinen Worten über Heinrich II. zu schliessen, wahrscheinlich zu ende der regierung, oder nicht lange zeit nach dem tode dieses königs (1189). Layamon's sprache ist noch angelsächsich zu nennen; noch hat sie die beugungen der muttersprache, ist aber von der zur zeit der normannischen eroberung lebenden durch die einführung, oder wenigstens durch den zunehmenden gebrauch von hilfsformen verschieden; auch ist der charakter der sprache darin geändert, dass nur wenige umschreibungen, ellipsen und inversionen, die im Angelsächsischen so oft vorkommen, zu finden sind. Französische wörter kommen nur sehr selten in Layamon's werk vor. Es ist auch nicht eine blosse übersetzung, sondern mehr eine umschreibung der Waceschen schrift. Die annahme des schlichten, ja beinahe kriechenden styls des französischen romans an die stelle des stürmenden schwunges des angelsächsischen gesanges zeigt deutlich die entartung des Angelsächsischen, obwohl die sprachformen meist noch die alten sind, und sich neben dem reime auch noch die alliteration, jedoch vernachlässigt findet. In Worcestershire, wo Layamon schrieb, mochte sich die veraltende sprache länger halten, als unter den mit den Normannen in grösserer verbindung stehenden bewohnern des südens von England. Eine vollständige handschrift Layamon's wird im brittischen museum (Ms. Cotton. Calig. A. IX.) aufbewahrt; dieselbe scheint aus der ersten zeit des 13. jahrhunderts herzurühren. Ein zweites manuscript in derselben Sammlung (Ms. Cotton. Otho. C. XIII.) ist nur noch ein bündel verbrannter blätter. Letztere handschrift ist jünger, gehört aber auch noch dem 13. jahrhundert an.[148]

Die folgenden, aus Ellis's Specimens etc. entlehnten sprachproben werden das verhältniss zeigen, in welchem Layamon zu Wace und dieser zu Geoffrey von Monmouth steht.

Sprachproben aus G. von Monmouth, Wace.

Galfredi Monum. lib. VII cap. 4.

Rex (Arthur) et regina, ille ad suum palatium cum viris, hæc ad aliud cum mulieribus, epulatum incedunt; antiquam namque consuetudinem Troiæ servantes Britones, consueverant mares cum maribus, mulieres cum mulieribus, festivos dies separatim agere. Collocatis postmodum cunctis ut singulorum dignitas expetebat, Caius dapifer, hermenio ornatus, mille vero nobilissimis iuvenibus comitatus est, qui omnes, hermenio induti, fercula cum ipso ministrabant. Ex alia parte vero Bedverum pincernam totidem vario amicti

sequntur, qui in scyphis diversorum generum
multimoda pocula cum ipso distribuebant. In
palatio quoque reginæ, innumerabiles ministri,
diversis ornamentis induti, obsequium suum
præstabant, morem suum exercentes, quem si
omnino describere pergerem, nimiam historiæ
prolixitatem generarem.

Wace.

Quand li service fut finé,
Et lte Missa Est chanté,
Li roi a sa corone ostée,

1) Monastère, dôme. Qu'il avoit au mostier[1]) portée,
Une corone menor prist:

2) Ensemble, aussi. 3) Ils. 4) Les atours plus grands. El la reine ensement[2]) prist.
lus[3]) mistrent les greignors ators[4])
Plus legiers pristrent, et menors.
Quand li roi torna del mostier,
A son palais ala manger.
La reine à une autre ala

5) à, avec. Et les dames o[5]) sei mena.
Li roi mangea avec les homes,
Et la reine avec les dames

6) Déduit. O grant deduist[6]) et grant joye,
Come soloit estre à Troie:
Et Bretons encor la tenoent

7) Fête. Quant ensemble feist[7]) feisoent
Li roi et les homes mangoent,
Que nule fame n'i menoent:
Les dames mangoent aillors,
N'i avoit que lor servitors.

8) Dais. Quant li roi fut au deis[8]) assiz,
A la costume del païs,

9) En tour. 10) Son honneur. Assiz sont les barons entor;[9])
Chescun en l'ordre de s'enor[10])
Li senescal, Kei avoit nom,
Vestu d'un ermine pelliçon,
Servi à son mangier li roy,
Mil gentilz homes avec soi,

11) Tous. 12) Cuisine. 13) Épais. 14) Écuelles. 15) Mets. Qui

tuiz[11]) forent vestus d'ermine,
Cil servirent à la quesine.[12])
Sovent aloent et espez,[13])
Esqueles[14]) portant, et mes.[15])
Beduer, de l'autre partie,
Servi de la boteillerie.

<small>16) Damoiseaux. 17) Beaux. 18) Aux coupes et aux pots.
19) Hanap, trinkschale, A. S. hnæp, deutsch: napf.</small> Ensemble o li,
mil damoisealz,[16])
Vestuz d'ermine, genz, et bealx,[17])
O copes et o pos[18]) d'or fin
Et o henas[19]) porteient vin,
N'i avoit home qui servist,
Qui d'ermine ne se vestit.
Beduer devant euls aloit,
Que la cope li roi portoit,
Li damoiseals après aloent,
Qui les barons de vin servoent.
<small>20) Eut. 21) Quels, ni quants.</small> La reine ost[20]) ses servanz
Ne vos sai dire quenz ne quanz.[21])

Sprachproben aus Layamon.

Layamon.

Þa þe masse wes isungen,	Da die messe war gesungen,
Of chirccken heo þrungen.	drängten sie sich aus der kirche.
Þe king mid his folke	Der könig mit seinem volke
To his mete verde,	zu seinem mahle fuhr,
And mucle his dugeðe:	und viele seines adels:
Drem wes on hirede.	freude war im hause.
Þa quene, an oðer halve,	Die königin auf ihrer seite,
Hire hereberwe isohte;	suchte ihre herberge;
Heo hafde of wif-monne	sie hatte weibsleute
Wunder ane moni en.	wunderbar viele.
þa þe king wes iseten	Da der könig sich gesetzt
Mid his monnen to his	hatte

mete, To þan kinge com þa biscop, Seind Dubrig, þe was swa god; And nom of his hafde His kinc-helm hæhne.149	mit seinen mannen zu seinem mahle, kam zu dem könige der bischof, der heilige Dubrig, der war so gut; und nahm von seinem haupte seinen hohen königshelm.
(For þan mucle golde Þe king hine beren n'alde) And dude enne lasse crune On þas kinges hafde, And seoð-þen he gon do Aðere quene alswo. Inne Troie þis wes lage Bi heore ælderne dage Þa Bruttes of come.	(wegen des vielen goldes wollte ihn der könig nicht tragen) und setzte eine kleinere krone auf des königs haupt, und darauf that sich an eine andere auch die königin. In Troja war dieses gesetz, in ihren früheren tagen, da Brutus wegkam.
Þe weoren wel idone, Alle þa wepmen, At heore mete seten, Sundi bi heom seolven. Þat heom þuhte weldon. And alswa þa wifmen Heore iwune hafden.	Die männer wohl gethan, alle die waffenleute, sassen bei ihrem mahle gesondert bei einander; das däuchte ihnen wohl gethan. Und auch die weiber hatten ihre wohnung.
Þa þe king wes isete, Mid alle his dugeð to his mete, Eorles, and beornes, At borde þas kinges, Þe stiward com steppen,	Da nun der könig sass mit allem seinen adel bei dem mahle, grafen und barone am tische des königs, kam der hofmeister

Þe Kay wes ihaten;
Haxt cniht on londe,
Under þan kinge,
Of alle þan hæpe,
Of Arþures hirede.

Kay hehte him bivoren,
Moni heah mon iboren.
Þer weoren a þusen
cnihte bald
Wunder wel italde,
Þal þeineden þan kingen,
And his here þringen.
Aelc cniht hafde pal on,
And mid golde bigon;
And alle heore vingeres,
Iriven mid gold ringes,
Þas beorn þa sunde,
From kuchene to þan
kinge.

An oðer half, was
Beduer,
Þas kinges hæge birle;
Mid him weoren eorlene
sunen,
Of aðele cunne iboren;
And þere hehge cnihtene
sunen,
Þa þider weoren icunen.
Seoven kingene sunen,

geschritten,
der Caius war geheissen,
der höchste ritter im lande
unter dem könige
von all' dem haufen
von Arthur's haushalt.

Caius gebot vor sich
manchen hochgebornen
mann.
Da waren tausend kühne
ritter,
wundervoll wohl gezählt,
die dem könig dienten
und zu seinem dienst sich
drängten.
Jeder ritter hatte einen
mantel um
und mit golde besetzt,
und alle ihre finger
eingefasst mit gold'nen
ringen;
die trugen das gesendete
aus der küche zu dem
könige.

Auf der andern seite war
Beduer,
des königs oberkellner;
bei ihm waren grafen söhne
aus adeligem geschlecht
geboren,
und da hoher ritter söhne,
die hin gekommen waren,
sieben königssöhne,
die mit ihm sich bewegten.

Þat mid him quehten.	Beduer ging zuerst
Bedever avormest eode,	mit goldener flasche,
Mid guldene bolle:	nach ihm tausend
After him a þusend	drängten sich zum dienst,
Þrasten to hirede.	
And alle þas cunnes drenche,	und mit aller art getränke, die man sich nur denken kann.
Þem cuðe on biþenche,	
And þe quene, an hire end	Und die königin hatte auf ihrer seite
Wifmen swide hende;	sehr schöne frauen:
A þusend hire eode bivoren,	tausend gingen vor ihr, reiche und auserlesene männer,
Riche men and wel icoren,	
To þainen þere quene,	zu dienen der königin
And þan þat mid hire weoren.	und denen, die bei ihr waren.

Verschiedenheit der Handschriften Layamon's. Thorpe in seinen Analecta Anglo-Saxonica (seite 143) theilt die geschichte des königs Lear und seiner töchter nach beiden handschriften des Layamon mit; zur vergleichung möge der anfang dienen, nebst der entsprechenden stelle der Historia Britonum des Geoffrey von Monmouth:

Cedente igitur fatis Baludo erigitur Leir eiusdem iilius in regem, qui sexaginta annis patriam viriliter resit.	Bladud hafde ene sune, Leir was ihaten; Efter his father daie, he heold þis	Bladud hadde one sone, Leir was ihote; after his fader he held þis lond, in his owene

	drihlice lond, — — — somed an his live sixti winter.	hond, llaste his lif-dages sixti winter.
Aedificavit autem super fluvium Soram civitatem, quæ Britonum lingua Kaerleir, saxonice Leircestre nuncupatur.	He makade ane riche burh, þurh radfulle his crafte, and he heo lette nemnen, efter him seolvan; Kaer-Leir hehte þe burh. Leof heo wes þan kinge, þa we, an ure leod-quide, Leir-	He makede on riche borh, þorh wisemenne reade, and hine lette nemni, after him seolve; Kair-Leir hehte þe borh. Leof he was þan kinge, þe we, on ure speche, Leþ-chestre cleopieþ, in þan eolde daiye.

> chestre
> clepiad,
> geare a
> þan
> holde
> dawon.

Bladud hatte einen sohn, Leir war er geheissen; nach seines vaters tagen nahm er dessen land in seine eigene hand—seines lebens tage dauerten sechzig winter. Er machte eine reiche burg nach weiser männer rath und liess sie benennen nach sich selbst. Kair-Leir hiess die burg. Lieb war sie dem könige, die wir in unserer sprache Leir-chester nennen in den alten tagen.

Das Ormulum In dieselbe zeit fällt die metrische, aber ungereimte evangelienharmonie, welche man das Ormulum nennt. Der Verfasser *Orm* erzählt, dass er und sein bruder Walter, dem das buch gewidmet ist, augustinermönche seien, und dass er die bearbeitung dieser evangelienharmonie auf wunsch seines bruders unternommen habe. Die sprache des, wie es scheint, im norden von England geschriebenen buches ist einfach und rhythmisch und scheint in die letzte hälfte des 12. jahrhunderts zu gehören. Merkwürdig ist das Ormulum

þiss boc is nemmned Orrmulum,	Dieses buch ist Ormulum genannt,
forrþi þæt Ormm itt wrohhte:	deshalb weil Orm es schrieb:
And itt iss wrohht off quaþþrigan	Und es ist viertheilig abgefasst
off Goddspell-bokes fowwre.	aus vier evangelienbüchern.

dadurch, dass der verfasser den consonanten nach einem geschärften vocale jedesmal verdoppelt, wie dieses im heutigen Deutsch geschieht, um die aussprache zu erleichtern und zu sichern. Orm legte dieser consonantenverdoppelung in seinem buche solche wichtigkeit bei, dass er ausdrücklich jeden folgenden

abschreiber ersucht, seine orthographie unverändert
beizubehalten:

> And whase wilenn shall þiss boc efft oþerr siþe writenn,
> Himm bidde icc þatt hett write rihht, swa summ þiss
>   boc himm tæcheþþ,
> All þwerrt utt affterr þatt itt iss uppo þiss firrste bisne,
> Wiþþ all swillc rime alls her iss sett wiþþ alse fele
>   wordess;
> And tatt he loke wel þatt he an boc-staff write twiggess;
> Eggwhær þær itt uppo þiss boc iss written o þatt wise;

Loke he well þatt hett write swa, forr he ne magg nohht elless
On Ennglissh writenn rihht te word, þatt wite he wel to soþe.[150]

> Und wer wünschen wird, dieses buch wieder
> ein andermal zu schreiben, den bitt' ich, dass er
> es schreibe recht, so wie dieses buch ihn lehrt,
> alles durchaus nach dem, wie es ist in diesem
> ersten exemplar, mit all' solchem reime, wie er
> hier gesetzt ist, mit eben so vielen worten; und
> dass er wohl zusehe, dass er einen buchstab
> zweimal schreibe; überall, wo er in diesem
> buch geschrieben ist in dieser weise, sehe er
> wohl zu, dass er so schreibe, denn er kann
> nicht anders auf Englisch das wort richtig
> schreiben, das wisse er wohl als wahrheit.

Das in der Bodleyana zu Oxford aufbewahrte manuscript des Ormulum's scheint des verfassers autographie zu sein; am ende ist ein blatt verloren gegangen.[151]

Nicholas von GuildfordDem Nicholas von Guildford wird ein anderer überrest jener zeit des übergangs der angelsächsischen zur englischen sprache zugeschrieben, welcher aber nach seiner grösseren verderbtheit des alten idioms jedenfalls jünger ist als Layamon's und Orm's werk. An einer stelle des gedichtes, worin eine eule und eine nachtigall um den vorzug streiten, wird eines vor kurzem verstorbenen königs Heinrich gedacht, so dass der dichter wahrscheinlich um das jahr 1200 lebte. Die handschriften, welche dieses gedicht enthalten, befinden sich im brittischen museum und in der bibliothek des Jesus College zu Oxford.[152]

II. Die Entstehung der englischen Sprache.

Die normännisch-französische zeit der englischen literatur geht mit dem anfange des 13. jahrhunderts allmälig zu ende. Das alte idiom, welches in seiner verstümmelung nur noch von dem ungebildeten volke gesprochen wurde, hörte dadurch von selbst auf, als schriftsprache brauchbar zu sein, indem es als solche von dem Französischen und Lateinischen[153] verdrängt worden war. Es findet sich daher während des ganzen 13. jahrhunderts eine lange lücke in der nunmehr englisch zu nennenden literatur, welche nur hin und wieder durch kleine lebenszeichen von dem vorhandensein des sächsischen elementes zeugniss giebt. Hierzu gehören einige metrische lebensbeschreibungen von heiligen, welche um das jahr 1250 zu setzen sein dürften. Auch findet sich eine versificirte betrachtung des heiligen Augustin, welche ohne zweifel in der zeit von 1244 bis 1258 geschrieben ist. In das jahr 1258 gehört eine proklamation Heinrich's III. an das volk von Huntingdonshire, obwohl man annehmen kann, dass sie durch ganz England circulirte. Dieselbe lautet:

Proklamation Heinrich's III.

1) Gnade 2) wünschen 3) treue 4) gedeihen 5) schulden 6) gesetze 7) halten Henry, þurg Godes fullome,[1)] king on Engleneloande, lhoaurd on Yrloand, Duke on Normand, on Acquitain, Eorl on Anjou, send I greeting, to alle hise holden, ilærde and ilewerde on Huntingdonschiere. Þat witen ge well alle, þæt we willen and unnen[2)] þæt ure rædesmen alle oðer, þe moare del of heom, þæt beoð ichosen þurg us and þurg þæt loandesfolk on ure kuneriche, habbið idon, and schullen don, in þe worðnes of God, and ure þreowðe,[3)] for þe freme[4)] of þe loande, þurg þe besigte of þan toforen iseide rædesmen, beo stedfæst and ilestinde in alle þinge abutan ænde, and we heaten alle ure treowe, in þe treowðe þæt heo us ogen,[5)] þet heo stedefestliche healden and weren to healden and to swerien þe isetnesses[6)] þet beon makede and beon to makien, þurg þan toforen iseide rædesmen, oðer þurg þe moare del of heom alswo, alse hit is before iseide. And þet æhcoðer helpe þet for to done biþam ilche oðer, aganes alle men in alle þet heo ogt for to done, and to foangen.[7)] And noan ne of mine loande, ne of egetewhere, þurg þis besigte, muge beon ilet oðer iwersed on oniewise. And gif oni eðer onie cumen

> her ongenes, we willen and heaten, þæt alle ure treowe heom healden deadlichistan. And for þæt we willen þæt þis beo stædfast and lestinde, we senden ȝew [154] þis writ open, iseined wið ure seel, to halden amanges ȝew me hord. Witnes us-selven æt Lundæn, þæne egetetenðe day on þe monðe of Octobr, in þe two and fowertigðe ȝeare of ure crunning.

Anonyme epische Gedichte. Ein siegeslied, wahrscheinlich in London nach dem von den verbundenen baronen im jahre 1264 erfochtenen siege bei Lewes entstanden, scheint nach seiner sprache älter zu sein, als es ist. Schon im folgenden jahre wurde die siegende partei in der schlacht bei Evesham gänzlich vernichtet, wodurch jede veranlassung zu jenem triumphgesange benommen wurde. Die Reliquiæ Antiquæ von Wright und Halliwell enthalten einige anonyme gedichte der epischen gattung, welche in diese zeit fallen, so Maximon (Bd. I. seite 119-125), Judas (s. 144), beide aus dem dreizehnten jahrhundert. Die lyrik ist vertreten durch gebete (s. 22. 57), fromme betrachtungen[155] und lobgesänge auf Jesus und Maria (s. 48. 49. 100-103). Unter den letzteren, sämmtlich dem dreizehnten jahrhundert angehörenden gedichten befindet sich eine hymne auf Jesus und Maria (seite 100), welche sich durch einfache natürlichkeit der sprache eben so wohl als durch künstliche reime auszeichnet. Folgendes ist der anfang dieses lobgesanges:

> Somer is comen and winter is gon,
>   this day beginniz to longe.
> And this foules everichon,
>   joye hem wit songe!
>   So stronge kare me bint,
>   Al wit joye that is funde
>   in londe,
>   Al for a child
>   That is so milde
>   of honde,

1) schön 2) reinheit. 3) sought 4) haveth 5) broke

> That child that is so milde and wlong,[1)]
> and eke of grete munde,[2)]
> Voye[156] in boskes and in bank

> i-sount[3]) me hauȝ[4]) a stunde!
> I-funde he hevede me
> For an appel of a tre
> i-bunde,
> He brac[5]) the bond,
> That was so strong,
> wit wunde.

Lyrische Gedichte. Mehrere kleinere gedichte, deren abfassung ungewiss ist, mögen ebenfalls in die zeit von 1260-1320 gehören. Darunter befindet sich eine der frühesten proben des schottischen dialektes, ein lied auf den tod Alexander's III. aus dem jahre 1285, welches eine menge französischer wörter enthält.

Fabliaux. Die Sprüchwörter Hending's. Die französisch-normannische literatur dieser zeit war besonders reich an fabliaux, mährchen und sagen im geschmack der geschichten, denen *Chaucer* am schluss des vierzehnten jahrhunderts seine berühmtheit verdankt. Sie wurden von den joculatores, jogelours, jongleurs, oder wandernden minstrels in den schlössern der barone und ritter erzählt oder gesungen. Obgleich die edeldamen von dieser beliebten unterhaltung nicht ausgeschlossen waren, wählten die joculatores oft sehr lüderliche stoffe, deren ursprung sich in einigen fällen bis zu den Arabern, ja bis nach Indien verfolgen lässt. Nur sehr wenige solcher fabliaux waren vor ablauf des dreizehnten jahrhunderts auch in englischer sprache vorhanden, da bis dahin die französische sprache in den schlössern der grossen, deren freigebigkeit und lüsternheit von den jongleurs ausschliesslich ausgebeutet wurde, noch die alleinherrschende blieb. Das älteste bruchstück eines ohne zweifel aus dem Französischen übersetzten englischen fabliau befindet sich in dem in der Bodleyana zu Oxford aufbewahrten Ms. Digby, Nr. 86, fol. 165, welche handschrift aus der zeit Eduards I. herrührt. Das englische fabliau in sechszeiligen gereimten strophen, nicht ohne alliteration, hat die französische überschrift: Ci commence le fables et le cointise de dame Siriz.[157]

Die didaktische poesie ist um das jahr 1300 durch mehrere gedichte vertreten. So finden sich in den Reliquiis Antiquis bd. I. seite 109. 193. 256 drei recensionen der sprüchwörter

Hending's, welche, wie man aus dem öfteren vorkommen schliessen kann, beliebt gewesen sein müssen. Zugleich als ein beispiel der verschiedenheit der sprache in verschiedenen handschriften, mögen hier die ersten sprüchwörter Hending's nach einer kurzen, nur in Ms. Harl. 2253, fol. 125 befindlichen einleitung folgen:

> Mon that wol of wysdam heren,
> At wyse Hendyng he mag lernen,
> > That wes Marcolves sone;
> Gode thonkes ant monie thewes
> For te teche fele shrewes,
> > For that wes ever is wone.

(Ms. Harl. 2253.)

Jhesu Crist, al folkes red,
That for us alle tholede[1)]
> ded
> Upon the rode[2)] tre,
Lene us alle to ben wys,
Ant to ende in his servys!
> Amen par charité!

„God beginning maketh god endyng,"
> Quoth
> > Hendyng.

Wyt ant wysdom lurneth
> gerne
Ant loke that none other
> werne[3)]
> To be wys ant hende;
For betere were to bue wis,
Then for te where feh and
> grys,
> Wher so mon shal ende.

„Wyt ant wysdom is god warysoun[4)]"
> Quoth
> > Hendyng.

(Ms. Digby, 86.) Hending the Hende.

Jhesu Christ, all this
> worldes red,
That for oure sunnes
> wolde be ded
> On that holi rode tre,
He lete ous alle ben wise
And enden in his servise
> Amen, per seinte charité.

Wit and wisdom lerneth
> gerne,
And loke that no man
> other werne
> To ben ful wis and
> hende;
For betere were to ben wis,
Than to werren for and
> gris,
> Were se mon shal ende.

„Wit and wisdom is god wareis"
> Quod
> > Hendyng.

Ne may no mon that is in londe	May no mon that is in londe,
For nothyng that he con fonde,	For nothing that he con fonde,
Wonen at home ant spede;	Wonen at hom and spede
So fele thewes for te leorne,	Fele thewes for to lere,
Ase he that hath y-soht georne	So he that haveth wide were
In wel fele theode.	Fouht in fele thede;
„Ase fele thede, ase fele thewes;5)"	„Also fele thedes, also fele thewes,"
Quoth Hendyng.	Quod Hendyng.

1) Leiden   2) kreuz   3) wehre, hindere
4) witz und weisheit sind gute gaben   5) so viel völker, so viel sitten.

(Ms. Gg. I. 1, fol. 475. Bibl. Publ. Cantab.)

Ici commence le livre de Hending.

Jhesu Crist al folkis rede,
That for us alle tholed dede
 Apon the rode tre.
Lern us alle to be wise,
And to hendi in Godis servise!
 Amen, par charité!
„Wel is him that wel ende mai,"
 Quod Hending.

Ne mai no man that is in londe,
For nothing that he mai fonde
 Wonin at home and spede,
So fele thewis for to lerne,
So he that had i-sowt yerne
 Aventures in fele dede
„Also fele dedis, also fele thewis,"
 Quod Hending.

Treatise on dreams. FabeEin sonderbares lehrgedicht ist die Metrical Treatise on Dreams, über die bedeutung der träume, welches Reliquiæ Antiquæ, Bd. I, seite 261-268 aus einem in der regierungszeit Eduard's II. geschriebenen Ms. (Harl. Nr. 2253, fol. 119) mitgetheilt wird. Zuletzt möge von den anonymen gedichten dieser periode die bekannte fabel vom fuchse und dem wolfe in den brunneneimern erwähnt werden; sie rührt aus der zweiten hälfte des dreizehnten jahrhunderts her und ist in den Rel. Ant. Bd. II, S. 272-278 (aus Ms. Bodley. Digby, Nr. 86, fol. 138) abgedruckt. Die sprache ist einfach und sehr wenig mit französischem element gefärbt; auffallend ist die aspiration mancher vokale am anfange der wörter. Folgendes ist eine probe:

> On hous ther wes, the dore wes ope,
>   1) gekrochen Hennen weren therinne i-crope[1)]
> Five, that maketh anne flok,
> And mid hem sat on kok.
>   2) höhe   3) nähe The kok him wes flowen on hey,[2)]
> And two hennen him seten ney.[3)]
> „Wox," quad the kok, „wat dest thou thare?
> Go hom, Crist the ȝeve kare!
>   4) schämen, schrecken   5) sänger Houre hennen thou dest ofte shome;[4)]
> Be stille, ich hote, a Godes nome!"
> Quath the wox, „Sire Chauntecler,[5)]
> Thou fle adoun, and com me ner.
> I nabbe don her nout bote goed,
> I have leten thine hennen blod."

Robert von Gloucester. Erst gegen das ende des dreizehnten jahrhunderts begegnen wir wieder auf dem felde der englischen literatur einem grösseren werke, der reimchronik *Robert's* von *Gloucester*,[158] eines mönches der abtei zu Gloucester, welcher während der regierung Heinrich's III. und Eduard's I. lebte. Er schrieb in langen gereimten versen von 14 sylben eine geschichte England's von dem fingirten Brutus bis auf seine zeit, indem er dabei hauptsächlich das lateinische geschichtenbuch von Geoffrey von Monmouth, aus welchem auch Wace und Layamon geschöpft hatten, zu grunde legte. Obgleich die sprache Robert's schon eine ziemliche anzahl französischer ausdrücke enthält, so hat sie doch noch altsächsische eigenthümlichkeiten beibehalten, was sich vielleicht aus der lage Gloucester's im abgeschlossenen westen England's erklären lässt. Nach den ereignissen, welche die chronik erwähnt, muss sie nach 1278 und, wie einige schliessen wollen, sogar wenigstens zum theil nach 1297 geschrieben sein. Zur vergleichung mit Layamon's sprache möge hier aus Robert's reimchronik dasselbe von könig Arthurs krönungsfeierlichkeiten handelnde stück folgen:

Aus Hearne's Ausgabe, Band 1, Seite 190. 191.

Þe kyng was to ys paleys, þo þe seruyse was y-do.
Y-lad wyþ þys menye, and þe quene to hyre also.
Vor hii hulde þe olde vsages, þat men wyþ men were
By hem sulue, and wymmen by hem sulue also þere.
   1) Anjou 2) suit Þo hii were echone y-set, as yt to her stat bycom,
Kay, kyng of Aungeo,1) a þousend kynȝtes nome
Of noble men, y-cloþed in ermyne echone,
Of on sywete,2) and seruede as þys noble feste a non.
Bedwer þe botyler, kyng of Normandye,
   3) suit 4) forto, in order to 5) before Nom also in ys half a uayr companye
Of on sywyte,3) vorto4) seruy of þe botelerye.
   6) noblesse 7) endure By uore5) þe quene yt was also of al suche corteysye,
Vorto telle al þe noblye6) þat þer was y-do,
Þey my tonge were of stel, me scolde noȝt dure7) þerto.

Robert Manning. Ein nachfolger Robert's von Gloucester ist Robert *Manning*, gewöhnlich Robert de Brunne genannt, weil er in dem kloster Brunne oder Bourne in Lincolnshire in der letzteren zeit der regierung Eduard's I. und während der ganzen regierungszeit Eduard's II. lebte und schrieb. Manning's reimchronik besteht aus zwei theilen, welche beide aus dem Normännisch-Französischen übersetzt sind. Der erste theil schliesst sich an Wace's Brut an und geht bis zum tode Cadwallader's; der zweite verfolgt die geschichte bis zum tode Eduard's I. und ist aus der chronik des Piers oder Peter de Langtoft, welcher in dem stifte St. Augustin zu Bridlington in Yorkshire gleichzeitig mit Manning lebte, geschöpft. Der letztere theil von Manning's reimchronik, als der interessantere, wurde 1725 ebenfalls von Hearne herausgegeben.[159] Dieser theil ist wie das französische original Langtoft's in zwölfsylbigen alexandrinern, dagegen der ältere aus Wace's Brut entnommene, wie dieser selbst, in achtsylbigen versen geschrieben. Manning übersetzte auch die lateinische abhandlung seines zeitgenossen, des cardinals Bonaventura, „de Coena et Passione Domini, et Poenis S. Mariae Virginis" in gereimte verse unter dem titel: Medytaciuns of the Soper of our Lorde Jhesu, and also of his Passyun, and eke of the Peynes of hys swete Modyr mayden Marye. Ferner übersetzte er unter dem titel: A Handling of Sins in einer gereimten umschreibung das Manuel des péchés des William von Wadington, worin die sieben todsünden in legendenhaften geschichten geschildert werden.

Aus Robert von Brunne's Vorrede zu seiner Chronik.

(Ausgabe von Hearne, Bd. I, S. XCVI.)

Lordynges, that be now here,
If ȝe wille listene and lere
All þe story of Inglande,
Als Robert Mannyng wryten it fand,
And on Inglysch has it schewed,
     1) einfältig 2) wohnen 3) lust 4) beisammen Not for þe lerid
bot for þe lewed,[1])
For þo þat in þis land wonn,[2])
Þat þe Latyn no Francys conn,
For to haf solace and gamen[3])
In felawship when þai sitt samen.[4])
And it is wisdom forto wytten
Þe state of þe land, and haf it wryten:
What manere of folk first it wan,
And of what kynde it first began.
And gude it is for many thynges,
     5) thaten 6) schlemmen For to here þe dedis[5]) of kynges,
Whilk were foles and whilk were wyse,
And whilk of þam couth mast quantyse;[6])
And whilk did wrong and whilk ryght,
And whilk mayntend pes and fyght. —
Als þai haf wryten and sayd,
Haf I alle in myn Inglis layd,
In symple speche as I couthe,
Þat is lightest in manne's mouthe.

I mad noght for no disours,

<small>7) geschichtenerzähler 8) harfner</small> Ne for no seggers⁷⁾ no harpours,⁸⁾
But for þe luf of symple men,
þat strange Inglis can not ken.
For many it ere þat strange Inglis
In ryme wate neuer what it is,
And bot þai wist what it mente,
Ellis me thoght it were alle schente.
I made it not forto be praysed,
Bot at þe lewed men were aysed.

<small>9) versus caudati 10) versus interlaqueati, welche sich in der mitte und am ende reimten. 11) bâton.</small> If it were made in ryme couwee,⁹⁾
Or in strangere or enterlace,¹⁰⁾
Þat rede Inglis it ere inowe,
Þat couthe not haf coppled a kowe,
Þat outhere in couwee or in baston¹¹⁾ 160
Som suld haf been fordon,
So þat fele men þat it herde,
Suld not witte howe þat it ferde. 161

L. Minot Das vierzehnte jahrhundert war nicht unfruchtbar in englischer dichtkunst. Die gedichte Lawrence *Minot*'s über die siege und schlachten Eduard's III. von 1333-1352, welche vielleicht das erste selbstständige denkmal englischer poesie sind, indem seine bekannten vorgänger fremde werke nur übersetzten und nachahmten, wurden von Tyrwhitt in einem manuscripte des brittischen museum's (Cotton. Ms. Galba E. IX.), welches man früher für eine handschrift Chaucer's gehalten hatte, entdeckt, als er materialien zu seiner ausgabe der Canterbury Tales suchte, und in seinem Essay on the language and versification of Chaucer, welches seiner ausgabe der Canterbury Tales vorgedruckt ist, 1775 zuerst (unter note 54) erwähnt. Später theilte Warton in seiner History of English poetry (Band III.) proben der gedichte des Minot mit. Endlich wurden sie 1796 von Ritson vollständig mit vielen historischen und sachlichen erläuterungen und einem glossarium herausgegeben. Eine neue auflage des Ritson'schen werkes erfolgte im jahre 1825.¹⁶² Die zehn gedichte Minot's, welche es enthält, handeln von der schlacht am Halidon Hill (1333), der schlacht von Bannockburn (1314), wo Eduard's III. vater geschlagen wurde, dessen niederlage der sohn rächte, dem ersten einfalle Eduard's III. in Frankreich (1339), dem seegefecht in der Swine, südlich von der insel Cadsand an der mündung der Schelde (1340), der belagerung von Tournay (1340), der landung des englischen königs zu La Hague (1346), der belagerung von Calais (1346), der schlacht von Neville's Cross (1346), dem seegefecht mit den Spaniern bei Winchelsea (1350) und der einnahme von Guisnes (1352).

Während die alten Angelsachsen den reim wenig kannten, sondern ihre verse, abgesehen von dem inhalte, durch die alliteration von der prosa unterschieden, wurde durch die Normannen der reim in England eingebürgert, und als kennzeichen der poesie auch von der alten volkssprache angenommen. Dabei findet sich aber in den trümmern derselben immer noch eine entschiedene neigung zur alliteration, deren spuren nie ganz verschwinden. So zeigt sich z. b. bei Minot ausser dem reim an vielen stellen die alte art der poetischen form.

1) wohnung Edward, owre comely cing,
In Braband has his woning[1]
    With many comely cnight;
2) bis zur zeit wo And in that land, truely to tell,
Ordains he still for to dwell
    To time[2] he think to fight.
Now God, that is of mightes mast,
    3) angehörige Grant him grace of the Holy Ghast
    His heritage to win;
And Mary moder, of mercy free,
Save our cing and his meny[3]
    Fro sorrow, shame and sin.[163]

The visions of Piers Ploughman In der mitte des vierzehnten jahrhunderts entstand ein satyrisches gedicht The Visions of Piers Ploughman. Dieses gedicht, als dessen verfasser Robert Longlande genannt wird, ist eines der wichtigsten werke, welches vor einführung der buchdruckerkunst in England geschrieben worden ist. Es enthält in volksthümlichem gewande diejenigen lehren und ansichten, welche allmälig die kirchenreform herbeiführten,

und suchte mit beseitigung des reimes das
alliterationssystem, wie es in der alten angelsächsischen
sprache geherrscht hatte, von neuem in das leben zu rufen.
In beiden beziehungen ist es characteristisch für eine grosse
literarische, wie politisch-kirchliche veränderung in
England, indem die sprache und alte selbstständigkeit der
deutschen bevölkerung England's, wenn auch modificirt,
wieder die oberhand über die sprache und gesinnung der
romanisirten Normannen gewonnen hatte. Von diesem
werke sind viele handschriften vorhanden, da es einst sehr
populär war; ebenso ist es oft herausgegeben worden, zuerst
im jahre 1550 in London von Robert Crowley, in neuerer
zeit (1813) von Th. D. Whitaker, zuletzt im jahre 1842 von
Thomas Wright, dessen ausgabe auf jene älteste fusst,
während sein vorgänger Whitaker ein abweichendes
manuscript abgedruckt hat. Von dem autor des gedichts ist
so gut wie nichts bekannt; gewöhnlich wird er Robert
Longlande oder Langland genannt; aber es ist aus inneren
gründen wahrscheinlich, dass er nicht Robert, sondern
William hiess, und dass er unter diesem namen in dem
gedichte von sich selbst spricht. Er will als mönch im
westlichen England in der nähe der Malvern hills gelebt
haben, wo er eines maimorgens, wie das gedicht erzählt,
eingeschlafen sei und nun verschiedene träume oder
visionen gehabt habe.

1) scóp (shaped,) gestaltete 2) gewänder 3) aber 4) morning
5) wunder 6) broad 7) brunnen, quelle 8) es überfiel mich so
sanft. [164]In a summer season, when soft was the sun,
I shoop[1]) me into shrowds,[2]) as I a sheep were;
In habit as an hermit unholy of werkes,
Went wide in this world wonders to hear;
Ac[3]) on a May morwening[4]) on Malvern hills
Me befel a ferly,[5]) of fairy me thought.
I was weary forwandered, and went me to rest
Under a brood[6]) bank by a burn's[7]) side;
And as I lay and leaned, and looked on the waters,
I slombered into a sleeping, it swayed so mury.[8])

An einer stelle findet sich eine anspielung auf den im jahre
1360 mit Frankreich abgeschlossenen vertrag von Bretigny;
an einer anderen wird des merkwürdigen sturmes vom 15.
Januar 1362 als eines kürzlich vorgefallenen ereignisses

gedacht. Es ist daher wahrscheinlich, dass das gedicht in diesem jahre oder bald nachher geschrieben worden ist. Dasselbe ist in Wright's ausgabe in 20 abschnitte oder passus eingetheilt, von denen jeder eine besondere vision enthält. Die verbindung dieser abschnitte ist sehr lose, so dass das ganze eine zusammensetzung mehrerer gedichte zu sein scheint. Der rhythmus des gedichts hängt nicht von der anzahl der sylben, sondern von der anzahl der accente im verse ab. Nur die tonsylben sind von bedeutung für das metrum, der übrigen können mehr oder weniger sein. Der vers, in zwei hemistiche getheilt, besteht gewöhnlich aus vier tonsylben, von denen zwei auf das erste hemistich, und zwei auf das zweite hemistich kommen. Die beiden tonsylben des ersten hemistichs, sowie die erste des zweiten hemistichs enthalten die alliteration und beginnen mit demselben buchstaben. Zuweilen ist die alliteration auch bei den vier accentsylben beider hemistiche zu finden. Der inhalt des gedichts ist eine auseinandersetzung der hindernisse und versuchungen auf der bahn des lebens im moralisch-satyrischen style. Der hauptangriff ist gegen die fäulniss der kirche, gegen die scheinheiligkeit und weltlichkeit, die unwissenheit, unverschämtheit und sinnlichkeit des geistlichen standes gerichtet. Dieser umstand bewirkte, dass zur zeit der reformation im jahre 1550 die drei ersten auflagen des buches in einem jahre vergriffen wurden. Eigentlich ist nichts antirömisches mit rücksicht auf lehre oder verfassung der kirche darin zu finden, wie vielleicht später bei Chaucer; indessen riefen Piers Ploughman's visions nachahmungen und fortsetzungen nach form und inhalt hervor, welche directere angriffe gegen die römische kirche enthielten.

Alliteration Nach Langland's vorgang wurden alliterirende verse von neuem beliebt und in gedichten von beträchtlicher länge, wie z. b. in dem gedichte über die im jahre 1399 erfolgte absetzung Richard's II.[165] angewendet. Die romanzen William and the Werwolf, Alexander, die belagerung von Jerusalem und andere sind ebenfalls in alliterirenden rhythmen geschrieben, welche bis gegen das ende des 15. Jahrhunderts nicht ausser gebrauch kamen.[166]

Piers the Ploughman's Creed Die wichtigste nachahmung

der „Visions" ist ein gedicht unter dem titel Piers the
Ploughman's Creed, welches gegen das ende des 14.
jahrhunderts geschrieben zu sein scheint, und von Reynald
Wolfe im jahre 1553 in 4. zuerst, dann 1814 als eine
fortsetzung der Visions von Whitaker, zuletzt aber von Th.
Wright 1842 in verbindung mit den Visions herausgegeben
worden ist. Es beginnt, wie es scheint, in der
ursprünglichen schreibart (Percy's Reliques seite 157):

> Cros, and curteis Christ, this beginning spede
> For the faders frendshipe, that fourmed heaven
> And through the special spirit thal sprong of hem
>   tweyne,
> And al in one god hed endles dwelleth.

In diesem gedichte, bemerkt sein letzter herausgeber, ist
Piers Ploughman nicht länger eine allegorische person; er ist
einfach der vertreter des bauers, welcher sich erhebt, um für
sich selbst zu urtheilen und zu handeln.

Die satyre ist nur gegen die geistlichkeit, besonders aber
gegen die mönche gerichtet. Der dichter stellt sich, als wäre
er mit dem rechten glauben unbekannt, und wendet sich
nach der reihe an die franciskaner-, dominikaner-,
carmeliter- und augustinermönche, um von diesen auskunft
zu erhalten. Diese können ihm keine genügende belehrung
geben, stossen ihn vielmehr durch ihre faulheit,
unwissenheit und unsittlichkeit zurück. Dann wendet sich
der dichter an Piers; dieser wird als ein armer pflüger
(ploughman) dargestellt, von welchem der dichter jene
belehrung in christlicher wahrheit empfängt, die er
vergeblich bei den privilegirten dienern der kirche gesucht
hatte. Der verfasser ist offenbar ein anhänger Wycliffe's,
dessen er als eines gestorbenen mit ehren gedenkt. Wycliffe
starb 1384; bald darauf mag dieses satyrische gedicht
entstanden sein.

Folgendes ist eine die schilderung des Piers und seiner
familie enthaltende probe dieses gedichtes nach Craik
(a. a. o. seite 260 ff.), welcher der ausgabe von Wright folgt,
aber sich veränderungen der orthographie erlaubt:

> Then turned I me forth, and talked to myself
> Of the falsehede of this folk, how faithless they weren.

1) silly, simple And as I went by the way weeping for sorrow,
I see a seely¹⁾ man me by opon the plough hongen.
His coat was of a clout that cary was y-called;
  2) shoes 3) gucken 4) bakenschienbeine; die hosen hingen über die knie herab 5) [beschlumpert], beschmutzt 6) koth 7) fausthandschuhe 8) abgetragen 9) wicht 10) waten 11) rinder 12) abgenützt, mager
His hood was full of holes, and his hair out;
With his cnopped shoon²⁾ clouted full thick,
His ton toteden³⁾ out as he the lond treaded;
His hosen overhongen his hoc-shynes⁴⁾ on everich a side
All beslomered⁵⁾ in fen,⁶⁾ as he the plough followed.
Twey mittens⁷⁾ as meter made all of clouts,
The fingers weren for-weard⁸⁾ and full of fen honged.
This whit⁹⁾ wasled¹⁰⁾ in the feen almost to the ancle;
Four rotheren¹¹⁾ him beforn, that feeble were worthy;
Men might reckon each a rib, so rentful¹²⁾ they weren.
His wife walked him with, with a long goad,
  13) worfeltuch (zum worfeln [werfen— reinigen] des getreides) 14) sie vor dem wetter wahren 15) stand 16) wiege (crumb-bowl)
In a cutted coat, cutted full high,
Wrapped in a winnow-sheet¹³⁾ to wearen her fro weders,¹⁴⁾
Barefoot on the bare ice, that the blood followed.
And at the loud's end lath¹⁵⁾ a little crom-bolle,¹⁶⁾
And thereon lay a little child lapped in clouts,
And tweyn of twey years old opon another side.
And all they songen o song that sorrow was to hearen;
They crieden all o cry, a careful note,
The seely man sighed sore, and said, „Children, beth still!"
This man looked opon me, and let the plough stonden,
  17) livelihood 18) lend 19) lieber
And said, „seely man, why sighest thou so hard?
Gif thee lack lifelode,¹⁷⁾ lene¹⁸⁾ thee ich will
Swich good as God hath sent: go we, leve¹⁹⁾ brother."

Dritte Periode.

Die altenglische Zeit.

(Von 1362 bis 1500).

Entstehung des englischen Volkes Die volkssprache, deren grundlage das alte Angelsächsische blieb, hatte sich allmälig in demselben masse grössere geltung verschafft, als die geborenen Engländer sich aus dem zustande der unterdrückung erhoben, in welchen sie der sieg der Normannen versetzt hatte. Hauptmomente in dieser hinsieht sind der verlust der Normandie unter könig Johann (1206) und die von Heinrich III. und Louis IX. getroffenen bestimmungen, wonach die unterthanen der einen krone keinen grundbesitz auf dem gebiete der anderen haben durften (Matth. Paris ad an. 1244). Dadurch wurde das band zwischen Frankreich und England gelockert, welches unter Eduard III. vollständig zerreissen sollte. Die bürgerkriege unter Johann ohne land und Heinrich III., in welchen sehr viele alte barone und herren umkamen, hatten den normännischen adel in England geschwächt und englischen familien gelegenheit gegeben, zu würden und ansehen zu gelangen. Ersterer musste sich mit der sächsischen Yeomanry vermischen, als er dieselbe gegen die tyrannischen und zugleich schwachen könige aufrief und mit den abkömmlingen des sächsischen adels die Magna Charta errang; es konnte nicht länger eine schmach bleiben, ein Engländer zu sein, als die normännischen barone unter Heinrich III. die zuströmenden fremden aus Poitou und Aquitanien mit hilfe der sich erhebenden Engländer verjagten.[167] Matthew Paris nennt in diesem sinne den Normann Hugh Bigod einen virum de terra Anglorum naturalem et ingenuum, und diejenigen fremden, qui Reginae attinentes per eam introducti fuerant in Angliam, bezeichnet er als alienigenae. Und um dieselbe zeit will der erzbischof von York einige vom papste empfohlene geistliche nicht annehmen, „weil sie mit der englischen sprache nicht bekannt seien."

Gründung der englischen Universitäten Auch die erziehung der höheren stände erlitt im dreizehnten und noch mehr im vierzehnten jahrhundert durch die äussere trennung England's von Frankreich eine bedeutende veränderung, welche, wenn sie auch die französische sprache als unterrichtssprache nicht augenblicklich zu verdrängen im stande war, doch die unter Eduard III. erfolgende sprachliche und geistige trennung der Engländer von den Franzosen anbahnte. Bis in die mitte des dreizehnten jahrhunderts pflegten die normännischen barone England's ihre kinder in Frankreich erziehen zu lassen, wo sie fremden sinn oft mit fremden lastern kennen lernten:

> Filii nobilium, dum sunt juniores,
> Mittuntur in Franciam fieri doctores;
> Quos prece vel pretio domant corruptores,
> Sic prætaxatos referunt Artaxata mores.

heisst es im manuscript Digby, Nr. 4, welches zu ende des dreizehnten oder anfang des vierzehnten jahrhunderts geschrieben sein mag.[168] Diese sitte hörte mit der zum bedürfniss gewordenen stiftung der englischen universitäten zu Oxford und Cambridge grösstentheils auf. Die gründung der hauptsächlichsten Colleges an diesen beiden hauptsitzen alter englischer gelehrsamkeit fällt in jene durch die verschmelzung des angelsächsischen und normännisch-französischen stammes zu *einem* englischen volke, so wie durch die entstehung der englischen sprache eben so wichtige als interessante zeit von 1250 bis 1350. Mit der Errichtung dieser pflanzstätten der gelehrsamkeit wie des nationalsinnes wurde die sitte der fremden, französischen erziehung allmälig zur unsitte.

Entartung des Französischen in England In demselben grade, als die normännischen sieger aufhören, Franzosen zu sein, und das Englische das übergewicht über das Französische erhält, verändert sich auch das letztere in England. Der deutsche accent, welcher auf der stammsylbe der wörter liegt, veranlasste den Engländer, die aus der französischen sprache stammenden wörter, gegen den eigenthümlichen französischen, nach dem ende der wörter strebenden ton, ebenfalls auf der wirklichen oder vermeintlichen stammsylbe zu accentuiren, wodurch die nächst liegenden vokale und sylben, gleichsam von selbst, schwächer und kürzer ausgesprochen wurden. So findet sich arter (arrêter), cardenal, government, judgment, captain, wauter (gautier), tresorer, manere (manière). Bei vielsylbigen wörtern, deren erste sylben nunmehr den accent erhielten, konnte in der letzten oder vorletzten sylbe kein langer vokal geduldet, wenigstens nicht ausgesprochen werden: musoire, estoire, gloire, memoire, ordinaire, adversaire bleiben in England musorie, estorie, glorie, memorie, ordinarie, adversarie. Was die vokale anlangt, so wurde u und eu in den französischen wörtern in der aussprache beseitigt, nach welcher man auch bald die orthographie einrichtete. Dafür treten o und ou ein: so schrieb man rendez-vos, vole-vos (voulez-vous), auctor, cort, sojorn, soverain, seignor, plusiors. Bei den consonanten ist die veränderung noch grösser und auffallender, als bei den vokalen. C, ch, ss, sh beginnen zu schwanken; man findet commence und commenche, redresser und redrecher, Frenceiz und Francheis, blance und blanche, dessiré und déchirée, veinchirent und vainquirent. Das l mouillé verschwindet im dreizehnten und vierzehnten jahrhundert; man liest Wiliam, doel (deuil), travailer, perilouse, mervellus. Ebenso erlischt der nasenlaut des an, ain, en, in, on, oin, un; es wird nunmehr geschrieben: counsell, chemine, maine, champe, mone intencione, counte, secunde, viconte. Auch das nasale gn findet sich selten, mochte wenigstens nicht mehr gesprochen werden; man findet montaigne und mountaine, Alemaigne und Alemaine, Cocaygne und Cocayne, Spaygne und Spayne, soveraigne und soveraynie, compaingnie und companie.

Angelsächsische Wörter dringen in das Französisch. Bereits in den gesetzen Wilhelm's des eroberers bemerkt man eine nicht kleine anzahl angelsächsischer rechtsausdrücke, welche sich für den augenblick, da das volk daran gewöhnt war und sie verstand, nicht füglich in das Französische übersetzen liessen. Solche ausdrücke sind hemfare, sac und sache, soc und soche, sol, tem, infangenethef, hengwite, manbote, were, sarbote, forfengen, heuvelborh (heafodborh), wardireve, utlage. Allmälig mehren sich die wörter angelsächsischen ursprungs in den anglo-französischen schriften. Schon im jahre 1258 findet sich in einem erlass das wort to give: nous *giveons* nos lettres overtes seelees de nostre seel (we senden gew this writ open iseined [iseiled] wið ure seel). Je weiter man kömmt, desto mehr angelsächsische wörter erblickt man im Französischen (catchpole, villes de Upland, husbandrie u. s. w.), bis man im fünfzehnten jahrhundert kurz vor dem erlöschen des Französischen als umgangssprache sich genöthigt sah, das Französische so gut wie in das Englische zu übersetzen, damit nur verstanden wurde, was die amtlichen erlasse zu bedeuten hatten, z. b. in dem jahre 1463:

    1) hand-irons 2) marteaux 3) drepee, ein gericht aus mandeln und zwiebeln 4) dice 5) anneaux Notre dit soverain seignur le Roi ad ordeigne qe null merchant ... amesne, maunde, ne convoie ... ascuns de cestes *wares*, desoutz escritez,... laces, corses, ribans, frenges de soie ... *aund-irons*,[1] *grid-irones*,... marteus[2] vulgarement nommez *hamers*, pinsons, *fire-tonges, drepyngpannes*,[3] *dises*,[4] tenys-balles,... *daggers, vodeknyves, botkyns, sheres* pour taillours,... cisours, rasours, *shethes*,... agules pour sacs vulgarement nommez *paknedles*,... aneus[5] de *coper*,... chauff*ingdishes*,... chauffyngballes, sackering belles, (?)... *ladels*,... scomers,... *hattes*, blanc file de fer vulgarement nome *whitewire* etc.

Man möge bemerken, dass man schon in der mitte des dreizehnten jahrhunderts anfing, französische wörter mit englischen endungen zu versehen. So findet sich bereits in dem erlass Heinrich's III. crouninge (krönung). Wenn das Französische in England so in verfall gerathen und so unrein geworden war, lässt es sich erklären, dass Gower deshalb um entschuldigung bittet, weil er französische verse zu schreiben wagt, und Chaucer über das schlechte Französisch seiner madame Eglantine spottet.

    Mischung beider Sprachen. Wenn das eindringen angelsächsischer wörter das Französische veränderte, so war der umgekehrte fall, dass das Französische das bereits abgeschwächte angelsächsische idiom durchdrang, von noch grösserem einfluss auf die bildung des Englischen. Schon in der sächsischen chronik finden sich französische wörter; dieselben mehren sich besonders von anfang des vierzehnten jahrhunderts ab. In dem von Ellis (Specimens etc. band I. seite 83 ff.) aus Hickes's Thesaurus mitgetheilten, leider in der orthographie modernisirten spottgedichte auf das land Cocaygne sind schon viele französische wörter zu entdecken: flower, fruit, serpent, vile, joy, rivers, fine, oil, pillars, capital, jaspe, corall, canel, odour, girofle, roses, lily, fienestres, baum (balsam), collation, procession, river, jambleus (gambols), solace, penance, dute (déduit); es finden sich darin sogar schon französische wörter mit englischer beugungssylbe, z. b. serveth. Noch mehr französische wörter, mit und ohne englische beugungssylben, befinden sich in der reimchronik Robert's von Gloucester: paleys, seruyse, usages, sywete (suit), serwede, companye, botelerye, corteysye, noblye, armys, chastore, bachelerye, lance, vylenye, pleyynge at tables, manere, maystrye, large, u. s. w. Seine nachfolger verlassen die einmal betretene bahn nicht mehr, obwohl man bei einzelnen autoren, z. b. dem verfasser der visions of Piers Ploughman, eine geringere anzahl französischer worte findet, was sich meist nach den lebensverhältnissen der schriftsteiler und dem stoffe ihrer werke richtet.

Durch diese mischung und gegenseitige durchdringung beider idiome entstand allmälig jene sprache, welche wir Englisch nennen, und welche mit ausnahme einiger formen der declination des nomens und pronomens, der conjugation des verbs, der comparation des adjectivs und adverbs nur noch trümmer der alten angelsächsischen grammatik zeigt, aber in ihrer einfachen construction der meist beugungslosen wörter vorzüglich geschickt war, fremdwörter aller art ohne schwierigkeit in sich aufzunehmen und sich zu assimiliren.[169]

Obgleich nunmehr die angelsächsische sprache, als solche, schon im zwölften und noch mehr im dreizehnten jahrhundert verschwunden war, um in ihrer abschwächung der mit dem englischen volke zugleich entstehenden englischen sprache als basis zu dienen, so war diese neue sprache trotz der entartung der französischen doch nicht sogleich im stande, diese und die alte bildungs- und gelehrtensprache, die lateinische, aus manchen kreisen des volkes zu verdrängen.

Lateinisch, die Sprache der Gelehrsamkeit u. des Rechtes. Das Latein war bis in das 14. jahrhundert hinein die gewöhnliche sprache des rechtes, wenigstens sind die alten gerichtlichen und gesetzlichen urkunden ausschliesslich in lateinischer sprache bis zum jahre 1275 abgefasst. Erst in diesem jahre wurde eine verordnung Eduard's I. in französischer sprache erlassen. Während der folgenden regierungsjahre dieses königs sind die verordnungen der regierung theils in lateinischer, theils in französischer, gewöhnlich aber in der ersteren sprache veröffentlicht worden. Das Französische wurde häufiger unter Eduard II. und beinahe ausschliesslich unter Eduard III. und Richard II. angewendet, obwohl auch unter diesem könige sich noch lateinische verordnungen finden. Lateinisch war auch die sprache der scholastischen geistlichen und philosophen, wie überhaupt der eigentlichen gelehrten, mochten sie über geometrie und astronomie, oder über chemie, medicin und andere naturwissenschaften schreiben.

Französich, die Sprache der Bildung. Die französische sprache war immer noch die sprache der bildung und im allgemeinen gebrauche bis in die regierungszeit Eduard's III., unter welchem während des englisch-französischen erbfolgekrieges eine feindschaft zwischen dem englischen und französischen volke entstand, von welcher nicht bloss die politische, sondern auch die sprachliche sonderung eine folge war. Ranulph oder Ralph Higden, ein mönch des St. Werburg's-stiftes in Chester schreibt in seinem lateinischen Polychronicon, welches mit dem jahre 1357 endet, dass das Französische immer noch zu seiner zeit die sprache war, welche die kinder gebildeter eltern von der wiege ab sprachen, und die einzige, welche in der schule den knaben gestattet war, so dass sogar die landleute sie gemeiniglich verstanden und sich mühe gaben, in ihr zu reden. Allein man sieht aus den worten Higden's zugleich, dass die öffentliche meinung gegen diesen allgemeinen gebrauch des

Französischen war, welches seine herrschaft nicht mehr der vorliebe, sondern nur noch der gewohnheit des volkes zu verdanken hatte. Der autor des Cursor mundi war der ansicht, dass die Engländer die französische sprache ablegen sollten, da die Franzosen sich nicht um das Englische kümmerten (Ms. Cott. Vespas. A. III. f. 2).

> This ilk bok it es translate
> Into Inglis tong to rede,
> For the love of Inglis lede,
> Inglis lede of Ingland,
> For the commun at understand.
> Frankis rimes her I redd
> Comunlik in ilk sted.
> Mast es it wroght for Frankis man,
> Quat is for him na Frankis can?
> Of Ingland the nacion
> Es Inglisman thar in commun;
> The speche that man wit mast may spede,
> Mast thar wit to speke war nede.
> Selden was for ani chance
> Praised Inglis tong in France!
> Give we ilkan thare langage
> Me think we do tham non outrage.

Und in dem gedichte King Edward and the Shepherd wird die unwillige verwunderung des letztern über die bei hofe gesprochene fremde sprache in folgenden versen ausgedrückt (Ms. Cantab. Ff. v. 48. fol. 55).

> The lordis anon to chawmbur went,
> The kyng aftur the scheperde sent,
>   He was broʒt forth fulle sone;
>
> He clawed his hed, his hare he rent,
> He wende wel to have be schent,
>   He ne wyst what was to done.
> When he French and Latyn herde,
> He hade mervelle how it ferde,
>   And drow hym ever alone:
> Jhesu, he seid, for thi gret grace,
> Bryng me fayre out of this place!
>   Lady, now here my bone!

Das Englische wird Unterrichtssprache. Trevisa, der englische übersetzer von Higden's Polychronicon, findet es im jahre 1385 nöthig, der erwähnten stelle seines autors eine erläuterung hinzuzufügen. Trevisa sagt darin: diese weise, die kinder in französischer sprache zu unterrichten, war vor der ersten pest (1349) sehr im gebrauch, hat sich jedoch seit der zeit etwas geändert; denn *John Cornwaile*, ein schulmeister, vertauschte das Französische als unterrichtssprache mit dem Englischen, von ihm lernte *Richard Pencriche* diese art zu unterrichten, und andere lernten sie wieder von Pencriche, so dass jetzt (1385) in allen unterrichtsanstalten (gramer scoles) die kinder das Französische verlassen und in englischer sprache construiren (das Latein übersetzen) und lernen und dabei vortheil auf der einen und nachtheil auf der anderen seite haben. Ihr vortheil ist, dass sie die grammatik in weniger zeit als sonst lernen, ein nachtheil aber, dass jetzt die schüler (children of gramer scole) nicht mehr Französisch verstehen als ihr linker absatz, was ihnen, wenn sie über see in fremde länder reisen, sehr leid thun wird; auch bleibt den vornehmen leuten (gentilmen) nunmehr viel zu thun übrig, ihren kindern Französisch zu lehren.[170]

Das Englische wird Rechtssprache. Diese veränderung der unterrichtssprache zwischen der zeit, wo Higden schrieb und Trevisa übersetzte, kann unbedenklich mit jener politischen acte Eduard's III. in verbindung gesetzt werden, worin derselbe im jahre 1362 befahl, dass alle in den königlichen gerichtshöfen geführten processe in englischer sprache verhandelt, aber in lateinischer sprache eingetragen und verzeichnet werden sollten, während vor dieser zeit die verhandlungen in französischer sprache gepflogen, die acten aber in lateinischer, oder ebenfalls in französischer sprache geführt wurden. Als grund für diesen erlass Eduard's III. wird angegeben, „dass dem könig von prälaten, herzögen, grafen, baronen und allen gemeinen oft das grosse unheil vorgestellt worden sei, welches verschiedenen des reiches zugestossen sei, weil sie die gesetze, gebräuche und verordnungen dieses reiches nicht immer gehalten und befolgt hätten, indem sie in der französischen sprache gegeben oder verhandelt werden, welche in dem besagten reiche nicht sehr bekannt ist, so dass die leute, welche bei den königlichen und anderen gerichtshöfen klagen oder verklagt werden, keine kenntniss von dem haben, was für oder wider sie gesagt wird; und weil vernünftiger weise die besagten gesetze und gebräuche in der im reiche üblichen sprache um so mehr begriffen, bekannt und verstanden werden, damit jedermann sich um so besser führen könne, ohne das gesetz zu verletzen, und um so eher seine erbschaft und besitzung bewahren und vertheidigen könne." Das Französische bleibt noch Hofsprache. Indessen ist sonderbarer weise diese verordnung selbst in französischer[171] sprache erlassen worden, welche seit langer zeit die muttersprache der königlichen familie war, und wahrscheinlich ausschliesslich bei hofe und wenigstens bis 1483 im oberhause gesprochen worden ist. Ritson behauptet, dass Heinrich III. sich nie der englischen sprache bedient habe. Eduard I. sprach nur französisch im rathe sowohl als im felde; viele seiner aussprüche sind von den alten geschichtsschreibern aufbewahrt worden. Eduard II., welcher eine französische princessin heirathete, bediente sich gleichfalls der französischen sprache. Sein sohn Eduard III. schrieb alle seine briefe oder depeschen in der französischen sprache, in welcher sie von Robert v. Avesbury aufgezeichnet und überliefert worden sind.

Dafür, dass erst in den letzten jahren der regierung Eduard's III. jene mächtige veränderung zu gunsten der englischen sprache vorging, spricht auch der umstand, dass in seinen ersten regierungsjahren die mitglieder der universität zu Oxford sich nur lateinisch oder französisch unterhalten durften. Noch früher gab es hochgestellte personen, welche weder Latein noch Englisch, sondern nur Französisch sprachen und verstanden. Von dem bischof von Durham, Lewis Beaumont, wird in dieser beziehung folgende anekdote erzählt: Als er seine bestallungsbulle, welche man ihm mehrere tage hindurch vorbuchstabirt hatte, vorlas (1318), konnte er das wort metropoliticæ nicht aussprechen, so oft er es auch versuchte. Nachdem er sich einige zeit vergeblich gemüht hatte, rief er endlich in seiner muttersprache ärgerlich aus: Seit pour dite! Par Seynt Lowys, il ne fu pas curteis qui ceste parole ici escrit! (Es ist so gut wie gesagt! Beim heiligen Ludwig, der war nicht höflich, welcher dieses wort hierher geschrieben hat!)[172]

Die englische Sprache im Parlament Das erste englische actenstück in den parlamentsverhandlungen stammt aus dem jahre 1388; es ist eine bittschrift der londoner krämer (Rot. Parl. III, 225). Das nächstfolgende ist das geständniss des unglücklichen Thomas, Herzogs von Gloucester, aus dem jahre 1398, abgenommen zu Calais von William Rickhill (eingetragen unter Plac. coron. 21. Richard II. n. 9). Im anfange der regierung Heinrich's VI. scheint die französische und englische sprache untermischt in den acten des parlaments gebraucht zu sein. Die subsidien an wolle u. s. w. wurden in englischer sprache gewährt (1 Hen. VI. n. 19). Ein französisches proviso wurde von dem hause der gemeinen den artikeln in betreff des regentschaftsrathes, welche in englischer sprache vorhanden sind, hinzugefügt (ibid. n. 33). Sogar die königliche zustimmung zu gesetzen wurde in englischer sprache gegeben: be it ordeined as it is asked, oder: be it as it is axed (2 Hen. VI. n. 54, 55). Die mündlichen verhandlungen mit sehr wenigen ausnahmen scheinen in französischer sprache geführt worden zu sein, und die erlassenen gesetze (statutes) wurden bis zum ersten regierungsjahre Richard's III. (1483) unausgesetzt in französischer sprache veröffentlicht. Ein privatvertrag in englischer sprache zwischen dem abt und kloster von Whitby einerseits und Robert, dem sohne John Bustard's, andererseits, zu York im jahre 1343 geschlossen, (Charlton's History of Whitby, 247) ist das älteste actenstück dieser art, welches bekannt geworden ist.[173]

Die englische Sprache wird die herrschende Zum schluss dieser betrachtung mögen hier aus Ms. Bodl. 48. f. 48. die worte eines schriftstellers des 14. Jahrhunderts einen platz finden, worin er seine gründe für den gebrauch der englischen sprache in gemüthlicher weise angiebt:

> In Englis tonge y schal ȝow telle,
> Ȝyf ȝe so long with me wyl dwelle;
> Ne Latyn will y speke ne waste,
> Bot Englisch that men uses maste,
> For that ys ȝoure kynde langage
> That ȝe hafe here most of usage;
> That can ech man untherstonde

That is born in Englonde;
For that langage ys most schewed,
Als wel mowe lereth as lewed.
Latyn also y trowe can nane,
Bot tho that hath hit of schole tane;
Som can Frensch and no Latyne,
That useth has court and duellt therinne,
And som can of Latyn aparty,
That can Frensch ful febylly;
And som untherstondith Englisch,
That nother can Latyn ne Frensch.
Bot lerde, and lewde, old and ȝong,
Alle untherstondith English tonge.
Therfore y holde hit most siker thanne,
To schewe the langage that ech man can;
And for lewethe men namely,
That can no more of clergy,
Tho ken tham whare most nede,
For clerkes can both se and rede
In divers bokes of Holy Writt,
How they schul lyve, yf thay loke hit:
Tharefore y wylle nie holly halde
To that langage that Englisch ys calde.

I. Englische Poesie.

Mit dem entstehen eines englischen volkes im dreizehnten, und dessen in die augen springenden gegensatze zu dem französischem volke im vierzehnten jahrhundert stossen wir auch alsbald auf sagenkreise, welche begebenheiten und helden aus der alten volksthümlichen geschichte feiern. Die hierher gehörenden romanzen wurden entweder jetzt erst aus dem gedächtniss und nach der überlieferung aufgezeichnet, welche sie in der zeit des druckes gepflegt und gehegt hatte, oder sie waren umarbeitungen verlorener angelsächsischer originale. Vielleicht schliesst die eine ansicht die andere nicht aus. Zuweilen ist aber der altenglische romanzenstoff nur in lateinischer,[174] oder französischer bearbeitung der nachwelt überliefert worden. Die romanze von *Waldef*, handschriftlich in französischen versen im besitz des Sir Th. Phillipps, ist in Cambridge auch lateinisch vorhanden; sie wurde auf begehr einer dame, welche englisch nicht verstand, in französische verse, und hieraus in das Latein übersetzt, wie der letztere übersetzer in seiner vorrede erzählt.[175]

Altenglische RomanzenDer alten angelsächsischen romantik waren die altnordischen und altdeutschen sagenkreise dienstbar, deren unverkennbare spuren sich im Beowulf, in des reisenden sängers liede und einigen andern alten dichtungen finden (vergl. s. 52. 55. 68); die thaten Arthur's und seiner ritter, obwohl in den altenglischen reimchroniken vielfach erwähnt, haben nebst dem sagenkreise Karl's des grossen nicht sowohl englischen als vielmehr normännisch-französischen dichtern den stoff zu ihren romanzen geliefert. Ausschliesslich englischen heldensagen dagegen, auf dem boden der englischen geschichte erwachsen und von dem herzen und dem munde des englischen Volkes getragen, begegnen wir zuerst in denjenigen gedichten, welche die kämpfe der Angelsachsen und Dänen feiern. Die anfänge dieses englisch-dänischen romanzenkreises erblicken wir schon in denjenigen liedern der älteren literatur, welche die thaten Byrhtnoth's und Athelstan's besingen (vergl. s. 56. 66). In späterer zeit, als das angelsächsische volks-leben und fühlen unterdrückt wurde, erfuhren die halbvergessenen angelsächsisch-dänischen heldenlieder mannigfache umänderungen, welche ihnen das gepräge sagenhafter romantik aufdrückten; so tauchen sie im dreizehnten und vierzehnten Jahrhundert als eigenthum des nunmehr englisch gewordenen Volkes wieder auf. Englisch-dänischer RomanzenkreisZu diesem angelsächsisch-dänischen sagen-cyclus gehören die romanzen von Havelok dem Dänen, könig Horn, Guy von Warwick, Bevis von Hampton, Wade und andere.[176] Die wichtigsten und ehemals beliebtesten romanzen dieses kreises sind unstreitig Havelok der Däne[177] und könig Horn,[178] von welcher letzteren sieben handschriften in englischer und französischer sprache bekannt sind. Die beste französische handschrift ans dem 13. sec. wird zu Cambridge (Ms. Bibl. Publ. Ff. 6, 17) aufbewahrt, we sich auch das älteste, ebenfalls dem 13. sec. angehörende englische Ms. (Bibl. Publ. Gg. 4, 27) befindet. Die französische romanze ist ersichtlich eine Überarbeitung des englischen originals im französischen geschmacke; an einer stelle ist das þ in einem angelsächsischen namen (Godswiþ) beibehalten worden, an einigen anderen stellen wird auf das „pergament," d. h. die zu grunde liegende englische aufzeichnung verwiesen:

„Cist ocisl Aaloff, com dit le parchemin;"
„E Horn çi ad turné, com dit le parchemin."

Während sich in diese alten romanzen durch die den letzten aufzeichnungen kurz vorangegangenen kreuzzüge eine grosse anzahl anachronismen eingeschlichen haben, indem z. B. die Dänen, weil heiden, gewöhnlich als saracenen aufgeführt werden, hat sich eine jüngere bearbeitung desselben gegenstandes unter dem titel: Hornchilde and maiden Rimnild in dem Auchinleck Ms. der advocatenbibliothek zu Edinburgh erhalten, welche den charakter der alten zeit treuer bewahrt hat.[179] Einige kurze sprachproben mögen hier einen platz finden:

Havelok der Däne, König Hörn.

Havelok (französisch).

Haveloc tint en sa baillie
Nicole et tote Lindesie,
Xx. anz regna, si en fut rois;
Assez conquist pas ses Danois.
Mult fu de li grant parlance:
Li auncien par remembrance
Firent un lai de sa victoire.

König Horn (sucht hilfe in Irland).

1) did 2) light 3) fight 4) enough 5) ship 6) drew 7) them

He dude[1] writes sende
Into Yrlonde,
After kniʒtes liʒte,[2]
Irisse men to fiʒle.[3]
To Horn come i-noʒe,[4]
That to schupe[5] droʒe[6]
Horn dude him[7] in the weie

On a god galeie.

Hornchilde.

(Horn's vater, Hatheolf, regierte über ganz England nördlich vom Humber. Während seiner herrschaft fielen die Dänen in sein gebiet und wollten eben ihre beute in Cleveland auf die schiffe bringen, als Hatheolf davon kunde erhält, mit seinen mannen nach Cleveland eilt und die Dänen schlägt:)

     1) Imp. von blinnan, aufhören In a morning thai bigan,
Of al that day thai no blan1)
  That baleful werk to wirke:
Sides thai made blo and wan,
That er were while so fether on swan,
  Whiche gamen man aught irke.

When that even bicam,
The Danismen were al slan,
  It bigan to mirke.
Whoso goth or rideth ther-bi,
Yete may men se ther bones ly
  Bi Seynt Sibiles kirke.

Romanzen dieser art waren noch zu Chaucer's zeit so ausserordentlich beliebt, dass derselbe ihrer bei seinem Sir Thopas, wie es scheint, nicht ohne einen satyrischen seitenblick, gedenkt:

Men speken of romaunces of pris,
Of Horn-Child, and of Ipotis,
  Of Bevis, and Sire Guy,
Of Sire Libeux, and Pleindamour.
But Sire Thopas, he bereth the flour
  Of real chevalrie.

Die Robin Hood BalladenAller wahrscheinlichkeit nach lebte dieser chevalereske romanzencyclus nur in den höheren klassen der gesellschaft, wofür auch die französischen bearbeitungen desselben sprechen. Ein zweiter sagenkreis, die Robin Hood ballade, war nach seinem entstehen und ganzen wesen eigenthum der tieferen schichten des volkes. Seine entstehung fällt in die zeit, wo die Angelsachsen nach der eroberung des landes durch die Normannen von diesen hart gedrückt wurden, und einzelne kühnere männer des besiegten volkes, welche sich in die sümpfe und wälder zurückgezogen hatten, von hier an dem leben und gute der Normannen, besonders aber an dem

durch strenge jagdgesetze geschützten wilde des königs
repressalien nahmen, welche das unterdrückte volk
unterstützte und guthiess, zumal es selbst manchen genuss
davon ziehen mochte. Ob es jemals einen sächsischen
outlaw mit namen Robin Hood und seinen treuen genossen
Little John gegeben habe, dürfte nicht mehr auszumachen
sein, da die spätere volkssage den charakter Robin Hood's
durchaus generalisirt und den namen Robin (Robert,
Ruprecht) Hood (mit der kappe, oder vielleicht of the wood,
aus dem walde) mit der bedeutung eines neckischen, den
armen wohlgesinnten koboldes (Robin-Good-fellow)
verbunden hat. In den hierher gehörenden balladen wird
der held als vorzüglicher bogenschütze, als wilddieb und als
lustiger, die freuden der tafel und der gelage nicht
verachtender gesell dargestellt. Eine besondere
eigenthümlichkeit dieses balladencyclus ist es, dass der held
desselben nur gegen die das volk drückenden diener und
grossen des königs, nicht gegen diesen selbst krieg führt; im
gegentheil wird der könig bei einer zufälligen begegnung
mit dem feinde seines wildes von diesem stets gastlich
aufgenommen, so dass beide ganz gut bekannt werden, und
der wilddieb wohl gar mit an den hof geht. Mit diesem
merkwürdigen zuge der loyalität mochte das englische volk,
in welchem jene balladen lebten, seine freude an dem
ungesetzlichen leben Robin Hood's gleichsam beschönigen
wollen.

König Eduard und der Schäfer

Eine der ältesten balladen
dieses kreises ist könig Eduard (II.) und der schäfer, welche
sich zusammen mit der ältesten Robin Hood ballade in
einem Ms. (Ff. 5. 48) zu Cambridge aufbewahrt befindet. In
diesem gedichte nennt sich der könig Jolly Robin und
schickt sich an, mit dem schäfer zu essen und zu trinken,
wobei ihm dieser seine schlingen zeigt, mit denen er das
wild fängt. Der schäfer begiebt sich auf die einladung Jolly
Robin's an den hof, wo er nach einiger zeit entdeckt, dass
sein gast der könig selbst gewesen sei. Folgendes ist die stelle
aus dieser schönen ballade, in welcher der schäfer das
ansinnen des ihm unbekannten königs, diesem eine probe
von seiner geschicklichkeit im fangen des wildes zu geben,
zuerst zurückweiset:

The herd bade, „let sech wordis be,
Sum man myʒt here the,
  The were better be still.
Wode has erys, felde has siʒt:
Were the forster here now right,
  They wordis shuld like the ille.
He has with hym ʒong men thre,
Thei be archers of this contré.
  The kyng to serve at wille,
To kepe the dere both day and nyʒt;
And for theire luf a loge is diʒt,
  Full hye upon an hill."

Der König und der Einsiedler. Eine andere alte ballade aus demselben cyclus ist unter dem titel The kyng and the Hermit bekannt geworden, wo die scene bereits im Sherwoodwalde liegt, und der mönch (Friar Tuck), welcher die rolle des schäfers übernommen hat, sich auf den bogen versteht und damit das wild erlegt. Der könig führt hier den namen Jack Fletcher und ladet den mönch ebenfalls ein, an den hof zu kommen. Von dem schlusse des gedichtes fehlt noch mehr als bei dem vorigen. Folgende zeilen schildern den jagdapparat des mönches:

Into a chambyr he hyin lede;
The king sauwe aboute the hermytes bed
  Brod arowys hynge.
The frere gaff him a bow in hond:
„Jake," he seyd, „draw up the bond;"
  He myght oneth styre the streng,
„Sir," he seyd, „so have I blys,
There is no archer that may schot in this,
  That is with my lord the kyng."

Die eigentlichen Robin Hood balladen müssen schon um die mitte des 14. jahrhunderts populär gewesen sein, denn der autor der Visions of Piers Plowman erwähnt sie schon:

„But I kan rymes of Robyn Hood,"

und der schottische chronist *Fordun*, welcher um 1350 schrieb, gedenkt ihrer ausführlich.[180]

Lytell Geste of Robyn Hod. Diejenige, welche sich in dem oben näher bezeichneten Ms. zu Cambridge findet (ungenau abgedruckt in Jamieson's Ballads, Hartshorne's Ancient Metrical Tales, besser in Ritson's letzter ausgabe von Robin Hood), handelt von der befreiung Robin Hood's durch seine treuen genossen Litul John und Moche, als er von einem mönche, dem er hundert pfund abgenommen, in der kirche zu Nottingham erkannt worden war. Das gedicht beginnt mit einer schilderung des waldes:

> 1) Dickicht 2) schön 3) hoch In somer when the
>   shawes[1]) be sheyn,[2])
> And leves be large and long,
> Hit is full mery in feyre foreste
> To here the foulys song,
> To se the dere draw to the dale
> And leve the hilles hee,[3])
> And shadow hem in the leves grene
> Under the grene-wode tre.

Die verschiedenen Robin Hood balladen wurden später zu einem kleinen epos verbunden, welches unter dem titel: Lytell Geste of Robyn Hode gegen ende des 15. jahrhunderts von Wynkyn de Worde gedruckt worden ist[181] und also beginnt (Percy's Reliques S. 21):

> Lythe and lysten, gentylmen.
> That be of free-bore blode:
> I shall you tell of a good yeman,
> His name was Robyn Hode.
> Robyn was a proude out-lawe,
> Whiles he walked on grounde;
> So curteyse an outlawe as he was one,
> Was never none yfounde.

Ausser den romanzen und balladen, welche den angeführten beiden sagenkreisen angehören, waren im vierzehnten jahrhundert noch mehrere andere vorhanden, wie jene beissende satyre auf das ritterthum The Tournament of Tottenham,[182] ferner The Tale of the Basyn and the Frere and the Boy,[183] vielleicht auch The Nutbrowne Maid,[184] wenn auch letztere nicht in ihrer jetzigen gestalt, indem sich volksthümliche lieder bis zu ihrer aufzeichnung durch schrift oder druck im munde des volkes vielfach umgestalteten.[185]

Gower. Zu gleicher zeit, d. h. in der zweiten hälfte des 14. jahrhunderts, erhielt die englische poesie, welche durch die Visions of Piers Ploughman zur selbstständigkeit gelangt war, einen überraschenden aufschwung durch Gower und eine solche ausbildung durch Chaucer, dass seine werke für zwei jahrhunderte als unerreichte muster dastehen. Der ältere dieser beiden männer, John *Gower*, war wahrscheinlich einige jahre vor Chaucer geboren, den er auch um acht jahre überlebte, indem er erst 1408 starb. Todd in seinem werke „Illustrations of the Lives and Writings of Gower and Chaucer (8. London, 1810)" hat eine verhandlung aus dem archiv des herzogs von Sutherland (damals marquis of Stafford) mitgetheilt, welche von Stitenham (oder Sittenham in Yorkshire) im jahre 1346 datirt, und als deren erster zeuge Johannes Gower unterschrieben ist. Eine aufschrift auf dieser verhandlung in einer wenigstens ein jahrhundert späteren handschrift sagt, dass jener Johannes Gower „Sir John Gower the Poet" gewesen sei. Nach dieser angabe müsste Gower mindestens vor 1326 geboren und über 80 jahre alt geworden sein. Solches steht in übereinstimmung mit den angaben der alten schriftsteller, welche Gower immer in gemeinschaft mit Chaucer, aber vor diesem erwähnen. Gower war, wie aus seinem testament hervorgeht, ein mann von rang und beträchtlichem vermögen. Mit Chaucer war er durch freundschaft verbunden, wie auch seine im jahre 1393 vollendete Confessio amantis bezeugt. In diesem gedichte legt Gower in den mund der Venus folgendes compliment für Chaucer:

>   And grete well Chaucer, when ye mete,
>   As my disciple and my poete;
>   For in the floures of his youth,
>   In sondry wise, as he well couth,
>   Of ditees and of songes glade,
>   The which he for my sake made,
>   The londe fullfilled is overall;
>   Whereof to him in special,
>   Above all other, I am most hold;
>   Forthy now in his dayes old
>   Thou shalle him tell this message,
>   That he upon his latter age

> To set an end of all his werk,
> As he which is mine owne clerk,
> Do make his Testament of Love,
> As thou hast done thy shrift above,
> So that my court it may record.

Einige jahre früher hatte Chaucer seinem freunde Gower das gedicht Troilus and Cresseide in folgenden zeilen gewidmet:

> O moral Gower! this booke I direct
> > To thee, and to the philosophical Strood,
> To vouchesauf there need is to correct
> > Of your benignities and zeales good.

Das beiwort „moral" ist seitdem dem dichter Gower geblieben, indem spätere dichter ihn „moral Gower" nach Chaucer's vorgange zu nennen pflegen.

Gower war der verfasser von drei grösseren gedichten, abgesehen von mehreren kleineren: des Speculum meditantis in französischer sprache, jetzt verloren, der Vox Clamantis in lateinischer sprache und der Confessio Amantis in englischer sprache. Die kleineren gedichte Gower's wurden, nachdem einige schon früher veröffentlicht worden waren, im jahre 1818 für den Roxburghe Club von dem herzog von Sutherland (damals Earl Gower) unter dem titel Balades and other Poems by John Gower, printed from the original Ms., Latin and French; in black letter, 4. London, herausgegeben. Gower war wahrscheinlich einer der letzten Engländer, welcher in französischer sprache zu dichten versuchte; am ende eines dieser kleineren gedichte bittet er seine leser um verzeihung wegen etwa in dem fremden idiom gemachter fehler, weil er ein geborner Engländer und nicht meister der französischen beredsamkeit sei:

> Et si jeo n'ai de François la faconde,
> Pardonetz moi qe jeo de ceo forsvoie.
> Jeo sui Englois: si quier par tiele voie
> Estre excuse ...

Gower's hauptgedicht von 30,000 versen, die Confessio Amantis, ist ein dialog zwischen einem liebenden und seinem beichtvater, welcher ein priester der Venus ist und Genius heisst. Der inhalt ist moralisch und beruht auf der annahme, dass jeder glückliche liebhaber nothwendiger weise auch ein guter mensch und christ sein müsse. Der beichtvater bespricht zum beweise dieses satzes in ernster weise alle schwächen des menschlichen herzens und die moral, sowie das eigentliche wesen der liebe. Der schluss des ganzen gedichtes ist unbefriedigend, indem der held desselben uns erzählt, nicht etwa dass seine geliebte unerbittlich oder treulos, sondern dass er selbst schon so alt sei, dass die unterwerfung seiner schönen gegnerin kein triumph für ihn sein würde.

Chaucer．Unendlich wichtiger als Gower für die englische literatur und sprache ist Geoffrey *Chaucer*, dem die dankbare nachwelt den beinamen „Vater der englischen dichtkunst" gegeben hat. Obgleich die englische sprache schon mit der entwickelung des unterhauses unter dem ersten Eduard angefangen hatte, nach der herrschaft über die französische zu streben, so hatte sich diese sprache doch am königlichen hofe und in den höheren kreisen ungeschwächt behauptet. Es bedurfte daher eines so gewandten und umfassenden geistes, als Chaucer besass, um, wenn auch durch die kirchlichen und politischen verhältnisse unterstützt, der sprache und mit ihr der literatur England's einen festen halt und eine sichere, bestimmte richtung zu geben. Fortan galt Chaucer's sprache und styl, welche Spenser mit der ehrenvollen bezeichnung „The pure well of English undefiled" belegt, als das musterbild englischer literatur, welches in den folgenden zwei jahrhunderten nicht erreicht, viel weniger übertroffen worden ist. Freilich war Chaucer's auftreten, wie Warton bemerkt, nur gleich einem heiteren tage des englischen frühlings, wenn die sonne mit ungewöhnlicher wärme und schöne das antlitz der natur erfreut, worauf aber der winter mit neuer macht zurückkehrt.

Der dichter erzählt uns selbst in seinem Testament of Love, dass er zu London geboren sei. Als sein geburtsjahr wird auf seinem grabsteine (im nordöstlichen theile der Westmünster-abtei, im sogenannten Poetenwinkel) das jahr 1328 angegeben. Ob er die universität Cambridge oder Oxford, oder beide nach einander besucht habe, sind bestrittene punkte; gewiss ist aber, dass er die armee begleitete, mit welcher Eduard III. in Frankreich einfiel, und im jahre 1359 gefangen genommen wurde. Um diese zeit erwarb sich Chaucer die freundschaft und den schutz des John of Gaunt, dessen heirath mit Blanche, erbin von Lancaster, er in seinem gedichte The Dream feiert. Der dichter und sein beschützer waren sehr vertraut. Chaucer heirathete Philippa Pyckard oder de Rouet, die tochter eines ritters aus dem Hennegau und ehrendame der königin. Eine schwester dieser dame, Catherine Swinford (wittwe des Sir John Swinford) wurde die geliebte und endlich die frau des prinzen John of Gaunt, mit dessen glück auch das des dichters stieg. Im jahre 1367 erhielt er von der krone ein jahrgehalt von 20 mark silber; im jahre 1372 wurde er als gesandter an den herzog von Genua gesendet, bei welcher gelegenheit er die norditalienischen staaten bereist und Petrarca einen besuch gemacht haben soll; diese letztere vermuthung gründet sich jedoch nur auf eine anspielung in den Canterbury Tales, wo der Clerk von Oxford von seiner geschichte sagt, dass er sie

> Learned at Padowe of a worthy clerk—
> Francis Petrarch, the laureat poet,
> Highte this clerk, whose rhetoricke sweet
> Enlumined all Itaille of poetrie.

Es ist dieses die geschichte von Patient Grisilde, welche von Boccaccio geschrieben und von Petrarca in das Lateinische übersetzt worden war. So viel dürfte nicht bezweifelt werden, dass Chaucer die berühmten italienischen dichter der damaligen zeit wenigstens als vorbilder zu lehrmeistern des geschmacks und der poesie gehabt habe. Die göttliche komödie Dante's hatte die italienische literatur verherrlicht, Petrarca erhielt die lorbeerkrone im römischen capitol nur fünf jahre früher als Chaucer seinen Court of Love schrieb (1346), und Boccaccio hatte sein Decameron, in welchem der wohllaut der sprache mit allen reizen der romantik verbunden war, der bewundernden mitwelt geschenkt. Solche Vorbilder entzündeten den empfänglichen geist Chaucer's.

Eduard bewährte seine gunst, indem er Chaucer das einträgliche amt eines inspectors des wein- und wollsteueramts zu London verlieh und ihm täglich einen krug wein von der königlichen tafel schickte, wofür er später eine jährliche pension von 20 mark silber erhielt. Eduard sandte ihn auch an den französischen hof, um eine heirath zwischen dem prinzen von Wales und Marie, der tochter des französischen königs, zu vermitteln. Wenn Chaucer in England war, wohnte er in einem ihm von dem könige verliehenen hause in der nähe des königlichen schlosses zu Woodstock, wo er nach seiner schilderung in dem gedichte The Dream mit allen genüssen und feinheiten des lebens umgeben war.

Der anfang der regierung Richard's II. brachte eine veränderung in Chaucer's äusseren Verhältnissen hervor, indem er sich in die politischen und kirchlichen Unruhen der zeit verwickelte und der partei des John von Northampton, welcher ein anhänger Wycliffe's war, gegen die neue regierung anschloss. Chaucer musste fliehen und begab sich zuerst in den Hennegau und nachher nach Holland. Als er im jahre 1386 nach England zurückkehrte, wurde er in den Tower geworfen. Im mai 1388 empfing er die erlaubniss, seine beiden pensionen zu verkaufen, wahrscheinlich aus noth zu diesem schritte gezwungen. Seine befreiung aus dem Tower erhielt er nicht eher, als bis er seine früheren parteigenossen angegeben hatte. Seine leiden, das elend, den hass, welchen er ertragen musste, und seinen unwillen über seine früheren bundesgenossen malt der dichter in rührender sprache in dem Testament of Love. Nach seiner unterwerfung wurde Chaucer wieder von der königlichen gunst getragen und erhielt 1389 ein öffentliches amt zu London und 1390 ein ähnliches zu Windsor. Späterhin empfing er wieder ein jahrgehalt von 20 pfund und jährlich eine tonne wein. Jetzt erst, am abende seines bewegten lebens angelangt, bearbeitete er wahrscheinlich in bescheidener zurückgezogenheit zu Woodstock sein hauptwerk, die Canterbury Tales. Im jahre 1398 wurde ihm von der krone ein schutzbrief bewilligt, ob wegen seiner politischen vergehen oder gegen gläubiger, ist nicht recht klar. Im jahre 1399, als Henry of Bolingbroke, der sohn John of Gaunt's, seines schwagers, den thron bestieg, wurden weitere 40 mark der pension Chaucer's zugelegt. Chaucer miethete sich jetzt (24. december 1399) ein haus in London in der nähe von Westmünster, wo jetzt die kapelle Heinrich's VII. steht; hier starb er am 25. october 1400 und wurde in der Westmünster-abtei beerdigt, der erste jener dichter, deren asche in diesem englischen nationalheiligthum ruht.

Chaucer war gelehrter und weltmann, hofmann und soldat; er wurde in wichtigen und zarten staatsangelegenheiten verwendet, und war ebenso bekannt mit dem glänzenden hofe des kriegerischen und prachtliebenden Eduard III., als mit den unglücklichen schicksalen, welche ihn während der bürgerlichen unruhen in seinen späteren lebensjahren trafen. Chaucer führte ein bewegtes leben und hatte die verhältnisse der welt mit dem auge eines scharfen und glücklichen beobachters geschaut, so dass er besonders geeignet war, das leben der menschen, ihre beweggründe und zwecke getreulich zu schildern. Seine besten schriftstellerischen arbeiten fallen in seine späteren lebensjahre, wo sein verstand durch viele erfahrungen gereift, sein herz aber nicht erkältet, noch seine heitere laune vergiftet war. Er war kein feind der lust und heiterkeit, aber zugleich thätig und fleissig; er war ein feind des aberglaubens und kirchlicher missbräuche, aber seine satyre war nicht bitter; in der komischen erzählung und der charakterschilderung zeigte er sich besonders stark. Sein ganzes leben hindurch bewahrte er sich die liebe zur natur, deren belebenden und stärkenden einfluss er kannte. Mit reizenden farben schildert er die lieblichkeit eines frühlingsmorgens, und der maimonat scheint immer eine festzeit für sein herz und seine phantasie gewesen zu sein. Der aufenthalt in Woodstock, wo er in seiner jugend geschwärmt und im hohen alter die letzten und schönsten träume seines lebens empfangen hatte, mochte diese verehrung der natur in ihm geweckt und erhalten haben.

Chaucer's Schriften. Chaucer ist ein sehr fruchtbarer dichter. Ausser den Canterbury Tales übersetzte er The Romaunt of the Rose von dem französischen roman de la Rose von Guillaume de Lorris und Jean de Meun; ferner dichtete er Troilus and Cresseide, eine nachahmung des Filostrato von Boccaccio, The House of Fame, Chaucer's Dream, The Book of the Dutchess, The Assembly of Fowls, The Flower and the Leaf, The Court of Love, nebst vielen balladen und kleineren gedichten. Die werthvollsten derselben sind The flower and Leaf, eine begeisterte allegorie, Troilus and

Cresseide, welches lange zeit beliebt war, und The House of Fame, späterhin von Pope paraphrasirt. Chaucer's Canterbury Tales. Das schönste und dauerhafteste denkmal von Chaucer's dichtergeist sind aber seine Canterbury Tales,[186] eine nachahmung von Boccaccio's Decameron. Der italienische dichter lässt zehn personen während der pest des Jahres 1348 sich von Florenz in eine einsame villa zurückziehen, wo sie sich nach dem speisen damit unterhalten, einander geschichten zu erzählen. Zehn tage bleiben sie beisammen, und eine jede person erzählt täglich eine geschichte, so dass das ganze werk hundert geschichten enthält. Chaucer hat einen ähnlichen plan, aber ein freundlicheres motiv seinen Canterbury Tales zu grunde gelegt. Eine gesellschaft von neun und zwanzig verschiedenen leuten (sundry folk), worunter sich auch der dichter befindet, treffen sich im Tabard Inn zu Southwark. Die gesellschaft speist zusammen in dem grossen saale des gasthauses; nachdem sie eine gute mahlzeit gehalten, schlägt der wirth vor, dass ein jeder aus der gesellschaft auf dem wege nach Canterbury, wohin sie zu dem grabe des heiligen Thomas à Becket eine wallfahrt unternehmen wollen, zur abkürzung des weges zwei geschichten und auf dem rückwege wieder zwei der bestandenen abenteuer erzählen solle. Derjenige, welcher dann die beste geschichte vorgetragen haben würde, sollte auf gemeinschaftliche kosten ein abendbrod im Tabard Inn erhalten. Auch der wirth erklärt, selbst mitreisen zu wollen, um sie lustig zu erhalten und ihnen den weg zu zeigen. Die gesellschaft ist mit diesem vorschlage einverstanden und begiebt sich sammt dem wirthe am nächsten morgen auf den weg, wo einen ritter das loos trifft, mit dem geschichtenerzählen zu beginnen. Charactere aus den Canterbury Tales. Sämmtliche charaktere sind in dem prolog zu den Canterbury Tales von Chaucer selbst in launiger und lebendiger sprache geschildert. Da giebt es einen ritter, einen würdigen mann,

> That fro the time that he firste began
> To riden out he loved chevalrie,
> Trouthe and honour, freedom and curtesie.

Aber des ritters equipage war nicht so gut als sein ruf:

> But for tellen you of his araie,

> His horse was good, but he ne was not gaie;
> Of fustian he wered a gipon
> Alle besmotred with his habergeon,
> For he was late ycome fro his viage,
> And wante for to don his pilgrimage.

In begleitung des ritters befindet sich sein sohn, a yonge squier,

> A lover and a lusty bacheler
> With lockes crull as they were laide in presse,
> Of twenty yere of age he was I gesse.
> * * *
> Singing he was or floyting all the day;
> He was as freshe as is the moneth of May;
> Short was his goune, with sleves long and wide;
> Wel coude he sitte on hors, and fayre ride:
> He coude songes make, and wel endite,
> Juste and eke dance, and well pourtraie and write.
> So hote he loved, that by nightertale
> He slep no more than doth the nightingale.

Vorzüglich ist die schilderung der priorin, der madame Eglantine, ihres näselnden singens, ihres schlechten Französisch

> After the scole of Stratford atte Bowe.
> For Frenche of Paris was to hire unknowe.

Auch ein lustiger mönch ist unter der gesellschaft, der in seinem stattlichen aufzuge aussieht, als wenn er einst abt werden würde; übrigens lebt er nicht gerade nach der klosterregel, weil sie schon etwas alt ist:

> This ilke monk lette olde thinges pace,
> And held after the newe world the trace.

Chaucer's satyrische schilderung des verweltlichten und üppigen lebens mancher klosterbrüder spricht sich noch beissender in der vorführung eines anderen klosterbruders von einem der bettelorden aus, der bei dem almosensammeln fett geworden ist:

> And knew wel the tavernes in every toun,
> And every hosteler and gay tapstere.

Ein ablasskrämer (a gentil pardonere), welcher geraden wegs von Rom kommt und reliquien mitbringt, z. b. ein stück schleier der jungfrau Maria und einen theil des segels von St. Peter's schiff, und mit allen seinen reliquien und ablässen an einem tage mehr geld macht, als ein armer landpfarrer in zwei monaten einnimmt, und ein kirchendiener (sompnour) mit feuerrothem gesicht und lüsternen augen, der gern kräftige weine trinkt und für geld alle sünder entschuldigt, welche er vor des archidiaconus gericht bringen sollte, vollenden Chaucer's bild von den damaligen übelständen, welche sich in die kirche Christi eingeschlichen hatten, und zeigen uns klar, dass unser dichter ein anhänger Wycliffe's und gegner der hohen geistlichkeit war, welche bei vielen gebrechen ihrer untergebenen beide augen zudrückte.

Dass Chaucer indessen nicht etwa ein verächter der religion war und auch die geistlichkeit nicht mit seiner satyrischen geissel strafte, wenn sie ihre schuldigkeit that, sieht man aus seiner schilderung des guten pfarrers, welcher an der wallfahrt theil nimmt. Von diesem heisst es:

> A good man ther was of religioun
> That was a poure Persone of a toun,
> But riche he was of holy thought and werk;
> He was also a lerned man, a clerk,
> That Christes gospel trewely wolde he teche;
> Benigne he was, and wonder diligent,
> And in adversity ful patient,
> And swiche he was ypreved often sithes;
> Ful loth were him to cursen for his tithes,
> But rather wolde he yeven out of doute
> Unto his poure parishens aboute
> Of his offering, and eke of his substance.

Mit welchem wohlgefallen hebt Chaucer hervor, dass der gute hirt seiner heerde ein gutes beispiel gab,

> That first he wrought and afterwards he taught,

dass er die pfarrei keinem miethling überliess, nicht nach London lief, um sänger zu holen, oder in eine bruderschaft trat,

> But dwelt at home and kepte wel his fold;

und was seine predigt anlangt, so war seine sprache mild gegen reuige, aber streng gegen halsstarrige, und zum schluss wird bemerkt:

> But Cristes lore, and his apostles twelve
> He taught, but first he followed it himselve.

Der pfarrer stammt aus dem bauernstande, und sein bruder, der ackersmann (plowman), welcher die gesellschaft begleitet, erhält wegen seiner gemüthlichkeit, arbeitsamkeit und gewissenhaftigkeit, mit welcher er alle seine pflichten erfüllt, das beste lob unseres dichters, der von ihm sagt, dass

> Living in pees and parfite charitee,
> God loved he beste with all his herte
> At all times, were it gain or smerte,
> And than his neighbour right as himselve.
> He wolde thresh, and therto dike and delve,
> For Cristes sake, for every poure wight
> Withouten hire, if it lay in his might.

Nicht so gut als den mönchen und geistlichen ist es dem oxforder gelehrten in der welt gegangen; seine gelehrsamkeit und sein Aristoteles haben ihm nicht viel eingetragen, denn sein pferd ist so mager und dürr als er selbst:

> But all be that he was a philosophre,
> Yet hadde he but litel gold in cofre.

Dass der englische freisasse (frankelein), oder substantial farmer, wie er jetzt heisst, schon zu Chaucer's zeit wusste, was comfort und good cheer war, sieht man aus dessen schilderung:

> Withouten bake mete never was his hous
> Of fish and flesh, and that so plenteous
> It snewed in his hous of mete and drinke
> Of alle deintees that men coud of thinke.

Auch der bürger mochte zu Chaucer's zeit nicht noth leiden, denn sein haberdasher, carpenter, webbe, deyer und tapiser sind alle wohl zur reise gerüstet mit stattlicher kleidung; das silber war an ihren messern, gürteln und taschen nicht gespart, und jeder dünkte sich gut genug zu einem alderman. Hatten sie doch auch einen koch bei sich, um die hühnchen zu kochen und die pasteten zu backen, denn

> He coude roste, and sethe, and broile, and frie,
> Maken mortrewes, and wel bake a pie.

Die anderen charactere in den Canterbury Tales sind ein kaufmann (marchant), der sich so trägt, dass niemand merkt, er stecke in schulden, ein advocat (sergeant of the lawe), der immer geschäftig scheint, ein schiffer (shipman), der nicht eben gewissenhaft mit der ladung verfährt, im übrigen aber ein wettergebräunter, erfahrener und überall bekannter mann ist, ein arzt (doctour of phisike), der sehr erfahren und gelehrt, aber doch ein quacksalber ist und sich hauptsächlich auf sterndeuterei und magische kuren versteht, ein müller (miller), der so derb und knorrig ist, dass er mit seinem kopfe eine thür einstossen kann, nicht gerade überehrlich, aber doch ein stattlicher mann, ein hausverwalter (manciple of a temple), der alle seine einkäufe so einrichtet, dass er selbst dabei reich wird und seine herren, welche rechtsbeflissene und kluge leute sind, sämmtlich überlistet, ein amtmann (reve), der sich auf seines herrn gütern mästet, eine frau aus der nähe von Bath (A good wif of beside Bathe), die bei aller weltlichkeit und eitelkeit sich doch den vortritt in der kirche nicht nehmen lässt. Fünfmal verheirathet und weit gereist,

> And thrice hadde she ben at Jerusalemme;
> She hadde passed many a Strange streme:
> At Rome she hadde ben, and at Boloine
> In Galice, at Seint James, and at Coloine,

konnte sie auch vieles erzählen. Alle diese personen sind mit unendlicher laune und manchem derben ausfalle auf die damaligen zeitverhältnisse geschildert.

Zum schluss möge der anfang der Reeve's Tale, welche Th. Wright in Anecdota literaria s. 24 aus dem besten Ms. (Harl. No. 7334) der Canterbury Tales mittheilt, als sprachprobe hier eingeschaltet sein.

The Reeves Tale.

> At Trompyngtoun nat fer fro Cantebrigge,
> Ther goth a brook, and over that a brigge;
> Upon the whiche brook ther stant a melle:

And this is verray soth that I ȝou telle.
A meller was ther dwellyng raany a day,
As eny pecok he was prowd and gay;
Pipen he coude, and fisshe, and nettys beete,
And turne cuppes, wrastle wel, and scheete.
Ay by his belt he bar a long panade,
And of a swerd ful trenchaunt was the blade:
A joly popper bar he in his pouche;
Ther was no man for perel durst him touche.
A scheffeld thwitel bar he in his hose.
Round was his face, and camois was his nose:
As pyled as an ape was his skulle.
He was a market beter at the fulle.
Ther durste no wight hand upon him legge,
That he ne swor anon he schuld abegge.
A theef he was for soth of corn and mele,
And that a sleigh and usyng for to stele.
His name was hoote deynous Symekyn.

Unvollständigkeit der Canterbury Tales. Die Canterbury Tales sind, wie sie in unsere hände gekommen, ein unbeendigtes, oder wenigstens unvollständiges werk, welches nur aus vier und zwanzig (einschliesslich zwei in prosa geschriebenen) geschichten besteht; vor einer jeden geht ein vorwort, prolog, vorauf, welcher zuweilen, wie vor der geschichte des weibes aus Bath, sehr ausgedehnt ist. Von diesen 24 geschichten sind einige unvollständig. Von der des kochs haben wir nur einige zeilen, des junkers geschichte wird nur halb erzählt, und die burleske geschichte des Sir Thopas wird absichtlich in der mitte abgebrochen. Wenn der in Chaucer's prolog niedergelegte plan ausgeführt worden wäre, hätte das gedicht aus hundert und zwanzig geschichten, wahrscheinlich doch auch einer schilderung des aufenthaltes in Canterbury und der lustigen preiszuerkennung nach der rückkehr der gesellschaft im Tabard Inn bestehen müssen. Es ist auch nicht unversucht geblieben, in alten ausgaben einige unächte geschichten zur ausfüllung der lücken im original unterzuschieben, welche von Tyrwhitt zurückgewiesen worden sind. Trotz seiner unvollständigkeit reicht jedoch das gedicht vollständig aus, um Chaucer den ersten platz unter den alten englischen dichtern und damit die unsterblichkeit zu sichern. Schon seine zeitgenossen und unmittelbaren nachfolger waren stolz auf dieses werk und betrachteten es als einen triumph England's nicht bloss über die französische vergangenheit, sondern auch über die literatur anderer völker in jener zeit. Zahlreiche abschriften verbreiteten Chaucer's ruhm, und als die druckerkunst in England eingeführt wurde, war es eine der ersten pflichten der presse Caxton's, jene geschichten Chaucer's zu drucken, welche eine neue aera der englischen literatur so glänzend begonnen hatten.

Chaucer's Bearbeiter. Dryden und Pope haben einige schöpfungen Chaucer's überarbeitet und sie, in anderer sprache und von manchen zu derben ausdrücken und schilderungen befreit, späteren zeiten geniessbarer gemacht, freilich aber auch die eigenthümlichkeiten des alten dichters sehr verwischt. In neuerer zeit hat R. H. Horne unter dem titel Chaucer Modernised mit mehr rücksicht auf das wesen der gedichte Chaucer's die schönsten derselben dem dankbaren vaterlande mitgetheilt, und C. C. Clarke im jahre 1835 in zwei bänden unter dem titel The Riches of Chaucer die schönsten stellen des alten barden mit veränderung der orthographie hervorgehoben.

Chaucer's Metrik. Chaucer's verse besitzen eine cäsur. In den handschriften ist jeder vers in der mitte durch einen strich in zwei theile gesondert. Die alten bis zum jahre 1532 erschienenen ausgaben haben diese bezeichnung der cäsur beibehalten; in späteren wurde sie nicht mehr bemerkt. Das metrum besteht meist aus fünffüssigen jamben, welche indessen oft durch eine überschlagende tonlose sylbe einen weiblichen schluss erhalten. Dabei sind die sylben mit tonlosem, im späteren Englisch gewöhnlich stummen end-e oft gezählt, vorzüglich wenn ein consonant auf sie folgt, wogegen sie meist mit einem folgenden vocale zusammenschmelzen. Diese eigenthümlichkeit des metrums Chaucer's ist ohne zweifel auf die aussprache des Englischen zu seiner zeit basirt, nicht aber auf willkür, wie englische commentatoren anzunehmen geneigt sind. R. Chambers in seiner Cyclopædia of English literature, Edinburgh, 1844 band I. s. 15, sagt: „The accentuation, by a license since abandoned, is different in many instances from that of common speech; the poet (Chaucer), wherever it suits his conveniency, or his pleasure, makes accented syllables short, and short syllables emphatic!" Solche annahme, in dem munde eines Engländers zumal, ist ehrenkränkend für den alten barden, welcher die grundsätze der metrik sehr gut gekannt, aber schwierigkeiten genug gehabt haben mag, die flüssige, in steter veränderung begriffene volkssprache damit in einklang zu bringen. Das alte angelsächsische element mochte sich sowohl durch umlautung, oder besser durch ablautung der stammvokale, als durch abschleifung der endungen immer mehr dem jetzigen Englisch nähern, andererseits aber noch im kampfe mit den vocalen und besonders mit dem accent der neu aufgenommenen französischen und fremden wörter befinden, so dass besonders in letzterer hinsicht Chaucer, welcher im verhältniss zu seinen nächsten vorgängern, ja seinen eigenen zeitgenossen, als übersetzer und bearbeiter französischer originale sehr viele französische wörter in seinen werken gebraucht, vielleicht neu einführt, gewiss viele mühe hatte, die noch nicht erstarrten, oft wenig homogenen wörter und sprachformen in die harmonie und den rhythmus eines verses zu bringen.

Chaucer's Accent französischer wörte Die aussprache der französischen wörter in Chaucer's zeit muss ihrer jetzigen, wo der germanische accent den französischen grösstentheils überwunden hat, wenig geglichen, sondern mit der romanischen, welche die neigung hat, ihre accente dem ende der wörter zu nähern, mehr übereingestimmt haben. So hat Chaucer natúre, coráges, pilgrimáges gesprochen, wie aus folgenden beiden versen (10. 11. des prologs zu den Canterbury Tales) hervorgeht:

So prik|eth hem | natú|rĕ in hir | corágĕs
Than long|en folk | to gon | on pil|grimágĕs.

Ebenso muss man licóur, vertúe und flóur accentuirt haben, wie vers 3 und 4 desselben prologs zeigen:

And ba|thed ev|ĕry vei|nĕ in swich|ĕ licóur,
Of whichĕ vertúĕ | engen|dred is | the flóur.

Auch die wörter pleasánt, amiáble, contreféten, manére, reverénce, consciénce wird man in folgenden versen (137-142 des prologs) mit französischem accent versehen finden:

> And si|kerly | she was | of gretĕ | disport,
> And ful | pleasánt | and a|miáblĕ | of port,
> And pei|ned hirĕ |to con|trefé|ten ché|rĕ
> Of court | and ben | esta|tĕlich of | manĕ|rĕ,
> And to ben hol|den dignĕ | of re|verén|cĕ.
> But for | to spe|ken of | hirĕ con|scién|cĕ.

In dieser weise lassen sich noch eine grosse anzahl französischer wörter nach ihrer damaligen, mit der romanischen übereinstimmenden aussprache aus Chaucer's gedichten feststellen, z. b. servíce, limitóur, solémpne, langáge, mariáge, contrée, confessión, absolutión, penánce, pitánce, acquaintánce, vitáille, scolére, Amasónes, mentióun, citée, magnificénce, uságe, lináge, honóur, senatóur, curát, villáge u. s. w.

Accent französischer Wörte. Dieselbe art, die französischen wörter zu accentuiren, findet sich auch bei Chaucer's englischen und schottischen Zeitgenossen Gower, Barbour, ferner bei den dichtern der nächstfolgenden zeit, schottischen sowohl als englischen, bei könig James I., Robert Henryson, William Dunbar, Gawin Douglas, David Lyndsay, John Lydgate, Andrew Wyntoun, Blind Harry, und ebenso auch in den alten gedichten Chevy Chase, The Battle of Otterbourne, The Not-Browne Mayd. Erst zu anfang des 16. jahrhunderts hat der germanische accent den romanischen mit geringen ausnahmen besiegt. Bei John Skelton, Thomas Wyatt und dem Earl of Surrey findet sich nur noch selten eine abweichung von dem gegenwärtigen accent der französischen wörter, obwohl selbst Spenser noch nicht vollständig frei davon ist, wie stanze VIII. der Fairy Queen Book VII. Canto 7 beweist.

> In a | fayrĕ plain | upon an e|quall hill,
> She pla|ced was | in a | pavi|lión;
> Not such | as crafts|men by | their i|dle skill
> Are wont | for prin|ces státĕs | to fa|shión:
> But th'Earth | herself, | of her | ownĕ mo|tión,
> Out of | her fruit|ful bo|som madĕ | to growĕ
> Most dain|ty trees; | that, shoot|ing up | anon,
> Did seem | to bow | their bloom|ing heads | full lowĕ,
> For ho|mage un|to her, | and likĕ | a thronĕ | to shew.

Die wörter pavilión, fashión, motión müssen einen um so

stärkeren accent auf der endsylbe haben, da diese die reimsylbe zu dem auf der zweiten sylbe scharf betonten anon ist.

Accent angelsächsischer wörter. Was die wörter angelsächsischer abkunft anlangt, so hat namentlich das particip auf ing bei Chaucer gewöhnlich diese sylbe accentuirt. Diese selbe erscheinung findet sich bei seinen zeitgenossen und nachfolgern während des 15. jahrhunderts, ja spuren dieser eigenthümlichen accentuation begegnet man sogar noch bei Spenser gegen ende des 16. jahrhunderts, z. b. in seiner Fairy Queen Book VII. Canto 7.

> Seekíng | for right, which I of thee entreat.
> Dammníng | all wrong and tortious injury.
> Ridíng | together both with equal pace.

Ferner sind die wenn auch abgeschwächten vocal-überreste der sächsischen beugungssylben, welche in neuerer zeit ganz weggefallen, oder als stumme zeugen der vergangenheit gewöhnlich nur die dehnung des vokals in der vorhergehenden sylbe bezeichnen, bei Chaucer noch hörbar und meist nur dann metrisch stumm, wenn sie unmittelbar vor dem anfangsvokal des folgenden wortes stehen, während sie bloss ausnahmsweise elidirt werden, sobald sie ihren platz zwischen consonanten einnehmen. Als beispiel der behandlung dieser angelsächsischen endsylben, welche auch auf die schwachen, späterhin stummen oder wegfallenden endsylben der französischen wörter übertragen wird, möge der anfang des prologs zu den Canterbury Tales dienen:

> Whanné | that A|pril wíth | his shóu|res só|te
> The dróugh|tĕ of Márch | hath pér|ced tó | the ró|te,
> And ba|thed év|ĕry véi|nĕ in swíche | licóur
> Of whích|ĕ vertú|ĕ engéndred ís | the flóur.
> Whan Zé|phirús | ekĕ with | his só|te bré|the
> Enspí|red háth | in év|ĕry hólt | and hé|the
> The tén|dre cróp|pes, ánd | the yón|ge són|ne
> Hath ín | the Rám | his hál|fe cóurs | yró|nne, u. s. w.

Die gleiche rhythmische geltung dieser alten angelsächsischen endsylben finden wir bei Chaucer's

zeitgenossen und unmittelbaren nachfolgern auf dem felde
der englischen oder schottischen poesie bis zu Spenser
herab, bei welchem jene alten beugungssylben und
ausgänge der wörter zwar spärlich vorkommen, aber doch
noch vorhanden sind, wie folgende verse aus der Fairy
Queen, Book VII. Canto 7 zeigen:

> That wéll | mag sée|men trúe: | for wéll | I wée|ně
> Then lét me ásk | you thís | withóu|ten blá|mě.

Occleve. Lydgate. Nach Gower und Chaucer ist das feld der
englischen literatur länger als ein jahrhundert unfruchtbar.
Warton in seiner geschichte der englischen poesie und
Ritson in seiner Bibliographia Poetica haben sich zwar
bemüht, diese weite lücke durch die namen einer grossen
anzahl vergessener dichterlinge auszufüllen, so dass
letzterer zwischen Chaucer und Lord Surrey an 70 englische
dichter zählt. Von allen verdienen aber nur zwei einer
besonderen erwähnung, Occleve und Lydgate. Thomas
Occleve wird von Warton um das jahr 1420 gesetzt. Von ihm
sind eine anzahl kleinerer gedichte auf uns gekommen, von
denen im jahre 1796 von Dr. Askew sechs ausgewählt und
veröffentlicht wurden, und ein längeres gedicht De Regimine
Principum, welches nach einem lateinischen original
desselben titels gearbeitet, aber nie gedruckt worden ist.
Occleve ist ein träger und ungeschickter nachahmer
Chaucer's, den er auch als sein vorbild verehrt und
wahrscheinlich persönlich gekannt hat. Viel bedeutender ist
John *Lydgate*, der mönch von Bury, dessen blüthe nach
Warton um das jahr 1430 fällt. Lydgate war, sagt der
geschichtsschreiber der englischen poesie, nicht allein der
dichter des klosters, sondern aller welt: „If a disguising was
intended by the company of goldsmiths, a mask before his
Majesty at Eltham, a maygame for the sheriffs and aldermen
of London, a mumming before the Lord Mayor, a procession
of pageants from the creation for the festival of Corpus
Christi, or a carol for the coronation, Lydgate was
consulted, and gave the poetry." Von Lydgate's dichterischer
fruchtbarkeit giebt sein literarischer nachlass[187] den besten
beweis. Ritson zählt ungefähr 250 gedichte auf, welche
diesem autor zugeschrieben werden. Sein hauptwerk besteht
aus neun büchern „tragödien" über den fall von fürsten

und ist eine übersetzung eines lateinischen werkes des Boccaccio. Gedruckt wurden die tragödien zu London zur zeit Heinrich's VIII. Ausserdem verdienen unter Lydgate's gedichten noch bemerkt zu werden The History of Thebes und The destruction of Troy, beide mit antikem stoff, welcher allmälig in gebrauch kommt. Was von den persönlichen verhältnissen des dichters bekannt ist, beschränkt sich darauf, dass er Frankreich und Italien bereist und sich mit der dichtkunst dieser länder vertraut gemacht hatte. Dass er aus der fabrikation von gedichten und gelegentlich auch von handschriften ein gewerbe machte, geht aus manchen nachrichten hervor; auch errichtete er in seinem kloster eine schule für den unterricht junger personen aus höheren ständen in der metrik und verskunst.

Hawes. Barklay. Auf Lydgate's schultern steht Stephan *Hawes*, welcher sein grösseres gedicht „Pastime of Pleasure, or the Historie of Graunde Amour and la bel Pucel" im jahre 1506 vollendete (gedruckt 1517 von Wynkyn de Worde). Man würde nach diesem titel in dem buche kaum eine gelehrte moralische allegorie erwarten, in denen die sieben Wissenschaften des triviums und quadriviums und daneben noch ein ganzes heer personificirter tugenden und guter eigenschaften auftreten. Der dichterische werth des langen werkes ist bei aller gelehrsamkeit und philosophie sehr gering zu schätzen, indessen sind die Verdienste Hawes' um die volkssprache nicht zu verkennen. Hawes scheint in Oxford erzogen worden zu sein und viele reisen auf dem festlande gemacht zu haben; er bekleidete unter Heinrich VII. ein hofamt. Alexander *Barklay*, welcher ebenfalls in dieser zeit lebte, aber in hohem alter erst 1552 starb, ist zwar kein selbstständiger dichter, sondern nur ein übersetzer, als solcher aber durch seine bearbeitung des narrenschiffs von Sebastian Brandt bekannt, welche im jahre 1508 gedruckt wurde. Barklay benützte zu seiner arbeit eine französische und lateinische übersetzung des originals und bereicherte dasselbe mit einer beträchtlichen anzahl narrheiten, welche er unter seinen eigenen landsleuten fand. Dieses giebt dem werke einen besonderen werth als ein denkmal der damaligen englischen sitten.

Skelton. Alle diese nachfolger Chaucer's haben ersichtlich mit der sprache, in welche sie ihre gedanken und bilder kleiden wollen, zu kämpfen. Während sich bei Chaucer die worte mit den gedanken zugleich darboten und im leichten flusse auf einander folgen, ist es das hauptstreben seiner nachahmer und nächsten nachfolger, die worte zu bewältigen und sie zur aufnahme der gedanken geschickt zu machen. Die versification steht über der poesie. Der erste wirkliche dichter, dem wir nach Chaucer begegnen, ist John *Skelton*, geboren um 1460. Er studirte zu Cambridge, begann zwischen 1480 und 1490 gedichte zu schreiben und zu veröffentlichen, während welcher zeit er in Oxford zum dichter gekrönt (poet laureate) wurde, welche ehre ihm im jahre 1493 auch in Cambridge zu theil wurde. Im jahre 1498 empfing er die priesterweihe, wurde wahrscheinlich um dieselbe zeit zum erzieher des jungen prinzen, nachmaligen Heinrich's VIII., ernannt, später zum pfarrer (rector) von Dysse in Norfolk befördert und starb 1529 im Sanctuarium der Westmünster-abtei, wohin er vor der rache des cardinals Wolsey, seines früheren beschützers, geflohen war, nachdem er ihn mit spottgedichten verletzt hatte. Als gelehrter besass Skelton einen europäischen ruf, und der grosse Erasmus pflegte ihn „Britannicarum literarum decus et lumen" zu nennen. Seine lateinischen verse zeichnen sich durch ihren geist und ihre classische reinheit aus. Seine englischen gedichte besitzen grosse leichtigkeit, ja ungebundenheit der verse, lebendigkeit und frische der sprache und eine unerschöpfliche phantasie. Seine satyrischen gedichte erhielten durch diese eigenschaften einen besonderen reiz, aber auch eine besondere schärfe, welche den hass und die verfolgung des cardinals Wolsey wohl erklärlich finden lässt. Skelton's satyre auf denselben, oder das „little book," wie er sie bezeichnet, hat den titel „Why come ye not to court?" und enthält 1300 verse. Ein anderes satyrisches gedicht Skelton's, sein Bouge of Court (Bouche à Court) ist in strophen von sieben zehnsylbigen jambischen versen geschrieben. Auch im drama versuchte sich Skelton und lieferte „a goodly interlude and a merry" unter dem titel Magnificence; dasselbe ist gereimt und von beträchtlichem umfange. Nach dem geschmack der zeit ist es allegorisch-moralisch, und unter den personen treten felicity, liberty, measure, counterfeit, countenance, crafty conveyance, cloaked collusion, courtly abusion auf. Aber auch im einfachen und sentimentalen war Skelton ausgezeichnet. Vielleicht ist sein „Book of Philip Sparrow," eine lange komische elegie auf den von einer katze in dem nonnenkloster zu Carow bei Norwich erwürgten sperling der schönen Jane Scroop das beste gedicht Skelton's. Vorzüglich anmuthig ist der zweite theil desselben, The Commendation of the „goodly maid," in seiner einfachen und reizenden natürlichkeit zu lesen. Der refrain:

> For this most goodly flower,
> This blossom of fresh colour,
> So Jupiter me succour,
> She flourisheth new and new
> In beauty and virtue;
> Hac claritate gemina,
> O Gloriosa femina, etc.

kehrt so plötzlich und unerwartet und doch so natürlich wieder, dass es den eindruck macht, als sollten die wechselnden verschlingungen eines lebendigen tanzes durch eine einfache figur aufgelöst werden.[188]

Mysteries Die früheste erwähnung scenischer vorstellungen in England findet sich bei Matthew Paris, welcher erzählt, dass Geoffrey, nachmaliger abt von St. Albans, als schulmeister zu Dunstable die legende der heiligen Katharina pantomimisch und mit erklärung in französischer sprache von seinen schülern darstellen liess. Dieses muss vor 1120 geschehen sein. Man nannte solche vorstellungen, wo die mimen auch bald die erklärer ihrer darstellung wurden und damit den monolog und später den dialog verbanden, von ihrem stoffe miracle-plays oder mysteries. Nach und nach erhielten dieselben eine solche ausdehnung, dass sie nicht stunden, sondern tage und selbst wochen dauerten, wie z. B. die aufführung der weltschöpfung zu Skinnerwells im jahre 1409. Obgleich die mysterien anfänglich unter der besonderen leitung der geistlichkeit standen, in den kirchen und klöstern aufgeführt wurden und auf die weckung des religiösen und kirchlichen sinnes unter dem volke berechnet waren, so arteten sie doch bald aus und scheinen als öffentliche spectakelstücke mehr zur belustigung, als zur erbauung des volkes gedient zu haben.

The Harrowing of Hell. Schon unter der regierung Heinrich's II. 1154-1189 wurden in London märtyrergeschichten der heiligen aufgeführt. Von dem jahre 1268 bis 1577, wo sie aus der mode kamen, wurden mysteries alljährlich zu Chester, dann auch in anderen grösseren Städten[189] aufgeführt, anfänglich unter der leitung von geistlichen, welche auch ihre verfasser waren, später von zünften und gilden, theils auf öffentlichen plätzen, theils auf bühnen, ja auf räderkarren. Bis in das 14. jahrhundert bediente man sich der lateinischen, später unter der regierung Eduard's III. 1327-1377 bereits der volkssprache. Das älteste stück dieser sogenannten mysterien in englischer sprache von einem pergament Ms. der Harley'schen sammlung im brittischen museum ist The Harrowing of Hell.[190] Das drama stammt wenigstens aus der regierung Eduard's II., wenn es nicht vielleicht noch älter ist, und besteht aus prolog und epilog und den dazwischen liegenden gesprächen von neun personen Dominus, Sathan, Adam, Eva u. s. w.

Moralities. Da die mysteries, welche mehr und mehr nur dem vergnügen des volkes dienten, sogar in obscönitäten verfielen und trotz ihres kirchlichen Stoffes zu blossen carricaturen herabsanken, so trat endlich die geistlichkeit dagegen auf und verbot sie. Unterdessen war es aber sitte geworden, in diesen spielen menschliche und geschichtliche charaktere mit abstracten personificationen von tugenden, lastern u. s. w. zu vermischen, woraus dann die sogenannten moral plays oder moralities entstanden, welche sich besonders bei hofe und den grossen des landes in gunst setzten und den dichtern gelegenheit gaben, ihren scharfsinn und witz in erfindung und anordnung der neuen stoffe, und ihre phantasie und verskunst bei der ausführung derselben zu zeigen. Bei krönungen, hoffesten, feierlichkeiten der grossen erschienen masken, meist historische personen, Cäsar, Carl der grosse, Alexander u. s. w.; allegorische personificationen, tugenden, laster, die gerechtigkeit, die wahrheit, der frieden u. s. w. hielten anreden und unterhielten sich auch unter einander, wodurch eine verschmelzung religiöser, moralischer und weltlicher charaktere erfolgte und die einführung des eigentlichen dramas vorbereitet wurde. In den moralities trat gewöhnlich ein witziger, schadenfroher und lüderlicher charakter unter dem namen „Vice" auf. Ursprünglich scheint derselbe eine allegorische durchführung der idee des lasters gewesen zu sein, allein allmälig erhielt dieser charakter menschliche individualität und bildete die grundlage zu dem späteren englischen punch. Der teufel, ein charakter, der in den alten stücken selten fehlte, wurde meist in gesellschaft des lasters eingeführt und musste manchen schlag von ihm erdulden.

Interludes. Obwohl solche scenische vorstellungen noch immer von zünften, zuweilen auch von schülern und studenten gegeben wurden, so finden sich doch andeutungen, dass die kunst scenischer aufführungen gegen das ende des 15. jahrhunderts professionirt zu werden anfing. So besass der berüchtigte Richard III. noch als herzog von Gloucester eine spielertruppe. Heinrich VII. von 1485 bis 1509 hielt deren zwei und interessirte sich besonders für alle arten von schaustellungen. In seine zeit fällt auch der moralities grösste ausbildung, welche man gewöhnlich so einrichtete, dass zur aufführung nur fünf personen nöthig waren, da nie mehrere auf einmal auftraten und zwei, auch drei rollen von einem darsteller gegeben werden konnten, wenn es nöthig war. Allein der prunkliebende Heinrich VIII. von 1509 bis 1546 fand diese kleine zahl nicht ausreichend, sondern stellte 1514 acht Players of Interludes an, wie damals die dramatischen darstellungen hiessen, welche achtzehn minstrels, musikanten und sänger—meist Deutsche und Italiener— verherrlichten. Die hoffeste, welche den allgemeinen namen Revels führten, wurden von einem hohenpriester der ausgelassenheit, Abbot of misrule genannt, geleitet und beaufsichtigt. Da die interludes meist gelegenheitsgedichte waren, so ist der grösste theil derselben verloren gegangen.

II. Schottische Dichter.

Schottische Dichter. Während in England unter der regierung Eduard's III. der volkscharakter in religiöser, politischer und literarischer beziehung eine andere, nicht mehr normännisch-französische, sondern nationale, d. h. englische richtung nahm, hatten auch die Schotten eine heldenzeit, ihre Wallace und Bruce zu ende des 13. und anfang des 14. jahrhunderts gehabt, welche für die unabhängigkeit ihres vaterlandes gegen Eduard I., Eduard II. und Eduard III. stritten. Von natur romantischer und poetischer als die Engländer, verarbeiteten die Schotten im 14. jahrhundert den grossartigen nationalen stoff, welchen ihnen diese unabhängigkeitskämpfe gegeben hatten, in ihrer mit dem nordenglischen idiom verwandten sprache, welche, weniger mit dem Französischen vermischt, ihre abkunft von den nördlicheren germanischen stämmen, welche von dem 5. bis zum 11. jahrhundert den norden England's und die sogenannten Niederlande (lowlands) von Schottland zum schauplatz ihrer niederlassungen und kriegerischen einfälle machten, nicht verleugnete.

Evrard Zwar hatte die normännisch-französische literatur im 12. und 13. jahrhundert ihren weg auch nach Schottland gefunden, das Französische war, wie in England auch in jenem lande die sprache des hofes geworden, und in Schottland wie in England fanden die normännischen trouvères ihre nachahmer. *Evrard*, ein mönch zu Kirkham in Yorkshire, im jahre 1150 von könig David I. zum ersten abt der neugegründeten abtei von Holme-Cultraine in Cumberland ernannt, schrieb eine metrische übersetzung der sogenannten distichen des Cato in französischer sprache mit abwechselnden männlichen und weiblichen reimen. Malcolm, der erbe der schottischen krone, floh nach der ermordung Duncan's durch Macbeth im jahre 1039 nach England und verweilte daselbst siebzehn jahre, hauptsächlich am hofe Eduard's des bekenners von 1041-1065, welcher, in der Normandie erzogen, das Französische mit vorliebe sprach. Die schottische münze vom jahre 1165 trägt eine französische inschrift, und könig Alexander III. sprach den krönungseid Latine et Gallice, d. h. er las die alte lateinische formel und dann eine übersetzung in französischer sprache. Schottischer Dialekt Späterhin, als sich England in seiner staats- und kirchenpolitik von Frankreich ablöste und seinen eigenen weg ging, der es für das jenseits des kanals verlorene gebiet auf die eroberung des nordens als eine natürliche entschädigung hinwies, schloss sich Schottland zum schutze seiner unabhängigkeit kirchlich und politisch sogar noch mehr an Frankreich an. Dessenungeachtet drang das Französische nicht in dem masse in die schottische volkssprache ein, als in England, welches unter normännisch-französischer herrschaft drei jahrhunderte hindurch in fortwährender persönlicher Verbindung und wechselwirkung mit Frankreich stand. Der schottische dialekt unterschied sich durch beibehaltung einer grossen anzahl wörter germanischen ursprungs, welche bei Chaucer schon durch französische ersetzt sind, durch eine breitere aussprache der vokale und eine härtere der consonanten, unter welchen der gutturallaut ch, welcher im Englischen verschwindet, zu erkennen ist. So findet sich bei Barbour nocht für nought oder not, wrechyt für wretched, mycht für might, ficht für fight, lichtly für lightly, faucht für fought, raucht für raught, reached u. s. w. Eine andere eigenthümlichkeit Barbour's ist die alte participialform and für ing: fechtand für fighting, takand für taking, givand für giving, fleeand für fleeing. Indessen kommen beinahe eben so viele participia auf ing vor: fechting, thristing, girning, graning u. s. w., welche form bei Chaucer die vorherrschende ist, obwohl auch die participialendung and bei ihm noch nicht ganz verschwunden ist. Für die alte imperfect- und participialendung de und ed steht regelmässig der härtere laut it oder yt: hangyt für hanged, yarnyt für yearned, levyt für lived, cowplyt für coupled, assayit für assayed, lovyt für loved, callit für called, lispit für lisped u. s. w. Die 3. person des praesens hat das alte dh oder th gewöhnlich in ein is oder ys verwandelt: giffis für gives, levys für lives, steris für steers (jedoch auch noch failythe für fails). Ebenso findet sich is oder ys für die alte pluralendung as (es): armys für armes, sterapys für stirrups. Für den vokal o ist oft a gesetzt: wald für would, na für no, ga für go, strak für stroke, clave für clove (cleft), warld für world, mar für more, knaw für know, shaw für show. Von der späteren eigenthümlichkeit des schottischen accentes, das einem vokale folgende l am ende der sylben abzuwerfen, oder mit dem vokale zu verschmelzen (a' für all, fa' für fall, fu' oder fou' für full, pow, how für pole, hole) findet sich bei Barbour noch keine spur, wohl aber finden sich bereits elisionen von r und k: ma' für more, ourta' für overtake; dagegen braucht Barbour schon die formen: thai, thaim und thar für they, them und their, wo Chaucer noch die alte form hey oder hi, hem und hir oder her hat. Es möge hierbei bemerkt werden, dass die alten schottischen dichter Barbour, Dunbar und sogar noch Lyndsay ihre sprache die englische nennen und mit recht, da die Schotten (nicht die gälischen, oder celtischen Bergschotten) von den alten Angeln abstammen. Erst später wurde von den Engländern die in Schottland gesprochene volkssprache bis auf den heutigen tag als schottischer dialekt (broad Scotch) bezeichnet, während die Schotten, besonders im 16. jahrhundert, aus politischer abneigung ebenfalls anfingen, ihr heimisches idiom im gegensatze zum Englischen schottische sprache zu nennen.

BarbouÐer erste einer reihe von schottischen dichtern war John *Barbour*, archidiaconus von Aberdeen um das jahr 1357, so dass sein geburtsjahr bald nach 1320 gesetzt werden kann. Als archidiaconus von Aberdeen ist Barbour in einem schutzbriefe genannt, den ihm Eduard III. auf wunsch David de Bruce's (des königs David II. von Schottland) ausstellte, und worin er ihm und drei anderen gelehrten gestattete, nach England zu kommen, um auf der universität von Oxford zu studiren. Ausser diesem geleitscheine sind noch drei andere aus den jahren 1364, 1365 und 1368 vorhanden, welche dem dichter theils zu demselben zwecke, um in Oxford zu studiren, theils dazu bewilligt wurden, um durch England nach Frankreich, vornehmlich nach St. Denis in literarischen absichten zu reisen. Im jahre 1357 war Barbour einer der beiden delegaten des bischofs von Aberdeen, um in Edinburgh über die auslösung des königs aus der englischen gefangenschaft zu berathen. In seinen späteren lebenstagen scheint Barbour die königliche gunst in besonderem grade genossen zu haben, indem er sich im genusse von zwei pensionen, die aus den königlichen zöllen und steuern von Aberdeen gezahlt werden mussten, befand. Eine notiz in den acten der stadt Aberdeen aus dem jahre 1471 bemerkt, dass die zweite pension ihm ausdrücklich wegen anfertigung eines werkes über „die thaten könig Robert's I." bewilligt worden sei. An einer stelle des „Bruce" sagt Barbour, dass er damals im jahre 1375 mit der ausarbeitung desselben beschäftigt war.

Sein tod fand wahrscheinlich im jahre 1395 statt. Von Barbour's grosser reimchronik war lange zeit nur ein einziges manuscript aus dem jahre 1489 bekannt, welches zu Edinburgh in der Advocates Library aufbewahrt wird. Es ist jedoch eine zweite handschrift in der bibliothek von St. John's College zu Cambridge entdeckt worden. Der älteste druck von Barbour's gedicht mag gegen ende des 16. jahrhunderts vorgenommen worden sein, obwohl sich kein exemplar mit einem titelblatte von dieser alten ausgabe erhalten hat. Seit dem jahre 1616 ist das buch indessen erweislich verschiedene male aufgelegt worden.[191]

Barbour's Bruce „The Bruce," in vierfüssigen Jamben geschrieben, ist ein sehr langes gedicht, welches Pinkerton in zwanzig, Jamieson in vierzehn bücher getheilt hat. Es schildert die geschichte von Schottland, vorzüglich aber die schicksale des grossen Bruce von dem tode Alexander's III. im jahre 1286 oder vielmehr von des ersteren bewerbung um die krone nach dem tode Margareth's 1290, als Eduard I. seine ansprüche als oberherr über Schottland erhob, bis zum tode von Bruce (Robert I.) im jahre 1329. Ausser Bruce ist dessen beständiger gefährte und mitkämpfer, James Douglas, welcher des freundes herz in das heilige land trug, der held des werkes. Sein verfasser nennt es ein „romaunt," verheisst aber nichts als wahre begebenheiten zu schildern, indem er am schluss seines vorwortes gottes beistand anruft, dass er nichts sagen möge als die wahrheit. In der that ist auch Barbour's werk immer als eine authentische und historische schilderung von Andrew von Wyntoun bis zu den neuesten geschichtsschreibern, welche Barbour's schrift als quelle benutzten, anerkannt worden; denn diejenigen verschönerungen und zusätze, welche die romantik beanspruchte, sind leicht von den geschichtlichen grundlagen zu unterscheiden.

Barbour's charakter, so weit er sich aus seinem werke erkennen lässt, war edel und aufrichtig, sein verstand erleuchtet, sein herz gross und sein gefühl warm. Auch als geschichtsschreiber zeichnet er sich vortheilhaft aus, indem ihn seine vaterlandsliebe, selbst da, wo er den furchtbaren druck Eduard's I. schildert, nicht verleitet, in ausbrüche der wuth zu verfallen; ebenso wird die tapferkeit und ausdauer der schottischen helden von ihm zwar mit bewunderung und wärme, aber nicht durch übertreibungen gefeiert. Mässigung und selbstbeherrschung sind die haupttugenden Barbour's als dichter und als geschichtschreiber. In folgenden worten verherrlicht der dichter der schottischen unabhängigkeitskriege die selbstständigkeit und freiheit:

> A! fredome is a nobill thing!
>   1) makes. 2) have. Fredome mayse[1] man to haiff[2]
> liking!
> Fredome all solace to man giffis:
> He levys at ese that frely levys!
> A noble hart may haiff nane ese,
> Na ellys nocht that may him plese,
>   3) fails. 4) over. 5) eigenschaft, knechtschaft. 6) thraldom.
> 7) perquire, genau. Gyff fredome failythe[3]: for fre liking
> Is yearnyt our[4] all othir thing.
> Na he, that ay hase levyt fre,
> May nocht knaw weill the propyrte,[5]
> The angyr, na the wrechyt dome,
> That is cowplyt to foule thyrldome.[6]
> Bot gyff he had assayit it,
> Than all perquer[7] he suld it wyt;
> And suld think fredome mare to pryse
> Than all the gold in warld that is.[192]

Ausser dem „Bruce" wird noch ein anderes werk Barbour's, eine metrische chronik „The Broite" (Brute), welche die geschichte der schottischen könige von dem fabelhaften Brutus ab enthielt, von dem geschichtsschreiber Andrew of Wyntoun mehrere male erwähnt. Es ist jedoch bis jetzt noch keine handschrift dieses zweiten werkes Barbour's entdeckt worden. Dass die sprache Barbour's durch spätere copisten keine wesentlichen umänderungen erfahren haben könne, ist daraus ersichtlich, dass Wyntoun, welcher nur kurze zeit nach Barbour lebte und schrieb, und dessen werk in einer handschrift aus dem jahre 1430 erhalten ist, längere stellen aus Barbour's gedicht in derselben fassung, kaum mit irgend einer abweichung von der von Jamieson benützten handschrift, mittheilt. Leider! haben die englischen herausgeber sich nicht enthalten können, wenigstens orthographische änderungen in den einzelnen Wörtern vorzunehmen.

Andrew of Wyntoun Der früheste nachahmer Barbour's war *Andrew of Wyntoun*, oder wie er sich selbst schreibt, Androwe of Wyntoune, ein domherr von St. Andrews und prior des klosters von St. Serf's Inch in Lochleven, welches von St. Andrews abhängig war. Er soll um das jahr 1350 geboren worden sein und seine „Orygynale Cronykill of Scotland" in den ersten zwanzig jahren des 15. jahrhunderts vollendet haben. Wyntoun schrieb in dem metrum, aber nicht mit demselben durch ernste Studien gereiften geiste und durch vielfache reisen geläuterten geschmacke seines vorbildes. Indessen hat Wyntoun seine verdienste als chronist, indem er wie Barbour diejenigen theile der schottischen geschichte, deren zeit er zunächst stand, mit gewissenhafter treue und benutzung der besten quellen schildert. Das werk beginnt, wie gewöhnlich bei den gereimten chroniken der damaligen zeit, mit erschaffung der welt und führt in neun büchern bis zum jahre 1408, indem es sich zuletzt ausschliesslich mit schottischer geschichte beschäftigt. Es ist bemerkenswerth, dass ein beträchtlicher theil von Wyntoun's chronik nicht seine eigene arbeit, sondern die eines anderen gleichzeitigen schriftstellers ist; diese einlage geht vom 19. c. des achten bis zum 10. c. des neunten buches und umfasst die zeit von 1324 bis 1390, was Wyntoun zu anfang und zu ende des fremden Stückes, dessen vorzüge vor seiner eigenen arbeit er rühmt, auf das genaueste und gewissenhafteste angiebt. Das ganze werk ist wichtig als eine schilderung der damaligen sitten und denkart und als eine sammlung historischer anekdoten, wie sie in den klöstern sich weiter erzählten.[193]

Hutcheon. Clerk of Tranent Ausser den beiden genannten blühten noch andere romanzendichter und reimende chronisten in Schottland bis gegen mitte des 15. jahrhunderts. Einer derselben, namens *Hutcheon*, mit der näheren bezeichnung „of the Awle Ryall" (of the Hall Royal) schrieb einen versificirten roman unter dem titel „Geste of Arthur." Ein anderer, *Clerk of Tranent*, war der verfasser eines romans The Adventures of Sir Gawain, von welchem zwei gesänge erhalten sind. Sie sind in 13sylbigen versen mit abwechselnden reimen und häufigen spuren der alliteration in einer schwer verständlichen sprache geschrieben.

Blind Harry. Der bedeutendste dieser schottischen romanschriftsteller ist unstreitig der blinde sänger Henry (*Blind Harry*), von welchem das berühmte gedicht von dem leben und den thaten Wallace's herrührt. Der lateinische chronist John Major, welcher um 1469 geboren sein soll, gedenkt dieses einst überaus beliebten gedichtes in folgender weise: „das ganze werk von William Wallace hat Henry, ein blindgeborner, in der zeit meiner kindheit (meae infantiae) in volksthümliche verse gesetzt, in welchen er geschickt war. Er ging umher und recitirte seine verse vor den grossen (coram principibus) und erwarb sich dadurch nahrung und kleidung, deren er würdig war (victum et vestitum, quo dignus erat)." In dem gedichte selbst kommt keine anspielung auf die blindheit des autors vor, worauf man auch aus den oft vorkommenden schilderungen einzelner scenen nicht schliessen sollte. Im übrigen muss der blinde Heinrich mit den romantischen sagenkreisen seiner zeit gut bekannt gewesen sein, denn er macht an verschiedenen stellen anspielungen auf den gewöhnlichen romanzenstoff, welcher die Schicksale Hector's, Alexander's des grossen, Julius Caesar's und Carl's des grossen behandelt. Merkwürdig ist es, dass der dichter gegen ende seines werkes ausdrücklich erklärt, es sei durchaus eine übertragung aus dem Latein. Als verfasser der lateinischen quelle oder quellen werden Maistre John Blair und Sir Thomas Gray, pfarrer von Libertown, von ihm selbst genannt, von denen der erstere als ein „worthy clerk, baith wise and right savage" und als „lewit (loved, geliebt) before in Paris town amang maistres in science and renown" geschildert wird. Blair sei mit Wallace in die schule gegangen (Wallace and he at hame in schul had been) und habe nebst Sir Thomas Gray die thaten Wallace's am besten gekannt; auch habe der bischof Sinclair, damals Lord of Dunkeld, welcher das buch Blair's in die hand bekommen, es als sehr treu und richtig anerkannt, (himself had seen great part of Wallace deed), weshalb er es auch habe nach Rom an den papst schicken wollen, damit dieser sein urtheil darüber abgebe. Der blinde Heinrich selbst war übrigens ein patriotischer Schotte, welcher im eingange seines gedichtes von den südlichen stammesgenossen in England sagt:

> Our auld enemies comen of Saxons blud,
> That never yet to Scotland wald do gud:
> It is weil knawn on mony divers side
> How they have wrought into their mighty pride
> To hald Scotland at under evermair:
> But God above has made their might to pair.

„The Wallace," welches ein langes gedicht in zehnsylbigen jambischen versen ist, war seiner zeit noch beliebter in Schottland, als „the Bruce," was sich theils aus der grösseren volksthümlichkeit seines helden Wallace, theils aus der grösseren lebendigkeit und begeisterung des autors erklären lässt. Harry's buch mag vielleicht schon 1520 zu Edinburgh gedruckt worden sein; der gegenwärtig als ältester bekannte druck ist in 4. und rührt aus dem jahre 1570 her. Im 17. und 18. jahrhundert wurde „Wallace" mehrmals von neuem aufgelegt und dabei vielfach modernisirt und verändert.[194] Eine paraphrase des werkes in das heutige Schottisch von William Hamilton of Gilbertfield ist lange zeit ein lieblingsbuch der schottischen bauern und dasjenige buch gewesen, welches den schlummernden dichtergeist von Robert Burns weckte. Folgende verse des blinden Harry werden von Chamber's Encyclopaedia in der ursprünglichen orthographie der handschrift mitgetheilt:

> So on a tym he desyrit to play
> In Aperill the three and twenty day,
> Till Erewyn wattir fysche to tak he went,
> Sic fantasye fell in his entent.
>   1) ging   2) ere noon   3) bitter, schwer. To leide his net a child furth with him yeid;[1)]
> But he, or nowne,[2)] was in a fellowne[3)] dreid.
> His swerd he left, so did he neuir agayne;
> It dide him gud, supposs he sufferyt payne.[195]

Jacob Schottland hatte im anfange des 15. jahrhunderts sogar einen königlichen dichter, *Jacob I*, Verfasser des „King's Quhair"[196] (king's quire, king's book), eines allegorischen gedichtes in zehnsylbigen jambischen versen und siebenzeiligen strophen, dessen gegenstand die liebe des in englischer gefangenschaft schmachtenden königs zur Lady Joanna (Jane) Beaufort ist, seiner späteren gattin, welche er von dem fenster seines in dem runden thurme des schlosses zu Windsor befindlichen gefängnisses in dem darunter liegenden garten zum ersten male gesehen haben soll. Das gedicht ist aller wahrscheinlichkeit nach während des königs aufenthalt in England vor seiner heirath, welche im jahre 1424, einige monate vor seiner rückkehr nach Schottland stattfand, geschrieben worden. Dass Jacob I, welcher seit seinem 11. jahre neunzehn jahre in England gelebt hatte, trotz seiner schottischen aussprache einiger worte dem wesen nach vielmehr ein englischer, als ein schottischer dichter genannt zu werden verdient, dürfte besonders daraus hervorgehen, dass er Chaucer und Gower seine Vorbilder und meister nennt:

     —maisters dear
Gower and Chaucer, that on the steppes sate
Of rhetorick while thay were livand here,
Superlative as poets laureate,
Of morality and eloquence ornate.

Jacob I. ist in der that einer der frühesten und glücklichsten nachahmer Chaucer's. Während seiner regierung Schottland's bis zum jahre 1437, wo er ermordet wurde, soll Jacob in mehreren humoristischen gedichten ländliche scenen beschrieben haben; jedoch können diese gedichte nicht mit sicherheit auf ihn zurückgeführt werden: „Peebles to the Play" und „Christ's kirk o' the Green," welche man diesem dichter zuschreibt, mögen vielmehr von seinem eben so begabten und ebenso unglücklichen nachkommen Jacob V. (1513 zu Flodden erschlagen) herrühren. Zwei andere berühmte komische balladen „The Gaberlunzie Man" und „The Jolly Beggar," werden von einigen neueren, aber gewiss ohne allen grund, ebenfalls einem der beiden genannten könige angeschrieben.

R. Henryson Das traurige schicksal des königs Jacob, welches ihm eine englische erziehung und eine vorliebe für die englischen dichter Chaucer und Gower verlieh, war wahrscheinlich ursache zur verpflanzung dieser dichter und nachahmung derselben in Schottland. Einer der frühesten bekannten nachahmer Chaucer's in diesem lande war Robert *Henryson*, oder Henderson, von dessen persönlichkeit nicht mehr bekannt ist, als dass er schulmeister zu Dumferling war und einige zeit vor 1508 in hohem alter starb, weshalb man annimmt, dass er um die zeit, als Jacob I. nach Schottland zurückkehrte, geboren sei. Henderson hinterliess eine schöne idylle Robin and Makyne.[197] Henderson's hauptwerk ist indessen eine fortsetzung von Chaucer's Troilus und Cresseide, welche auch gewöhnlich mit diesem gedichte unter dem titel „The Testament of Fair Cresseide" zusammen gedruckt wird. Henderson ist auch der verfasser einer versificirten übersetzung von Aesop's fabeln, von welcher ein Ms. (3865) in der Harleyschen sammlung vorhanden ist.[198] Auch wird „Orpheus und Eurydice" in der sammlung alter gedichte, welche unter dem titel „The knightly Tale of Golagrus and Gawayne," etc. im jahre 1827 von Laing herausgegeben wurde, Henderson zugeschrieben.

Dunbar. Grösser als seine vorgänger ist der dichter *Dunbar*, welchen man mit recht den schottischen Horaz nennen kann. Nachdem er seine bildung auf der universität St. Andrews bis zum jahre 1479 erhalten hatte, trat Dunbar in den franciskaner-orden (Grey Friars). Als mönch reiste er mehrere jahre lang in Schottland, England und Frankreich umher, predigte und lebte nach der ordensregel von den almosen der frommen, welche lebensart er selbst als eine widerwärtige und als eine beständige übung von falschheit, betrug und schmeichelei schildert. Endlich musste es ihm gelungen sein, dem mönchsleben zu entkommen. Aus verschiedenen anspielungen in seinen schriften ist zu schliessen, dass er von 1491 bis 1500 gelegentlich von Jacob IV. gesandtschaften in fremde länder zugesellt wurde und als solcher attaché England, Irland, Frankreich, Spanien, Italien und Deutschland besuchte, wobei er sich die zufriedenheit seines königlichen gönners erworben haben muss, indem ihm dieser im jahre 1500 eine pension von 10 pfund verlieh, welche später auf 20 und endlich auf 80 pfund erhöht wurde. Es ist zu vermuthen, dass der dichter von dem könige auch bei den verhandlungen in betreff der heirath mit Margareth, tochter Heinrich's VII., welche 1503 statt fand, verwendet wurde. In den folgenden jahren lebte Dunbar als hofdichter und gesellschafter des königs am hofe, fühlte sich aber durchaus nicht glücklich, indem er oft über das knechtische und abhängige leben, welches er führen müsse, klagt und sich eine selbstständigere existenz wünscht. Der dichter überlebt noch das jahr 1513 und mag um 1520 gestorben sein.

Seine werke,[199] welche mit ausnahme einiger gedichte in einer vergessenen handschrift länger als zwei jahrhunderte verborgen waren, wurden erst zu anfang des 18. jahrhunderts bekannt. Namentlich war Walter Scott ein grosser verehrer Dunbar's, den er „alike master of every kind of verse, the solemn, the descriptive, the sublime, the comic, and the satirical" nennt. Die grösseren gedichte Dunbar's haben theils einen allegorischen, theils einen moralischen, theils einen komischen inhalt. Eine grosse anzahl seiner kleineren gedichte sind lyrische ergüsse und betrachtungen über den dichter selbst. Besondere erwähnung verdienen The Thistle and the Rose und The Dance. Ersteres ist ein hochzeitsgedicht zu ehren des königs Jacob IV. und der prinzessin Margareth. Letzteres, vielleicht das bedeutendste aller, ist eine schilderung der sieben todsünden, welche in der unterwelt eine höllische fastnacht halten. Ein ausschliesslich moralisches gedicht, worin er die irdische und die geistige liebe mit einander vergleicht, ist The Merle and Nightingale; die amsel vertheidigt die erstere und schliesst ihre Worte immer mit dem refrain:

A lusty lyfe in Luvis service bene,

während die nachtigall die geistige liebe vertritt und alle ihre gedanken in den einen satz zusammenfasst:

All luve is lost bot upone God allone!

Die amsel wird bei dem wettgesang überwunden und stimmt endlich, überzeugt von ihrem irrthum, in die worte der nachtigall freudig bewegt ein. In seinen komischen gedichten erscheint Dunbar nach dem geschmack und den sitten seiner zeit niedrig und unrein. Seine Twa Married Women and the Widow und The Friars of Berwick gehören in diese klasse. Höchst komisch ist die schilderung eines wettstreites zwischen einem schneider und einem schuhmacher in der hölle. Dunbar's kleinere gedichte, subjective betrachtungen des lebens von seiner angenehmen sowohl als unangenehmen seite, worin er einen vernünftigen lebensgenuss empfiehlt, da das leben ungewiss sei, enthalten gedanken und lebensansichten, wie wir sie in den gedichten des Horaz zu finden gewöhnt sind.

Gawin Douglas. Ein anderer literarisch berühmter Schotte war Gawin *Douglas*, geboren um das jahr 1474, ein jüngerer sohn Archibald's, grafen von Angus. Douglas wurde für die kirche erzogen und stieg in deren dienste bis zum bischof von Dunkeld; er starb im jahre 1522 zu London an der pest. An dichterischer kraft steht Dunbar weit über Douglas, dessen poesie nicht natürlicher fluss der phantasie, sondern manier und erkünstelte metrik ist. In seinen versificationen, welche einen überfluss an neu aus dem Lateinischen und Griechischen eingeführten wörtern, wie violate, purpurate, chrystalline, illumine, illuminate, redemite, bestial, viol, emispery (hemisphere) u. s. w., nebst einer grossen auswahl von ausdrücken aus der alten mythologie enthalten, leuchtet das bestreben hervor, die aus dem neubelebten studium der lateinischen und griechischen klassiker gewonnene bildung auf die volkssprache überzutragen. Douglas war auch der erste, welcher ein werk des klassischen alterthums, Virgils Aeneide, in schottische verse übertrug. Jedem buche der Aeneide ist eine art von prologue nach Chaucer's weise vorgesetzt. Dieses für die damalige zeit bedeutende werk vollendete Douglas im jahre 1513. Das grösste von Douglas eigenen gedichten ist The Palace of Honour.[200] In diesem Jacob IV. gewidmeten gedichte stellt der dichter eine gesellschaft dar, welche zu dem Palace of Honour pilgert; der dichter gesellt sich dazu und beschreibt die reise. Ein anderes allegorisches gedicht von Douglas, King Hart, enthält des dichters ansichten von dem menschlichen leben. Trotz der vielen klassischen wörter und bilder hat Douglas seine gedichte in ganz breitem Schottisch geschrieben, welches von dem damaligen Englisch weit mehr abweicht, als die sprache aller seiner schottischen vorgänger.

III. Prosa.

Ayenbyte of Inwyt. Nachdem nun die englische sprache das übergewicht über die französische erlangt hatte und für den verkehr der gebildeten des volkes geeignet befunden worden war, finden sich auch sogleich die anfänge einer englischen prosa, während das Englische früher nur der volkspoesie diente. Die erste probe englischer prosa, welche uns erhalten ist, stammt aus dem jahre 1340 und ist im kentischen dialekt geschrieben. In Ellis's beiträgen zur malerischen geschichte England's befinden sich zwei auszüge aus dem Arundel manuscript Nr. 57, im brittischen museum. Im anfange dieses Ayenbyte of Inwit, gewissensbisse, überschriebenen Ms. befindet sich die bemerkung: „This boc is dan Michelis of Northgate, ywrite an Englis of his oȝene hand, thet hatte Ayenbyte of Inwyt; and is of the bochouse of Saynt Austine's of Canterberi under the letters CC." Der erste auszug aus diesem Ms. enthält von fol. 42 die fabel von dem hunde, welcher seinen herrn liebkoset, und dem esel, welcher es ihm nachthun will, aber mit schlägen zurückgewiesen wird. Die zweite stelle von fol. 82 enthält das datum des manuscripts und eine kurze metrische einleitung,

> Nou ich wille thet ye ywyte hou hit if ywent
> thet this boc is ywrite mid Engliss of Kent, etc.

wonach die kentische übersetzung des vaterunsers, des ave Maria und des glaubens folgt:

> [201]**Pater noster.** Vader oure thet art ine hevenes, y-halȝed by thi name, cominde thi riche, y-worthe thi wil ase ine hevene and ine erthe, bread oure eche dayes yef ous today, and vorlet ous oure yeldinges, ase and we vorleteth oure yelderes, and ne ous led naȝt in to vondinge, ae vri ous uram queade. Zuo by hit. **Ave Maria.** Hayl Marie of thonke vol, Lord by mid the, y-blissed thou ine wymmen, and y-blissed thet ouet of thine wombe. Zuo by hit. **Credo.** Ich leve ine God, vader almiȝti, makere of hevene and of erthe, and in Jesu Crist his zone on lepi oure Lord, thet i-kend is of the holi gost, y-bore of Marie mayde, y-pyned onder Pouns Pilate, y-nayled a rode, dyad, and bebered, yede doun to helle, thane thridde day aros vram the dyade, steaȝ to hevenes, zit a the riȝt half of God the vader almiȝti, thannes to comene he is, to deme the quike and the dyade. Ich y-leve ine the holy gost, holy

cherche generalliche, mennesse of hal3en, lesnesse of zennes, of vlesse arizinge, and lyf evrelestinde. Zuo by hit.

Mandeville Der älteste englische prosaiker ist Sir John *Mandeville*, geboren zu St. Albans im jahre 1300. Nachdem er eine gute erziehung erhalten, machte er in den jahren 1322 bis 1356 viele reisen im Orient und beschrieb sie nach seiner rückkehr. Sein tod soll in Lüttich um das jahr 1371 erfolgt sein. Seine reiseabenteuer enthalten neben authentischem, was er selbst sah und erlebte, viele fabeln und wundergeschichten des mittelalters. Das buch ist oft gedruckt worden, am besten 1725 zu London in 8., welcher druck der neuesten ausgabe von J. O. Halliwell mit einleitung, anmerkungen und glossarium, 8. London, 1839, zu grunde gelegt worden ist. In der vorrede zu seinem werke zählt Mandeville die von ihm unternommenen reisen und besuchten länder im Orient auf und giebt an, dass sein buch hauptsächlich für diejenigen geschrieben sei, welche die heilige stadt Jerusalem und die heiligen örter in dessen nähe besuchen wollten. Schliesslich erwähnt Mandeville, dass er sein buch zuerst in Latein geschrieben, es darauf in das Französische und aus dieser sprache wiederum in die englische sprache übersetzt habe, „that every man of my nacioun may undirstonde it." Von den vielen handschriftlichen exemplaren von Mandeville's „Voiage and Travaille" stammen einige noch aus dem vierzehnten jahrhundert. Es folgt eine probe seiner sprache:

[202] And 3ee schull undirstonde that whan men comen to Jerusalem her first pilgrymage is to the chirche of the Holy Sepulcr wher oure Lord was buryed, that is withoute the cytee on the north syde. But it is now enclosed in with the ton wall. And there is a full fair chirche all rownd, and open above, and couered with leed. And on the west syde is a fair tour and an high for belles strongly made. And in the myddes of the chirche is a tabernacle as it wer a lytyll hows, made with a low lityll dore; and that tabernacle is made in maner of a half a compas right curiousely and richely made of gold and azure and othere riche coloures, full

nobelyche made. And in the ryght side of that
tabernacle is the sepulcre of our Lord. And the
tabernacle is VIII. fote long and V. fote wyde, and
XI. fote in heghte. And it is not longe sithe the
sepulcre was all open, that men myghte kisse it and
touche it. But for pilgrymes that comen thider
peyned hem to breke the ston in peces, or in poudr;
therefore the Soudan hath do make a wall aboute
the sepulcr that noman may touche it. But in the
left syde of the wall of the tabernacle is well the
heighte of a man, is a gret ston, to the quantytee of
a mannes hed, that was of the holy sepulcr, and
that ston kissen the pilgrymes that comen thider.

Johann von Trevisa. Ein anderer prosaiker der damaligen zeit ist Johann von *Trevisa*. Er übersetzte und erweiterte Higden's Polychronicon in englischer sprache auf den wunsch von Thomas Lord Berkeley, dessen kaplan er war, und soll seine übersetzung 1387 vollendet haben. Sein buch wurde von dem ersten englischen buchdrucker, Caxton, im jahre 1482 mit einer fortsetzung bis zum jahre 1460 gedruckt, allein Trevisa's text ist von Caxton nicht bloss durch auslassen und einschieben von wörtern verändert, sondern dessen alte sprache vollständig modernisirt worden. „Ich, William Caxton, eine schlichte person," sagt der drucker, „habe mich bemüht, erst das besagte buch Polychronicon ganz zu überarbeiten und habe das grobe und alte (rude and old) Englisch, d. h. gewisse worte, welche jetzt weder gebraucht, noch verstanden werden, zu ändern." Und doch war noch kein ganzes jahrhundert verflossen, seit Trevisa das Polychronicon in das damalige Englisch übersetzte, ein beweis, wie schnell sich die sprache im munde des volkes vor ihrer feststellung durch gebildete schriftsteller und den buchdruck veränderte. Ausser dem genannten werke übersetzte Trevisa mehrere andere werke in seine muttersprache, von denen noch einige handschriftlich vorhanden sind.[203]

Wycliffe. Die veränderung in der sprache des englischen volkes unter Eduard III. hatte nicht allein politische, sondern auch kirchliche gründe. Eine neue, gegen Frankreich gerichtete politik befreite England von der herrschaft der französischen sprache, eine neue kirchliche richtung sollte es von der übermacht des römischen stuhles und damit von dem drucke der besonders zu kirchlichen zwecken verwandten, aber vom volke nicht verstandenen lateinischen sprache erlösen. Die vergebung englischer pfründen an fremde, besonders italienische geistliche, sowie die erpressungen der päpstlichen legaten waren schon längst ein gegenstand der beschwerde geworden, so dass unter Eduard III. und seinem enkel Richard II. von dem parlamente mehrere gesetze gegen diese übelstände erlassen wurden. Bei diesem streben gegen die päpstliche macht fand könig und parlament eine mächtige hilfe in John *Wycliffe*, geboren 1324, einem gelehrten geistlichen und professor der theologie im Baliol-College zu Oxford, wo er bald nach dem jahre 1372 gewisse lehren und einrichtungen der römischen kirche, welche seit der eroberung durch die Normannen in England unbestritten gegolten hatten, anzugreifen begann. In diesem streite wirkte Wycliffe durch rede und schrift und schrieb eine anzahl aufsätze, einige von ihnen in englischer sprache, gegen die übermacht des papstthums, den reichthum der höheren geistlichkeit, die verweltlichung des clerus, das überhandnehmen der mönche, während er zugleich durch sein hauptwerk, eine übersetzung der bibel in die landessprache, dem volke die beweismittel in die hände zu geben suchte, auf welche er sich in seinen streitschriften gegen seine mächtigen gegner unter der höheren geistlichkeit stützte. Diese vollständige übersetzung des alten und neuen testamentes, welche Wycliffe in seinen letzten lebensjahren mit hilfe einiger freunde zwar nicht aus den originalen, sondern nur aus der lateinischen vulgata ausführte, ist sowohl in theologischer als sprachlicher beziehung ein werthvoller überrest des englischen mittelalters. Wycliffe wurde mehrere male wegen ketzerei verfolgt und in die grösste persönliche gefahr versetzt, aber er entging theils durch günstige umstände, theils durch die freundschaft des herzogs von Lancaster (auch Chaucer's und Gower's freund) der gefahr und starb endlich 1384 als landpfarrer, nachdem er aus dem College entfernt und gezwungen worden war, einige seiner ketzereien zu widerrufen. Vierzig jahre nach dem tode Wycliffe's wurden seine gebeine zufolge eines beschlusses des concils von

Constanz ausgegraben und verbrannt, und die asche in einen bach geworfen. Sein geist wich aber nicht mehr aus England, obwohl seine anhänger, die Lollarden, von dem später die krone erlangenden hause Lancaster verfolgt und geopfert wurden, um für den schwankenden thron in dem clerus eine stütze gegen den adel zu gewinnen.

Die ganze bibelübersetzung Wycliffe's ist noch handschriftlich vorhanden, allein nur das neue testament ist gedruckt worden, zuerst in fol. im jahre 1731, redigirt von dem Rev. John Lewis, später in 4. im jahre 1810, redigirt von dem Rev. H. H. Baber, endlich in 4. im jahre 1841 in Bagster's English Hexapla. Die herausgabe des alten testamentes von der Clarendon druckerei auf kosten der universität Oxford und unter redaction des Rev. J. Forschall und Sir Fr. Madden ist längst verheissen, aber das werk noch nicht erschienen. Von den streitschriften Wycliffe's sind ebenfalls einige gedruckt, die übrigen handschriftlich aufbewahrt worden. Wycliffe's styl ist zuweilen etwas roh, besitzt aber kühnheit und kraft des ausdruckes, wodurch sich sein grosser einfluss auf das volk erklärt; die sprache erscheint härter und älter als Mandeville's, welches vielleicht dem stoffe zuzuschreiben ist. Folgendes ist eine probe aus dem alten testamente Exod. chp. 15.

> [204]Thanne Moises song, and the sones of Israel, this song to the Lord; and thei seiden, Synge we to the Lord, for he is magnified gloriousli; he castide down the hors and the stiere into the see. My strengthe and my preisyng is the Lord, and he is maad to me into heelthe, this is my God: y schal glorifie hym the God of my fadir, and y schal enhaunce hym: the Lord is as a man fiȝter, his name is almiȝti.

Chaucer's Prosa Auch *Chaucer* nimmt eine stelle unter den ältesten englischen prosaikern ein. Er gab den Engländern eine übersetzung des Boethius de Consolatione Philosophiae, welche Caxton unter dem titel: „The Boke of Consolacion of Philosophie, which that Boecius made for his Comforte and Consolacion" ohne datum in folio veröffentlichte. Ein zweites werk Chaucer's in prosa soll eine Treatise on the Astrolabe sein, welche er im jahre 1391 an seinen sohn Lewis richtete. Mit welchem rechte diese abhandlung gerade Chaucer zugeschrieben wird, ist indessen nicht recht klar. Sie befindet sich auch in der brüsseler handschrift No. 1591, welche ausserdem noch einen kalender und astronomische und medicinische aufsätze enthält. Aus dieser handschrift (Mone's quellen und forschungen Bd. I. S. 549 ff.) möge die vorrede dieser Chaucer zugeschriebenen abhandlung hier eine stelle finden:

> Litel Lowys my sone I perceyve wel by certeyn evidences thyn abilite to lerne sciences towchynge noumcers and proporcions and as wel considere J thi bisy prayere in special to lerne the tretys of the astrelabie. Thanne for as moche as a philosophre seith. he lappeth hym in his frend that condescendith to the rightful prayeres of his frend? therfore haue J yeue the a suffisant astrelabie as for owre orizonte compawned after the latitude of Oxenforde. upon whiche by mediacion of this litel tretys J purpose to teche the a certeyn noumbre of conclusions perteynynge to the same instrument. J seye a certeyn [noumbre] of conclusions for thre causes. The firste cause is this. Trust wel that alle the conclusions thet han ben fownden or ellis possibly myghten be fownden in so noble an instrument as is an astrelabie, ben unknowe parfitly to eny mortal man in this region as J suppose. Another cause is this. that sothly in eny tretys of the astrelabie that J haue seen ther ben somme conclusions that wolen not alle thynges parfourmen here byhestis. and somme of hem ben to harde to understonde and to conceiue to thi tendre age of X yeer. This tretys divided in V parties wole J schewe thee under fulligte rules and nakede wordes in englisch, for latyn canst thow yitt bul smal my litel sone. But netheles it suffiseth to thee these trewe conclusions in englisch as wel as suffiseth to these noble clerkis i grekes these same conclusions in greke. and to Arabyens in arabik. and to Jewes in ebrue and to latyn folk in latyn. whiche latyn folk hadden hem first owt of othere

diverse langages and writen hem in here owne
tonge that is to seye in latyn. and god wood that in
alle these langages and in many othere mo. han
these conclusions ben suffisanntly lerned and
taugt. And yitt by diverse rules rigt as diverse
pathes leden diverse men the rigt weye to Rome.
Now wole J pray mekely every discrete persone that
redeth or hereth this litel tretis to haue my rude
enditynge excused and my superfluite of wordes for
two causes. The firste cause is. for that curious
enditynge and hard sentence is ful heuy att ones
for swich a child to lerne. and the secunde cause is
this. that sothly me semeth betre to write to a
lernere twies a good sentence than he forgete it
ones. And yitt Lowis gif it so be that J schewe the
in my ligt englisch as trewe conclusions towchynge
this matere, and not oonli as trewe. but as manye
and as sutil conclusions as ben schewid in latyn in
eny comon tretys of the astrolabie, konne me the
more thank. And pray we. *god saue the kyng* that is
lord of this langage. and alle that hym feith bereth
and obeyeth euerich in his degre the more and the
lasse. But considere wel thal J ne usurpe not to
have fownde this werk of my labour or of my
engyne. J neam but a lewid compilatour of the
labours of olde astrologiens and have it translated
in myn englisch oonly to thi doctrine. And with
this swerd oonly schal I sleen envie.

Ein anderes werk Chaucer's ist The Testament of Love,
offenbar eine nachahmung der abhandlung des Boethius,
welche Chaucer in seinen letzten lebensjahren schrieb. Beide
letzteren schriften Chaucer's sind in den alten ausgaben
seinen gedichten beigefügt. Auch zwei seiner Canterbury
Tales, nämlich The Tale of Meliboeus und The Parson's Tale
sind in prosa geschrieben. Die erstere ist eine ziemlich
genaue übersetzung einer französischen sowohl in prosa als
in versen vorhandenen erzählung „Le Livre de Melibee et de
Dame Prudence" und in einer schwunghaften, rhetorischen
prosa geschrieben; die letztere, welche die Canterbury Tales
beschliesst, ist eine lange moralische abhandlung über und
gegen verschiedene sünden. Obwohl sonst nicht gerade

interessant, giebt diese Parson's (Persenes) Tale eine gute schilderung der sitten damaliger zeit.

Fortescue. Der nächste prosaiker, dessen styl und sprache schon einen bedeutenden fortschritt verräth, ist der oberrichter der King's Bench unter der regierung Heinrich's VI., Sir John *Fortescue*, welcher von 1430 bis 1470 blühte. Ausser mehreren lateinischen abhandlungen benutzte Fortescue auch die volkssprache zu einer schrift, betitelt: The difference between Absolute and Limited Monarchy, as it more particularly regards the English Constitution, worin er eine vergleichung des zustandes der Franzosen unter einer absoluten regierung mit dem der Engländer in einer beschränkten monarchie anstellt, welche, manche seltsame ansichten und arge übertreibungen abgerechnet, sehr zum vortheil seiner landsleute ausfällt und ausserdem ein lebendiges bild von den damaligen sitten liefert.

R. Fabian. Die früheren reimchroniken verwandelten sich nun ebenfalls in prosaische, zuweilen sehr langweilige tage- oder jahrbücher, deren einziger werth in der ängstlichen genauigkeit der aufzeichnung gleichzeitiger begebenheiten besteht. Die chronisten machten dabei gewöhnlich keinen unterschied zwischen wichtigen und unwichtigen vorfällen, sondern verzeichneten, was gerade vorfiel und sie interessirte. Einer der ersten dieser chronisten in prosa ist der Alderman und Sheriff von London Robert *Fabian*, welcher im jahre 1512 starb. Er schrieb eine allgemeine englische geschichtschronik unter dem titel „The Concordance of Stories," welche verschiedene male, zuletzt im jahre 1811 von Sir Henry Ellis gedruckt und herausgegeben worden ist. Obgleich Fabian die alten fabeln des Geoffrey of Monmouth von neuem wieder in umlauf brachte, ist jedoch seine chronik gleichzeitiger begebenheiten besonders bezüglich der stadt London genau und sorgfältig.

John de Irlandia. A. Cadiou. Auch in Schottland ward die volkssprache gegen ende des 15. jahrhunderts zur prosa verwendet. Der erste beweis hiervon ist ein zum gebrauche königs Jacob IV. von einem priester *John* de Irlandia im jahre 1490 verfasster abriss der practischen theologie, welches buch augenscheinlich in der urschrift des autors in der advocatenbibliothek zu Edinburgh aufbewahrt wird. Dieses werk, sagt John Leyden, welcher einige auszüge daraus in der einleitung seiner ausgabe von The Complaint of Scotland gegeben hat, giebt eine probe der schottischen sprache jener zeit; styl und orthographie nähern sich mehr der modernen weise, als man erwarten sollte. Eine moralische abhandlung, unter dem titel The Porteous (manual) of Nobleness von Andrew *Cadiou* aus dem Französischen in schottische prosa übersetzt, wurde im jahre 1508 in Edinburgh gedruckt, ist aber mit ausnahme des schlusses verloren gegangen. Dieser ist von Leyden in seiner einleitung (seite 203-208) und von David Laing in seiner sammlung The knightly Tale of Golagrus and Gawayne, Edinburgh, 1827 abgedruckt worden.

IV. Die Einführung der Buchdruckerkunst.

Caxton Die buchdruckerkunst war beinahe dreissig jahre erfunden, ehe sie ihren weg nach England fand. Endlich sicherte sich ein londoner kaufmann einen ehrenplatz in der geschichte der englischen cultur, indem er aller wahrscheinlichkeit nach der erste seiner landsleute war, welcher die neue kunst erlernte, und sicherlich der erste, welcher ein englisches buch druckte oder die buchdruckerkunst in England ausübte. Dieser mann war William *Caxton*, geboren, wie er selbst erzählt, in the weald of Kent, ungefähr um das jahr 1412. Dreissig jahre später findet sich sein name unter den mitgliedern der gesellschaft der kaufleute (mercers) zu London. Als kaufmann scheint Caxton mehrmals die Niederlande besucht zu haben, zuerst in eigenen geschäften, dann 1464 mit einem anderen kaufmann im auftrage Eduard's IV., um einen handelsvertrag mit dem herzog von Burgund zu verabreden. Caxton trat sogar in die dienste der herzogin von Burgund. Während er sich in Deutschland, oder in den Niederlanden aufhielt, muss er die neue kunst des buchdrucks kennen gelernt haben und soll das von ihm aus dem Französischen des Raoul le Favre in das Englische übersetzte buch The Recuyell of the Histories of Troye fol. im jahre 1471 zu Ghent gedruckt haben, „whyche sayd translacion and werke", wie der titel besagt, „was begonne in Brugis in 1468, and ended in the holy cyte of Colen, 19. September 1471", welche worte sich jedoch nur auf die übersetzung beziehen. Von Knight, dem letzten lebensbeschreiber Caxton's, sind jedoch gewichtige gründe vorgebracht worden, welche es mindestens sehr zweifelhaft machen, ob das genannte buch von Caxton gedruckt worden sei.[205] Das früheste als unzweifelhaft ächt angenommene werk Caxton's ist eine übersetzung von ihm selbst aus dem Französischen, betitelt: The Garne and Playe of the Chesse, ein folioband, welcher am letzten märz 1474 beendigt worden sein soll. Man nimmt gewöhnlich dieses buch als das erste an, das in England gedruckt worden sei, und setzt mithin in dieses jahr die einführung der buchdruckerkunst in England. Vollständig gewiss ist aber nur, dass Caxton 1477 seine presse in der Almonry unweit Westminster-Abbey aufgestellt hatte, wo er in diesem jahre The Dictes and Notable Wyse Sayenges of the Phylosophers, eine übersetzung aus dem Französischen von Anthony Woodville, Earl Rivers, in folio druckte. Von dieser zeit ab übersetzte und druckte Caxton mit unermüdlichem fleisse bis zum jahre 1490, welches datum sein letzter druck trägt. Sein tod erfolgte wahrscheinlich im jahre 1491 oder 1492. Noch vor seinem tode liessen sich mehrere buchdrucker in London nieder, wahrscheinlich, wenigstens zum grossen theil, Caxton's frühere gehilfen, welche er von dem festlande nach England gezogen hatte. Theodore Rood, John Lettow, William Machelina und Wynkyn de Worde, sämmtlich fremde, und Thomas Hunt, ein Engländer, waren die unmittelbaren fortsetzer der kunst Caxton's. Zu St. Albans richtete ein Schulmeister, dessen namen nicht überliefert worden ist, eine presse ein, und zu Oxford begann man im jahre 1478 ebenfalls zu drucken. Es scheint sogar, dass die englischen drucker bald das festland mit ihren werken versorgten, denn zu ende einer lateinischen übersetzung der briefe des Phalaris, welche im jahre 1485 zu Oxford gedruckt wurde, befinden sich folgende zwei verse:

Celatos, Veneti, nobis transmittere libros
Cedite; nos aliis vendimus, o Veneti.[D]

Natürlich druckten Caxton und seine unmittelbaren

nachfolger zunächst solche bücher, welche gesucht waren und einen grossen leserkreis fanden; ihr eigener vortheil musste sie diesen weg führen. Eine aufzählung der drucke Caxton's wird also nicht allein den besten beweis von dem unermüdlichen fleisse und umfassenden geiste dieses mannes geben, sondern uns zugleich den literarischen character seiner zeit am treuesten schildern. Geistlichkeit und adel waren damals noch beinahe allein die gebildeten klassen des volkes; sie gaben auch den ton in der literatur an, welche der kirchlichen und ritterlichen romantik huldigen musste, wenn sie freunde und leser finden wollte. Die klassische literatur des alterthums, welche einen weltlichen gelehrtenstand voraussetzt, dann aber nicht bloss einzelnen klassen, sondern dem ganzen volke seine schätze erschliesst, äusserte noch keinen directen einfluss auf die englische literatur, sondern höchstens einen mittelbaren durch das medium der französischen, welche damals eine hauptquelle für englische schriftsteller war. Caxton's drucke umfassen folgende werke: The Pilgrimage of the Soul (aus dem Französischen); Liber Festivalis, or, Directions for keeping Feasts all the Year; Quatuor Sermones (in englischer sprache); The Golden Legend (eine sammlung lebensbeschreibungen der heiligen) in drei ausgaben; The Art and Craft to know well to Die (aus dem Französischen); Infantia Salvatoris; The Life of St. Catherine of Sens; Speculum Vitae Christi, or Mirror of the Blessed Life of Jesu Christ; Directorium Sacerdotum; A Book of Divers Ghostly Matters; The Life of St. Wynefrid; The Provincial Constitutions of Bishop Lyndwood of St. Asaph (lateinisch); the Profitable Book of Man's Soul, called the Chastising of God's Children. Alle diese bücher behandeln religiöse und kirchliche stoffe; die folgenden gehören nach ihrem inhalte in das gebiet der ritterlichen romantik: The History of Troy (wenigstens von Caxton übersetzt, wenn nicht gedruckt); The Book of the whole Life of Jason; Godfrey of Boloyn; The Knight of the Tower (aus dem Französischen); The Book of the Order of Chivalry or knighthood (aus dem Französischen); The Book Royal, or the Book for a King; A Book of the Noble Histories of king Arthur and of Certain of his knights; The History of the Noble, Right Valiant, and Right Worthy knight Paris and of the Fair Vienne; The Book of Feats of Arms and of Chivalry (aus dem Französischen); The History of king Blanchardine and Queen Eglantine his Wife. Von englischer nationalliteratur druckte Caxton: The Tales of Canterbury (in zwei ausgaben), The Book of Fame, Troylus and Cresseide und einige kleinere gedichte, — sämmtlich von Chaucer; The Confessio Amantis, that is to say, in English, the Confession of the Lover, von Gower; The Work of Sapience; The Life of our Lady von Lydgate; ausserdem einige andere kleinere gedichte gemeinschaftlich mit Chaucer's. Dabei möge bemerkt werden, dass Caxton die werke Chaucer's in seiner zweiten auflage aus einem besseren und richtigeren manuscripte entlehnte, als in der ersten ausgabe, welche er nach einer mangelhaften handschrift veranstaltete. Dieses erste beispiel der kritik bei der ausgabe eines englischen buches war nothwendig geworden, wie Caxton in der vorrede zur zweiten auflage so ehrlich ist unumwunden einzugestehen, „for to satisfy the auctor, whereas tofore by ignorance I erred in hurting and defaming his book in divers places, in setting in some things that he never said ne made, and leaving out many things that he made which been requisite to be set in it." Von den klassikern wurden folgende übersetzungen auf Caxton's presse gedruckt: Cicero über das Alter und die Freundschaft; Boethius' trost der philosophie, von Chaucer; Aussprüche der Philosophen; Virgil's Aeneis; Cato Magnus und Cato Parvus; Subtle Histories and Fables of Aesop. Auch geschichtswerke fing Caxton zu drucken an: The Chronicles of England; The Description of Britain; The Polychronicon; The Life of Charles the Great (zwei ausgaben) und The Siege of the Noble and invincible City of Rhodes. Endlich gingen noch einige bücher allgemeinen inhalts aus Caxton's presse hervor: The Game of Chess; The Moral Proverbs of Christine of Pisa; The Book of Good Manners; The Doctrinal of Sapience (aus dem Französischen); The History of Renard the Fox (aus dem Deutschen) und A Booke for Travellers. Endlich druckte Caxton noch die gesetze (Statutes) des ersten parlaments von Richard III. und der drei ersten parlamente Heinrich's VII.

Mit der einführung der buchdruckerkunst schliesst die geschichte der altenglischen sprache und literatur. Die sprache, welche, so lange sie nur im munde des volkes lebte, in rechtschreibung und ausdruck individuell und dialektisch geschwankt hatte, erhält nach kurzer zeit festigkeit und sicherheit in orthographie und grammatik; die literatur, deren poetische unmittelbarkeit und natürlichkeit verständigem fleisse und prosaischer überlegtheit wich, wird dadurch zur belehrung und bildung geschickter. Das geistige leben des englischen volkes tritt in der folgenden periode deutlicher und allgemeiner hervor.

Druck von C. H. Storch & Comp. in Breslau.

Footnotes

1. Auch Plinius, Ptolomæus und Stephanus Byzant. bezeichnen Britannien mit diesem namen.

2. Beide namen mögen von den phönizischen und karthagischen kaufleuten herrühren, indem sie offenbar semitischen ursprungs sind und dieselbe bedeutung haben, wie Bochart (Canaan, lib. 1. c. 39) zuerst vermuthet hat, indem er Kassiteron, worunter Plinius zinn versteht, mit dem chaldäischen kastira und kistara und dem arabischen kasdar, welche worte zinn bedeuten, in verbindung bringt und das wort Brettanike, wie es griechisch geschrieben wird, von dem semitischen barat anuk, zinnland, ableitet, wonach die phönizischen kaufleute den fundort des zinnes in ähnlicher weise benannt hätten, als die neue zeit von den gewürzinseln, der gold- oder sklavenküste spricht. Höchst unwahrscheinlich ist es dagegen, dass Britannien nach dem keltischen wort bryt, bemalt, wegen des tätowirens der eingeborenen seinen namen empfangen hätte. Die dichter und chronisten von Wales nennen die keltischen bewohner von Wales Kymry (Cimbern). Den grössten theil von England nennen sie Lloegr und

dessen bewohner Lloegrwys (Sharon Turner's hist. of the Angl. Sax. vol. I. Book I. chap. II. III.). Die ähnlichkeit des namens Brutus und Britannia mag Nennius, aus dem Geoffrey von Monmouth in späterer zeit geschöpft hat, zu der fabelhaften annahme veranlasst haben, Britannien sei von „Brutus," dem enkel des Askanius und urenkel des Aeneas, benannt und bevölkert worden. Nennius' fabel, welche angeblich aus römischen quellen geschöpft ist, dürfte eine ausmalung der angäbe des Ammianus Marcellinus XV, 9 sein. (Am angeführten orte chap. IV.)

3. Sharon Turner in seiner History of the Anglo-Saxons (Vol. I. Book I. chapt. 2) hat über die ältesten bewohner Britanniens alles zusammen getragen, was geschichte, sage und fabel uns überliefert haben.

4. Cæsar de bell. Gall. V, 12: „qui omnes fere iis nominibus civitatum adpellantur, quibus orti ex civitatibus eo pervenerunt et bello illato ibi remanserunt atque agros colere coeperunt."

5. Die in Gallien wohnenden Belgen, so wie die Aquitanier waren nach Cæs. de bell. Gall. I, 1 von den eigentlichen Galliern, oder Kelten lingua, institutis, legibus verschieden. Wenn Cæsar de bell. Gall. II, 4 von den zunächst den Galliern wohnenden Belgen (Remi, um das heutige Rheims) erfuhr, dass plerosque Belgas ortos a Germanis, und dass sie Rhenum transductos propter loci fertilitatem ibi consedisse, Gallosqne qui ea loca incolerent, expulisse, so scheint dieses darauf hinzudeuten, dass die ursprünglichen Belgen (Gallier, Kelten. — Bel im keltischen ein morast) sich nach dem gegenüberliegenden Britannien geflüchtet und dort neue niederlassungen gegründet hatten. Will man dieses nicht zugeben, so würde man zu der annahme gedrängt werden, dass die bevölkerung der brittischen südküste, besonders aber von Kent, schon lange vor Cäsar's zeit eine deutsche gewesen sei.

6. Cæsar de bell. Gall. V, 14: „Ex his omnibus longe sunt humanissimi, qui Cantium incolunt, quæ regio est maritima omnis, neque multum a Gallica differunt consuetudine."

7. Dio Cassius im IX. buche, Sueton und Plutarch in ihren lebensbeschreibungen, Tacitus in den annalen und besonders in seiner lebensbeschreibung des Agricola sind die hauptquellen für diesen theil der geschichte Britanniens.

8. Vergleiche Sharon Turner's Hist. of the A.-S. vol. I. Book I, chapt. 5, wo 42 keltische stämme nach ihren wohnsitzen zur zeit der Römer aufgeführt werden.

9. *Leibnitius*, G. G., Collectanea etymologica, illustr. linguar. veteris Celticæ, Germ., Galicæ aliarumque inservientia. 2. part. 8. Hannov. 1717.

Bullet, J. B., Mémoires de la langue Celtique (l'hist. de la langue; descript. étymol. des villes, rivières etc. des Gaules; dictionaire Celtique). 3 tom. fol. Besançon 1754-60.

Denina, C. J. M., Sur la langue Celtique et celles qu'on prétend en être sorties. 4. Berol. 1787.

De Bast, M. J., Recherches hist. et littér. sur la langue Celtique. Gauloise et Tudesque. 2 voll. 4. Gand 1815. 16.

Diefenbach, L., Celtica. I. Sprachl. documente zur geschichte der Kelten. II. Versuch einer geneal. geschichte der Kelten. 8. Stuttg. 1839. 40.

Maclean, L., History of the Celtic languages. 12. Lond. 1840.

Galli, C., Essai sur le nom et la langue des anciens Celtes. 8. Paris 1844.

Edwards, W. F., Recherches sur les langues Celtiques. 8. Paris 1844.

10. *Walter*, An English and Welsh dictionary. 2 vols. 8. London 1829.

Gambold, W., A Welsh grammar. 12. Carmarthen 1842. (4. ausgabe.)

11. *Macpherson*, J., Critical dissertation on the origin, antiquities, language of the ancient Caledonians. 4. London 1768.

Dictionarium Scoto-Celticum; a dict. of the Gælic lang. publ. under the direction of the Highland Society of Scotland. 2 vols. 4. Edinb. 1828.

M'Alpine, N., Pronouncing Gælic Dictionary, to which is præfix. a concise grammar. 8. Edinb. 1845.

12. *Neilson*, W., An introduction on the Irish language. 3 vols. 8. Dublin 1808.

O'Reilly, E., Sauas Gasidhilge-Sags-Bhéarla. An Irish-English dictionary. To which is annexed a compendious Irish grammar. 4. Dublin 1817. 1822.

13. *Cregeen*, A., A dictionary of the Manks language. 8. Douglas 1835.

Kelly, J., A practical grammar of the ancient Galic or lang, of the isle of Man, usually called Manks. 4. London 1803. Essex 1806.

14. *De Courson*, A., Essai sur l'histoire, la langue et les institutions de la Bretagne Armoricaine. 8. Paris 1840.

De Rostrenen, Gr., Dictionnaire Français-Celtique ou Français-Breton. 4. Rennes 1738. Rev. et corr. par B. Jollivet. 2 vols. 8. Guingamps 1834.

De Rostrenen, Gr., Grammaire Française—Celtique ou Française—Bretonne. 8. Rennes 1738. Guingamps 1833.

15. Das Baskische mit seinen mundarten mag ein rest des alten Aquitanischen sein, von dem schon Cäsar (de bell. Gall. I, 1) sagt, dass es von dem Gallischen und Keltischen verschieden sei.
Diefenbach, L., Celtica. Zweite abtheilung. S. 5 u. ff.

16. Eine vorzügliche culturgeschichtliche schilderung Britanniens unter den Römern findet sich in The Celt, the Roman and the Saxon: a

history of the early Inhabitants of Britain, down to the conversion of the Anglo-Saxons to Christianity. By Thomas Wright. 8. London 1852. Aus älterer zeit enthalten Horsley's Britannia Romana und Camden's Britannia interessante mittheilungen. Die römischen alterthümer Schottlands sind in der Caledonia Romana (Edinburgh 1845, in einem bande) von Robert Stuart gesammelt worden. Ausserdem sind eine grosse anzahl monographien über die römischen alterthümer einzelner städte und örter, so wie ganzer districte England's in neuerer und älterer zeit erschienen, welche zum theil in dem oben genannten werke von Thomas Wright aufgeführt werden.

17. Cal — Gal — Gæl: keltisch, und don — down: berg, so dass Caledonia so viel heisst als keltisches gebirgsland.

18. Kein theil England's enthält so viele und merkwürdige römische alterthümer, als derjenige strich, durch welchen die mauer Hadrian's führte; sie ist daher gegenstand einer besonderen schrift geworden: The Roman Wall: a historical, topographical, and descriptive Account of the Barrier of the Lower Isthmus, extending from the Tyne to the Solway, deduced from numerous personal Surveys. By the Rev. J. Collingwood Bruce, of Newcastle-upon-Tyne.

19. Da nach Beda's kirchengeschichte (Denique [Osvaldus rex] omnes nationes et provincias Britanniæ, quæ in quatuor linguas, i. e. Britonum, Pictorum, Scotorum, Anglorum divisæ sunt, in ditione accepit. III, 7.) die Picten eine von den Scoten verschiedene sprache redeten, so hat man wohl zu voreilig angenommen, dass sie ein scandinavischer stamm gewesen seien, und darauf die eigenthümlichkeiten des schottisch-englischen dialektes gegründet. Vergl. Dissertation on the Origin of the Scotish Language von J. Jamieson, vor dessen Dictionary of the Scotish language. 2

vols. 4. Edinburgh 1808. Neue ausgabe von
J. Johnstone. 2 parts. 4. London 1840.

20. Apud Britannias Gratianus, *municeps* eiusdem
insulæ tyrannus creatur et occiditur. Orosius
histor. VII, 40.

21. Sharon Turner's History of the Anglo-Saxons
vol. I., Book II., chapt. VIII. handelt von der
eintheilung Britannien's als provinz und ihren
kaiserlichen regierungsbeamten.

22. Dieser merkwürdige moment der brittischen
geschichte ist aufbewahrt und überliefert von
Zosimus VI, 6. 10.

23. Abgedruckt mit bezug auf Britannien aus der
ausgabe von Wesseling in Thomas Wright's The
Celt, the Roman etc. (S. 455.)

24. Diese compilation Richard's von Cirencester
wurde zuerst im jahre 1757 nach einer handschrift
des vierzehnten Jahrhunderts zu Copenhagen in 8.
von Bertram herausgegeben. Sie enthält achtzehn
itinera, welche, wie Richard sagt, aus den
zusammenstellungen geschöpft sind, die ein
römischer heerführer habe veranstalten lassen.
Thomas Wright's buch enthält (S. 459) diese
achtzehn itinera Richard's von Cirencester, so wie
den auf Britannien bezüglichen theil (S. 463) des im
siebenten jahrhunderte zu Ravenna entstandenen
geographischen werkes, welches in zwei
handschriften (im Vatican und in der pariser
bibliothek) auf uns gekommen ist.

25. Gildas spricht von Britanniens romanisirung
„ita, ut non Britannia. sed Romana insula
censeretur."

26. Tungrier standen als besatzung an mehreren
orten in Britannien. Sie waren Deutsche, welche zu
Cäsar's zeit unter dem namen Aduatuci bekannt
und mit anderen Deutschen, den stammen der
Condrusi, Eburones, Cæræsi, Pæmani und Segni,
noch vor Cäsar unter die keltische bevölkerung

Belgien's eingedrungen waren. Cæs. de bell. Gall. II, 4. und Mannert geogr. der Griechen und Römer II, 1. p. 199.

27. Sharon Turner's vorzügliches werk The History of the Anglo-Saxons ist trotz aller neueren forschungen immer noch unübertroffen und für denjenigen, welchem die handschriften nicht zu gebote stehen, die hauptquelle für die kulturgeschichte der in Britannien eingedrungenen Angelsachsen.

28. Daher wandte sich auch Honorius im jahre 410 an die *„städte"* Britannien's, als die einzigen staatlichen organisationen, welche nach dem aufgeben der römischen herrschaft in Britannien noch vorhanden und lebenskräftig waren. Ausser vielen andern örtern gab es nach Richard solcher städte (civitates) mit ihren districten drei und dreissig in Britannien, darunter zwei municipia, Verolamium und Eburacum, neun coloniae, darunter Londinium und Camulodunum, zehn städte mit lateinischem rechte und zwölf tributäre städte (stipendiariae). Vergl. The History of the A. S. Vol. I. Book II. ch. 8.

29. Eine zurückführung dieser fabelhaften geschichte, worin Gurthrigern wahrscheinlich mit dem Römer Gerontius verwechselt wird, auf historische thatsachen findet sich in Sharon Turner's Hist. of the Anglo-Saxons. Vol. I. Book II. chap. 7.

30. Die jütische niederlassung in Kent und Wight, welche die früheste der germanischen stämme gewesen sein soll, ist indessen sehr angezweifelt worden, obwohl Beda und nach ihm die sachsenchronik ausdrücklich von den Jüten in Kent sprechen: „Of Iotum comon Cantware and Wihtware, thæt is seo mæiadh, the nu eardath on Wiht, and thæt cynn on West-Seaxum dhe man gyt hæt Jutnacynn," (von den Jüten kamen die Kentmänner und Wightmänner, das ist der stamm, welcher jetzt auf Wight wohnt, und das volk unter

den Westsachsen, welches man noch Jütenvolk heisst.) Alfred giebt diese stelle also: „comon hi of thrym folcum tham strangestan Germanie, thæt of Seaxum, and of Angle, and of Geatum. Of Geatum fruman sindon Cantware and Wihtsætan, thæt is seo theod so Wiht thæt ealond oneardadh" (sie kamen von drei Völkern, den stärksten Deutschland's, dem der Sachsen, und der Angeln, und der Geaten [Gothen — Jüten]. Von den Geaten stammen die Kentmänner und Wightsassen, d. h. das volk, welches die insel Wight bewohnt). Nach der gegenseitigen stellung der drei stämme in ihren ursprünglichen sitzen zu schliessen, welchen ihre späteren in England zu entsprechen scheinen, müssten die ansiedler der südöstlichsten spitze von England eher von der gegenüberliegenden küste Friesland's als aus Jütland gekommen sein. Und die chronik Maerlant's spricht in der that von Hengist:

| Een hiet Engistus een Vriese, een sas, Die uten lande verdreven was. | Einer hiess Hengist ein Friese, ein Sachs, der aus dem lande vertrieben ward. |

31. Eine „authentische" geschichte des gefeierten Arthur enthält Sharon Turner's History of the Anglo-Saxons. Vol. I. Book III. chapt. 3.

32. Die Jüten, Sachsen und Angeln hatten zu ende des sechsten jahrhunderts in England sich in folgender weise fest gesetzt: die **Jüten** in Kent, der insel Wight und einem theile von Hampshire; die **Sachsen** als *Südsachsen* in Sussex, als *Ostsachsen* in Essex, Middlesex und im süden von Hertfordshire, als *Westsachsen* in Surrey, Hampshire, Berks, Wilts, Dorset, Somerset, Devon und einem theile von Cornwall; die **Angeln** als *Ostangeln* in Norfolk, Suffolk, Cambridge, der insel Ely und einem theile von Bedfordshire; als *Mittelangeln* in Leicestershire, welches zu Mercia gehörte; als *Mercier*, getheilt durch den Trent in *Süd*mercier in den grafschaften Lincoln, Northampton, Rutland, Huntingdon, dem nördlichen theile von Bedfordshire und

Hertfordshire, Bucks, Oxfordshire, Gloucestershire, Warwickshire, Worcestershire, Herefordshire, Staffordshire, Shropshire, — und in *Nord*mercier in Chester, Derby und Nottingham; als *Northumbrier* in *Deira*, d. h. in Lancaster, York, Westmoreland, Cumberland, Durham, und in *Bernicia*, d. h. Northumberland und dem südlichen Schottland zwischen dem Tweed und dem Firth of Forth.

33. Wanley hat nach den nachrichten des Thomas de Elmham, eines mönches aus Augustin's kloster zur zeit Heinrich's V., die von Gregor nach England geschickten bücher verzeichnet; sie bestanden aus einer verzierten bibel in zwei bänden, den psalmen Augustin's mit dem credo, pater noster und mehreren lateinischen hymnen, zwei evangelienbüchern, einem andern psalmbuch mit hymnen, einem legendenbuch von den leiden der apostel, einem ändern reich mit edelsteinen gezierten martyrergeschichtenbuch und einer erklärung der episteln und evangelien. Auch brachte Augustin das pastorale Gregor's nach England, welches Alfred später in das Angelsächsische übersetzte.

34. Mehreres hierüber ist in der einleitung zu R. Schmid's gesetzen der Angelsachsen, thl. I. 8. Leipzig 1832 zu finden. Schmid schöpfte hauptsächlich aus Sharon Turner's abhandlung A Vindication of the Genuineness of the Ancient British Poems of Aneurin, Taliesin, Llywarch Hen, and Merdhin with specimens of the Poems, welche dem dritten bande der geschichte der Angelsachsen (seite 313 bis 418 der pariser ausgabe von Baudry. 1840) beigefügt ist.

35. Eine ausführliche kritische abhandlung über die persönlichkeit dieses autors, die ihm beigelegten schriften und die mss., woraus dieselben genommen sind, befindet sich in Thomas Wright's Biographia Britannica Literaria. A. S. Period. London. 8. 1842. Seite 115 bis 135. Mit übergehung der älteren ausgaben dieses autors, so wie von zwei

alten englischen übersetzungen möge hier nur die letzte ausgabe des Gildas erwähnt werden: Gildas de Excidio Britanniæ. Ad fidem Codicum Manuscriptorum recensuit Josephus Stevenson. 8. Lond. 1838, welche von der Historical Society herausgegeben worden ist.

36. Siehe Wright's Biogr. Brit. Liter. A. S. Period. Seite 135 bis 142. Neueste ausgaben des Nennius: The „Historia Brittonum," commonly attributed to Nennius; from a manuscript lately discovered in the Library of the Vatican Palace, at Rome; edited in the tenth Century, by Mark the Hermit; with an English version. By the Rev. W. Gunn. 8. Lond. 1819. Nennii Historia Britonum. Ad fidem Codicum Manuscriptorum recensuit Josephus Stevenson. 8. Lond. 1838. (By the Historical Society.)

37. Siehe Wright's Biogr. Brit. Liter. A. S. Period. Seite 142 bis 163. Eine lebensbeschreibung Columban's von Jonas, einem mönche zu Bobbio, einige jahre nach Columban's tode geschrieben, findet sich in Mabillon's Acta Sanctorum Ord. Bened. sæc. II. Ueber Columban's gedichte handelt Bæhr, die christlichen dichter und geschichtsschreiber Rom's. 8. Carlsruhe 1836. Seite 79. Columban's übrig gebliebene werke sind abgedruckt in der Maxima Bibliotheca Veterum Patrum. Vol. XII. Fol. Lugd. 1677. Seite 1 bis 37, so wie in der kölner und pariser ausgäbe der Bibliotheca Patrum.

38. Vergleiche Seite LI. der vorrede zu Andreas und Elene von J. Grimm. 8. Cassel. 1840.

39. Genauere nachrichten über Aldhelm's leben und schriften enthält Wright's Biogr. Brit. Liter. A. S. Period. Seite 209 bis 222. Ausgaben: Canisii Antiquae Lectiones, tom. V. 4. 1608. Edit. Basnage fol. Antw. 1725. tom. I. Seite 709 bis 762. Maxima Bibliotheca Veterum Patrum, tom. XIII., fol. 1677. Seite 1.

40. Ueber Ceolfrid's leben und wirken siehe

Wright's Biogr. Brit. Lit. A. S. Period. Seite 234 bis 237.

<u>41.</u> Ueber Tatwine vergleiche Wright's Biogr. Brit. Lit. A. S. Period. Seite 244 bis 246.

<u>42.</u> Th. Wright's Biogr. Brit. Liter. A. S. Period. seite 246 bis 249. Ausgaben: Mabillon, Acta Sanctorum Ord. S. Benedicti, Sæc. III. Part. I. Par. 1672. Seite 263 bis 284 nach einem manuscript des klosters Lira in der Normandie. The History and Antiquities of Croyland-Abbey in the county of Lincoln. By R. Gough. 4. London, 1783. Seite 131 bis 153, aus einem manuscript Harl. 3097.

<u>43.</u> Beda's gesammelte werke wurden zuerst zu Paris 1544, 1545 und 1554 in sechs foliobänden gedruckt, später zu Basel 1563, zu Cöln 1612 und 1688 in acht folianten. Die wichtigste ältere ausgabe der historischen werke Beda's ist von John Smith im jahre 1722 zu Cambridge in folio unter folgendem titel erschienen: Historiæ Ecclesiasticæ Gentis Anglorum Libri Quinque, auctore Sancto et Venerabili Bæda Presbytero Anglo-Saxone, una cum reliquis eius Operibus Historicis in unum volumen collectis. Die beste neuere ausgabe ist von der Historical Society unter dem titel herausgegeben worden: Verabilis Bedæ Historia Ecclesiastica Gentis Anglorum. Ad fidem Codicum Manuscriptorum recensuit Josephus Stevenson. 8. London. 1838. Die Popular Treatises on Science, written during the Middle Ages. Edited by Th. Wright. 8. London. 1841, von der Historical Society of Science veröffentlicht, enthalten seite 1 bis 19 einen auszug aus der angelsächsischen übersetzung von Beda's abhandlung De Natura Rerum. Im übrigen ist auf Wright's Biogr. Brit. Liter. A. S. Period. zu verweisen, wo nebst einer lebensbeschreibung Beda's ein ausführlicher wissenschaftlicher apparat zu dessen werken von seite 263 bis 288 gegeben wird.

44. Der beste abdruck von Egbert's schriften findet sich in: Ancient Laws and Institutes of England; comprising Laws enacted under the Anglo-Saxon kings etc.—also Monumenta Ecclesiastica Anglicana. fol. London. 1840. Edited by Benjamin Thorpe, and published by the Record Commission. Im übrigen siehe Wright's Biogr. Brit. Liter. A. S. Period. Seite 297 bis 305.

45. Mone in seinen forschungen zur geschichte der teutschen literatur und sprache. 8. Achen und Leipzig, 1830. Bd. I. Seite 509 giebt Varianten aus einer brüsseler handschrift (Nr. 300 in 4.), welche jedoch den sinn nicht ändern. Wichtig ist, was Mone über das poenitentiale Egbert's im allgemeinen und insbesondere über das vierte buch desselben spricht, welches er (seite 457) für jünger hält. Man vergleiche hierüber, was Hildenbrand in seinen untersuchungen über die germanischen pönitentialbücher. 8. Würzburg, 1851. Seite 65 ff. und Wasserschleben in den bussordnungen der abendländischen kirche. 8. Halle, 1851. Seite 37 ff., auf quellenstudium und vergleichung vieler handschriften gestützt, über das Egbert'sche beicht- und bussbuch sagen, woraus mit ziemlicher gewissheit hervorgeht, dass das ganze nicht auf Egbert zurückzuführen, mindestens als eine sehr überarbeitete zusammenstellung mehrerer älterer beicht- und bussordnungen, worunter sich auch eine Egbert'sche arbeit befinden mag, zu betrachten sei.

46. Ueber die drei götter Thunar, Vuoden und Saxnot, besonders über den letzteren handelt J. Grimm in der Deutschen Mythologie. 8. Göttingen, 1844. Seite 149. 184. 196. 839. Saxnot = Seaxna-Eowðen?

47. Martene und Durand, Veterum Scriptorum et Monumentorum Historicorum, Dogmaticorum, Moralium, Amplissima Collectio. Tomus IX. fol. Paris, 1733. enthält Bonifacii Sermones. Die beste ausgabe der briefe ist: Epistolae S. Bonifacii

Archiepiscopi Magontini ordine chronologico dispositæ, notis et variantibus illustratæ a Stephano Alex. Würdtwein. fol. Magont. 1789. Vergleiche Wright's Biog. Brit. Liter. A. S. Period. Seite 308 bis 334.

48. Beati Flacci Albini seu Alcvini Abbatis, Caroli Magni Regis ac Imperatoris Magistri, Opera. Post primam editionem, a viro clarissimo D. Andrea Quercetano curatam, de novo collecta, multis locis emendata, et opusculis primum repertis plurimum aucta, variisque modis illustrata. Cura ac Studio Frobenii. Tomi duo in quatuor voluminibus, fol. Ratisbonæ, 1777. Siehe die reiche Alcuinliteratur in Wright's Biog. Brit. Liter. A. S. Period. Seite 366-368.

49. Vergleiche Wright's Biog. Brit. Liter. A. S. Period. Seite 405 bis 413.

50. Vergleiche Wright's Biog. Brit. Liter. A. S. Period. Seite 512 bis 521.

51. Im allgemeinen handeln hiervon S. Turner's history of the A. S. Vol. III. Book IX. Wright's Introductory Essay on the State of Literature and Learning under the Anglo-Saxons, 1842 zu London erschienen und auch als einleitung der Biog. Brit. Liter. beigefügt. L. Ettmüller's handbuch der deutschen literaturgeschichte. 8. Leipzig 1847. Seite 120 bis 153. Michel, Bibliotheca Anglo-Saxonica, containing an accurate Catalogue of all works published in Anglo-Saxon, with an introductory letter, by J. P. Kemble. 8. Paris. 1837.

52. Deutsche grammatik v. J. Grimm. 4 theile. 8. Göttingen 1819-37. 1840.

53. Literatur der grammatiken, lexica und wörtersammlungen von J. S. Vater. 2. Aufl. von B. Jülg. 8. Berlin 1847 enthält von Seite 79 bis 98 einen vollständigen philologischen apparat übersichtlich geordnet.

54. Altnordisches lesebuch, von Fr. Ed. Chr.

Dietrich. 8. Leipzig. 1843 enthält von seite IX bis LIV eine übersicht der literatur, von seite 1 bis 196 sprachproben, auf welche von seite 197 bis 288 grammatik und glossar folgen. Runensprachschatz; oder wörterbuch über die ältesten sprachdenkmale Skandinavien's, von U. W. Dieterich. 8. Stockholm. 1844.

55. Geschichte der niedersächsischen oder plattdeutschen sprache von J. Fr. A. Kinderling. 8. Magdeburg. 1800.

56. Vergl. Wright's Introductory Essay zu Biogr. Brit. Liter. A. S. Period. Seite 15. Ferner desselben Essays on subjects connected with the Literature, Popular superstitions and History of England in the Middle Ages. 8. London, 1846. vol. I. Seite 25, und Essay XIV. Adventures of Hereward the Saxon. vol. II. Seite 91.

57. Im Exeter manuscripte (Thorpe's Codex Exoniensis, seite 352) kommt ein vollständig gereimtes, aber bis jetzt noch nicht verstandenes gedicht vor, in welchem auch die Alliteration nicht fehlt. In anderen gedichten werden gereimte verse stellenweise bemerkt. Allein dieses sind nur ausnahmen von der regel. Man vergleiche, was J. Grimm in der vorrede (seite XLIII) zu Andrêas und Elêne über reim und alliteration der angelsächsischen poesie sagt.

58. Vergleiche dagegen Grimm's ansicht, dass die angelsächsischen gedichte in langzeilen von zwei hemistichen zu fassen seien, in der vorrede (seite LV.) zu Andreas und Elene.

59. The Anglo-Saxon Poems of Beowulf, the Traveller's Song and the battle of Finnesburgh, edited by John M. Kemble. 8. London. 1833. Second edition, 1835. A Translation of the Anglo-Saxon Poem of Beowulf, with a copious glossary, preface and philological notes, by John M. Kemble, 8. London, 1837. Beowulf, das älteste deutsche, in angelsächsischer mundart erhaltene heldengedicht

nach seinem inhalte und nach seinen historischen und mythologischen beziehungen betrachtet. Ein beitrag zur geschichte alter deutscher geisteszustände, von H. Leo. 8. Halle, 1839. Beowulf, ein heldengedicht des achten jahrhunderts, stabreimend übersetzt, mit einleitung etc. von L. Ettmüller. 8. Zürich, 1840. Ueber das geschlecht Beowulf's vergleiche: Ueber die stammtafel der Westsachsen, von Kemble. 8. München, 1836, und Grimm's recension darüber in den götting. gelehrt. anzeig. d. J.

60. In Leo's alt- und angelsächsischen sprachproben, seite 88-92, und nochmals in dessen Beowulf mit deutscher übersetzung seite 79-88 besonders abgedruckt.

61. Dieselbe ist im druck erschienen unter dem titel: Codex Exoniensis. A Collection of Anglo-Saxon Poetry, from a manuscript in the library of the Dean and Chapter of Exeter, with an English Translation, Notes, and Indexes, by B. Thorpe. 8. London 1842 (published for the Society of Antiquaries of London). Dieses manuscript wurde der bibliothek des domes zu Exeter von Leofric, welcher im jahre 1046 als erster bischof nach Exeter kam, geschenkt. Dasselbe ist auf pergament in folio in einer schönen hand des zehnten jahrhunderts geschrieben, jedoch fehlen zu anfang, in der mitte und am ende einige blätter, und die schrift ist gegen das ende an vielen stellen unleserlich. (Siehe vorrede des herausgebers.)

62. Recensionen der Leo'schen sprachproben von L. Ettmüller in der allg. hall. literaturzeitung 1838, von Lappenberg in den berlin. jahrbüchern für wissensch. kritik. August 1838. Vergleiche hiermit fehlerverbesserungen zu den alt- und angelsächs. sprachproben in der vorrede zu Beowulf etc. von Leo. 8. Halle 1839. Eine besondere ausgabe des Traveller's Song's unter dem titel: Scopes vidsið, sängers weitfahrt, mit umfassender erklärung hat L. Ettmüller, Zürich 1839, veranstaltet.

63. Das Angelsächsische aus dem Codex Exoniensis, seite 326. 327.

64. Das geschichtliche in Beda's werke dürfte in folgenden worten zu finden sein: „In huius monasterio Abbatissae (Hilda zu Whitby) fuit frater quidam divina gratia specialiter insignis, quia carmina religioni et pietati apta facere solebat, ita ut quicquid ex divinis literis per interpretes disceret, hoc ipse post pusillum verbis poeticis maxima suavitate et compunctione compositis in sua, i. e. Anglorum lingua proferret.... Canebat autem de creatione mundi et origine humani generis et tota Genesis historia: de egressu Israel ex Aegypto et ingressu in terram repromissionis, de aliis plurimis sacræ scripturæ historiis, de incarnatione dominica, passione, resurrectione et ascensione in coelum, de spiritus sancti adventu et apostolorum doctrina, item de terrore futuri judicii et horrore poenæ gehennalis ac dulcedine regni coelestis multa carmina faciebat."

65. Caedmonis Monachi Paraphrasis Poetica Geneseos ac præcipuarum sacræ paginæ historiarum, abhinc annos MLXX Anglo-Saxonice conscripta, et nunc primum edita a Francisco Junio, Amst. 1655.

66. Eine ausführliche inhaltsangabe der handschrift mit proben im „jahresbericht über das gymnasium zu Elberfeld" 1845, von K. W. Bouterwek.

67. Caedmon's Metrical Paraphrase of Parts of the Holy scriptures, in Anglo-Saxon, with an English translation, notes and a verbal index, by B. Thorpe. 8. London 1832. Caedmon's des Angelsachsen biblische dichtungen. Herausgegeben von K. W. Bouterwek (Abth. I. Text. 1849. Abth. II. Glossar. 1851). 8. Elberfeld. Dem ersten bande ist ein facsimile der beiderlei handschriften des oxforder codex beigegeben. (Vergl. seite 164.)

68. Auch Ettmüller ist dieser meinung. Siehe sein handbuch der deutschen literaturgeschichte.

Leipzig 1847. Seite 135 u. f. Dagegen giebt Th. Wright in seinem Introductory Essay seite 22-24 die autorschaft Caedmon's nicht auf, obwohl er eine gänzliche umänderung der gedichte in sprache und form annimmt, was einer verneinung der autorschaft Caedmon's fast gleichsteht.

69. Zu vergleichen hierüber Sharon Turner's History of the A. S. Vol. III, Book IX, chap. 3. seite 186 der pariser ausgabe von Baudry.

70. Das Angelsächsische nach Bouterwek's redaktion, jedoch mit trennung der ganzzeilen in hemistiche nach anleitung der handschrift. Die alliteration der consonanten ist durch fettere lettern hervorgehoben.

71. Hohes haupt aller geschöpfe? In der handschrift ist diese zeile in punkten eingeschlossen, also nicht in zwei hemistiche zerlegt.

72. Die handschrift liest dælon; Junius, der erste Herausgeber, setzte dæl on. Die stelle ist jedenfalls unklar, vielleicht lückenhaft, daher ich nicht erst eine gekünstelte Übersetzung versucht habe.

73. Das Angelsächsische aus Leo's sprachproben (seite 69. 70) mit auflösung in hemistiche und weglassung der accente.

74. Der text hat behðe; Sh. Turner muss to hehðe gelesen haben, denn er übersetzt on high.

75. Rheinisches museum 1832. 4, 232. Bibl. Mss. italica p. 6.

76. Im Appendix B. zu Purton Cooper's Report on Rhymer's foedera. (Enthält Edgar's Canones, das vierte buch von Egbert's Poenitentiale, ein angelsächsisches glossarium aus brüsseler handschriften, die gedichte des Vercelli Ms. und angelsächsische glossen aus handschriften zu Boulogne und Epinal.) Das buch ist nur in wenigen exemplaren vorhanden; von einem solchen, als geschenk verschickten hat J. Grimm Andrêas und Elêne herausgegeben. Siehe

J. Grimm's vorrede.

77. Codex Exoniensis. S. 107-184.

78. In Leo's Sprachproben seite 23 und in Ettmüller's Scôpas and Bôceras. S. 77 abgedruckt.

79. Der angelsächsiche text ist sehr fehlerhaft in Ellis' Specimens of the Early English Poets. 3. vols. 8. London, 1801. Bd. 1. Seite 14 bis 31 zu finden; er ist ferner in Ettmüller's Scopas and Boceras, seite 204 nach der angelsächsischen chronik abgedruckt, aus welcher (edit. Gibson seite 212 ff.) derselbe auch hier unter benutzung der angegebenen Varianten entlehnt ist.

80. Thorpe's Codex Exoniensis, seite 377. Ettmüller's Scôpas and bôceras seite 211. Auch in Conybeare's Illustrations of A. S. poetry.

81. Thorpe's Codex Exoniensis, seite 441. 306. Ettmüller's Scôpas and bôceras, seite 214. 216. 218. Das erste gedicht auch in Conybeare's Illustrations of A. S. poetry.

82. Thorpe's Codex Exoniensis, seite 367-377.

83. Libri Psalmorum versio antiqua Latina; cum paraphrasi Anglo-Saxonica, partim soluta oratione, partim metrice composita, nunc primum e cod. Ms., in Bibl. Regia Parisiensi adservato, descripsit et edidit B. Thorpe. 8. Oxonii, 1835.

84. Thorpe's Codex Exoniensis, seite 360. 355. 224.

85. Aus dem Codex Exoniensis, seite 293.

86. Dieses wort kommt ausser an dieser stelle nur noch einmal im Cod. Exon. vor: Seite 497 zeile 18 sworfen feole, welche stelle Thorpe mit *„gerieben* mit einer Feile" übersetzt. Th. Wright in dem Introductory Essay seite 79 übersetzt dieses wort gar nicht. Hängt das wort sworfen mit dem englischen to swerve zusammen?

87. Von Wright mit *„poured out,"* von Thorpe mit *„equip'd"* übersetzt. Möchte es nicht von æt-eowian, ywan herzuleiten sein? Offenbar hat der gesuchte

binnenreim dem räthseldichter schwierigkeiten gemacht.

88. Das englische to cling, anhangen? Thorpe übersetzt es mit „adorns" und Wright mit „knocks." Auch hier ist der binnenreim zu beachten.

89. Diese stelle ist sehr dunkel. Wright übersetzt die vorhergehenden vier hemistichen: „It knocks and slights those, of whom before while alive a long while it obeys the will," Thorpe dagegen: „adorns and lengthens the tedious time of those who ere living their desires enjoy." Meine übersetzung ist wörtlich, obwohl þara þe ær lifgende auch eine andere fassung zulässt.

90. Die älteste Sammlung angelsächsischer gesetze von William Lambard unter dem titel Archaionomia, sive de priscis Anglorum legibus libri etc. 4. Londini 1568. Eine neue auflage von Wheloc, Cambridge 1644. Neuere ausgaben sind: Leges Anglo-Saxonicæ ecclesiast. et civil. ed. D. Wilkins. fol. Lond. 1721. Gesetze der Angelsachsen (mit einer historisch-kritischen einleitung und sorgfältigen kritik des textes) von R. Schmid, 8. Leipzig 1832. Die neuesten ausgaben sind für die Record Commission zu London veranstaltet worden: Codex Diplomaticus Aevi Saxonici, opera J. M. Kemble. II vols. 8. London. 1839. 1840. Ancient Laws and Institutes of England; comprising Laws enacted under the Anglo-Saxon kings, from Aethelbert to Canute, with an English Translation of the Saxon. With a compendious Glossary, etc. Edited by B. Thorpe, and published by the Record Commission. II vols. fol. London. 1840.

91. Rituale Ecclesiæ Dunelmensis. Nunc primum typis mandatum. Published by the Surtees Society, and edited by J. Stevenson. 8. London. 1840.

92. Bosworth's A. S. Dictionary. Preface p. XXII. ff.

93. Die gründe sind von Wright in seiner Biog.

Brit. Liter. A. S. Period., seite 400-403 zusammengestellt.

94. Diese sprüchwörter sind in doppelter redaction aus Ms. Trin. Coll. Cambr. B. 14, 39 und aus Ms. Coll. Jes. Oxon. I, 29, fol. 262 im ersten bande, seite 170 bis 188 der Reliquiæ Antiquæ, scraps from ancient Mss. Edit. by Th. Wright and J. O. Halliwell. 2 vols. 8. London, 1841. 1843 abgedruckt.

95. S. Turner hat dem könig Alfred das ganze fünfte buch (vol. II.) seiner geschichte der Angelsachsen gewidmet. Ausgaben: Alfred's angelsächsische übersetzung des Beda in Smith's Historiæ Ecclesiasticæ Gentis Anglorum etc. Auctore Bædæ. fol. Cantabrigiæ, 1722. Seite 471-649. The Anglo-Saxon Version, from the Historian Orosius. By Aelfred the Great. Together with an English Translation from the A. S. by D. Barrington. 8. London, 1773. The Will of King Alfred, reprinted from the Oxford Edition of 1788; with a preface, and additional notes. By J. S. Cardale. 8. London, 1828. King Alfred's A. S. version of Boethius de Consolatione Philosophiæ, with an English translation, and notes. By J. S. Cardale. 8. London, 1829. King Alfred's A. S. version of the Metres of Boethius, with an English translation, and notes; by S. Fox. 8. Lond. 1835. The Proverbs of King Alfred in Reliquiæ Antiquæ, herausgegeben von Th. Wright und J. O. Halliwell. 8. London, 1841. vol. I. Seite 170-188.

96. Aus Cardale's ausgabe entlehnt.

97. Inhalt und sprache dieser stelle zeigt die spätere interpolation der vorrede.

98. Der angelsächsische text aus Darrington's ausgabe. 8. London. 1773. Seite 21. 22.

99. Ausgaben ausser mehreren älteren: Dictionarium Saxonico-Latino-Anglicum. Opera et Studio G. Somneri. Accesserunt Aelfrici Abbatis Grammatica Latino-Saxonica, cum Glossario suo eiusdem generis. Fol. Oxon. 1659. Heptateuchus,

Liber Job, et Evangelium Nicódemi; Anglo-Saxonice. Historiae Judith Fragmentum; Dano-Saxonice. Edidit nunc primum ex Mss. codicibus Edw. Thwaites. 8. Oxon. 1699. An English-Saxon Homily on the birth-day of St. Gregory. Translated into modern English, with notes, by Eliz. Elstob. 8. London, 1709. Thorpe's Analecta Saxonica. 8. London. 1834 enthalten seite 25 bis 28 Alfric's Preface to Genesis, seite 59-84 Homilies, seite 101-118 Alfric's colloquium. Mit ausnahme der homilien auch in Leo's alt- und angelsächsischen sprachproben. 8. Halle. 1838. Ancient Laws and Institutes of England; edited by B. Thorpe. Fol. London. 1840. Enthaltend die Canones Alfrici, Alfric's hirtenbrief an Wulfstan und noch einen anderen brief desselben: „quando dividis Chrisma."

100. Das Angelsächsische aus Biog. Brit. Liter. A. S. Period, seite 488. 489.

101. Wright's Biog. Brit. Liter. A. S. Period. Seite 496-501, woraus auch die mitgetheilten sprachproben entlehnt sind.

102. Das Angelsächsische aus Biog. Brit. Liter. A. S. Period. Seite 497. 498.

103. Am letzt angeführten orte seite 505 ff., woher auch die sprachprobe genommen ist.

104. The Anglo-Saxon Version of the Story of Apollonius of Tyre, upon which is founded the Play of Pericles, attributed to Shakespeare; from a Ms. in the library of C. C. C. Cambridge. With a literal translation etc.; by B. Thorpe. 8. London. 1834.

105. Da diese abhandlung sich auch in einer handschrift der werke Alfric's (Wanley, p. 160) in der öffentlichen bibliothek zu Cambridge befindet, so ist sie von ihrem herausgeber Wright (Popular Treatises on Science written during the Middle-Ages in Anglo-Saxon, Anglo-Norman, and English. 8. London, 1841. Seite 1-19) dem Alfric Grammaticus zugeschrieben worden.

106. Oder vielleicht ellen, ellarn, holder, hollunder?

107. Die älteste ausgäbe erschien unter dem titel Chronologia Saxonica als anhang zur Alfred'schen übersetzung von Beda's kirchengeschichte von A. Wheloc, fol. Cambridge, 1644. Eine genauere ausgabe: Chronicon Saxonicum ex Mss. Codicibus nunc primum integrum edidit ac latinum fecit Edm. Gibson. 4. Oxonii, 1692. Besser ist: The Saxon Chronicle, with an English translation and notes critical and explanatory, by J. Ingram. 4. London, 1823. Zuletzt in den werken der Record Commission von Richard Price. Eine kritik der Ingram'schen ausgabe von R. Schmid in Hermes, band XXX, heft 2. Leipzig, 1828. Seite 286 ff.

108. Ein kenner angelsächsischer handschriften, John M. Kemble, klagt in seiner vorrede zum Beowulf (seite XXIII) nicht minder über die verderbtheit der Mss. durch schuld der abschreiber. „All persons," sagt er, „who have had much experience of Anglo-Saxon Mss. know how hopelessly incorrect they in general are; when every allowance has been made for date and dialect, and even for the etymological ignorance of early times, we are yet met at every turn with faults of grammar, with omissions or redundancies, of letters and words."

109. Codex Ms. omnium vetustissimus non ita pridem erat penes egregium illum literarum fautorem Joannem Morum, episcopum nuper Eliensem, hodieque in Bibliotheca Regia Cantabrigiae asservatur. Smith's Bede; Cantabrigiae, folio. 1722. Vorrede seite 3. Dr. John Moore war bischof von Norwich, als Wanley seinen catalog anlegte und dieses manuscript unter den Codd. Mss. Episc. Norwicensis seite 287 aufführte; später wurde er bischof von Ely. Nach seinem tode kaufte könig Georg I. diese handschrift mit des bischofs bibliothek, welche er der universität Cambridge schenkte, wo dieses Ms. gegenwärtig in der öffentlichen bibliothek aufbewahrt wird.

110. Sie sind ausserdem, das erstere in Wanley's Antiq. literat. septent. Vol. II. p. 287., das letztere in Hikkes' Gramm. Anglo-Saxon. p. 187. abgedruckt.

111. Fragment of Aelfric's Grammar, Aelfric's Glossary, and a Poem on the Soul and Body, in the Orthography of the 12. century: discovered among the Archives of Worcester Cathedral, by Sir T. Phillipps. fol. London, 1838.

112. Der lange titel der ersten ausgabe vom jahre 1566 mit dem namen dieser fünfzehn kirchenfürsten ist angegeben in Wright's Biog. Brit. Liter. A. S. Period, seite 491.

113. Dafür, dass man darauf auch in späterer zeit wenig gewicht legte, lassen sich viele beispiele anführen. Auf den alten tapeten zu Bayeux, welche den sieg Wilhelm's des eroberers feiern, findet sich dessen namen sehr verschieden geschrieben: Wilielmi, Willelmi, Wilgelmvm, Willielmvs, Willem, Wilel. In den acten zu Stratford kommt der namen von Shakespeare's vater, welcher mitglied des gemeinderathes war, hundert sechs und sechszig mal in vierzehn ver schiedenen gestalten vor, nämlich: Shackesper, Shackespere, Shacksper, Shakspere, Shakespere, Shaksper, Shakspare, Shakspeyr, Shakyspere, Shakspire, Shaxpeare, Shaxsper, Shakxpere, Shaxpear, worunter sich die gegenwärtig angenommene schreibart des dichternamens nicht einmal befindet.

114. Bosworth in der vorrede zu seinem A. S. Dictionary besonders seite XVIII-XXII, wo sich eine nach inhalt und zeit des erscheinens geordnete übersicht der hauptwerke angelsächsischer literatur befindet, ferner Th. Wright am ende seines Introductory Essay und in seinen Essays on the Literature of England during the middle ages. Essay I. A. S. Poetry, seite 1-30, theilen schätzenswerthes material zur geschichte des studiums angelsächsischer sprachdenkmale mit.

115. Es sind hier nur die hauptformen aufgeführt,

auf welche die orthographischen und mundartlichen nebenformen gegründet sind.

116. „Rex autem Edwardus natus in Anglia, sed nutritus in Normannia et diutissime immoratus, pene in Gallicum transierat, adducens ac attrahens de Normannia plurimos, quos variis dignitatibus promotos in immensum exaltabat." Ingulph. Hist. Croyl. p. 62 ed. Gale. Ingulph, ein geborner Angelsachse, lebte einige zeit am hofe Wilhelm's des eroberers als dessen schreiber und wurde im jahre 1075 abt von Croyland, wo er 1109 gestorben ist. Die unter seinem namen citirte und wahrscheinlich im kloster von Croyland entstandene geschichte rührt indessen nicht von ihm her, oder müsste wenigstens sehr interpolirt sein.

117. Wilhelm von Malmsbury, welcher in der ersten hälfte des zwölften jahrhunderts als geschichtsschreiber blühte, beschreibt indessen den zustand der Angelsachsen kurz vor der eroberung Wilhelm's in einer solchen weise, dass man die pfropfung des normännischen reises auf den angelsächsischen stamm jedenfalls als eine verbesserung ansehen muss. In seiner betrachtung über die folgen der schlacht von Hastings klagt dieser autor in seiner Historia Regum Anglorum unter anderem: „Clerici literatura tumultuaria contenti, vix sacramentorum verba balbutiebant; stupori et miraculo erant cæteris, qui grammaticam nossent. Monachi subtilibus indumentis et indifferenti genere ciborum regulam ludificabant. Optimates gulæ et veneri dediti, ecclesiam more Christiano mane non adibant, sed in cubiculo et inter uxorios amplexus matutinarum solemnia et missarum a festinante presbytero auribus tantum libabant. Vulgus in medio expositum præda erat potentioribus, ut vel eorum substantiis exhaustis, vel etiam corporibus in longinquas terras distractis, acervos thesaurorum congererent, quanquam magis ingenitum sit illi genti commessationibus quam operibus inhiare. Illud erat a natura

abhorrens, quod multi ancillas suas ex se gravidas, ubi libidini satisfecissent, aut ad publicum prostibulum aut ad æternum obsequium vendicabant. Potabatur in commune ab omnibus, in hoc studio noctes perinde ut dies perpetuantibus, parvis et abjectis domibus totos sumptus absumebant; Francis et Normannis absimiles, qui amplis et superbis ædificiis modicas expensas agunt. Sequebantur vitia ebrietatis socia, quæ virorum animos effoeminant."

118. „Modus etiam scribendi anglicus omitteretur, et modus gallicus in chartis et in libris omnibus admitteretur." Ingulph, seite 71.

119. „Coepit ergo tota terra sub Rege (Edwardo) et sub aliis Normannis introductis Anglicos ritus dimittere, et Francorum mores in multis imitari, Gallicum scilicet idioma omnes Magnates in suis curiis tanquam magnum gentilitium loqui, chartas et chirographa sua more Francorum conficere, et propriam consuetudinem in his et in aliis multis erubescere." Ingulph, seite 62.

120. „Anglicam locutionem plerumque sategit ediscere, ut sine interprete querelam subjectæ legis possit intelligere. Ast a perceptione huiusmodi durior ætas illum compescebat, et tumultus multimodarum occupationum ad alia necessario adtrahebat." Ordericus Vitalis l. IV, 520. Dieser autor war der sohn eines verheiratheten normännischen priesters, und im jahre 1075 am ufer des Severn in England geboren. Seine dreizehn bücher geschichte, welche er bis zum jahre 1143 in der Normandie abfasste, sind eine hauptquelle für die geschichte der Normannen seiner zeit.

121. Die unkenntniss der volkssprache war den Normannen zuweilen auch verderblich. Als die Northumbrier im jahre 1080 den bischof Vaulcher mit mehreren bitten angingen, wollte er ihnen die erfüllung derselben nur um vierhundert pfund silber zugestehen. Da rief der redner der Northumbrier seinen landsleuten in deren sprache

zu: short red, god red, slea ye the byshoppe, wie Matth. Paris I, 1. seite 10 in späterem Englisch anführt, worauf der bischof und mit ihm hundert Franzosen und Flamländer (frencisce and flemisce nach der sachsenchronik) umgebracht wurden. Als im jahre 1191 Wilhelm Longchamps, der allmächtige minister Richard's I., welcher selbst die volkssprache nicht verstand, nachdem er wegen seiner erpressungen in ungnade gefallen war, als weib verkleidet, sich über das meer flüchten wollte, wurde er am strande von dem volke festgehalten, weil er auf keine frage antworten konnte („quia linguam anglicam prorsus ignorabat"), und in das gefängniss geworfen.

122. „Comitatus et Baronias, Episcopatus et Prælatias totius terræ suis Normannis rex distribuit, et vix aliquem Anglicum ad honoris statum vel alicuius dominii principatum ascendere permisit." Ingulph, p. 70.

123. „Custodes in castellis strenuos viros ex Gallis collocavit, et opulenta beneficia, pro quibus labores et pericula libenter tolerarent, distribuit." Order. Vital. l. IV, p. 506.

124. „Monacho, minimæ facundiæ viro, sed Normanicæ linguæ sciolo." Will. Malmesb. l. III, p. 118.

125. „Quasi homo idiota, qui linguam Gallicanam non noverat, nec regiis consiliis interesse poterat." Matth. Paris ad an. 1095.

126. Dass das Französische sprache des gesetzes und der schule wurde, bezeugt Ingulph p. 71: „Ipsum etiam idioma (Anglicum) tantum abhorrebant (Normanni), quod leges terræ statutaque Anglicorum regum lingua Gallica tractarentur, et pueris etiam in scholis principia literarum grammatica gallice ac non anglice traderentur."

127. Schmid in „die gesetze der Angelsachsen" seite XCI. bemerkt, dass die abdrücke der französischen

gesetze Wilhelm's, von denen die originalhandschrift nicht mehr bekannt ist, „im höchsten grade fehlerhaft" seien. Die überschrift mit den namen William und Edward ist jedenfalls etwas späteren ursprungs, und die sprache der gesetze selbst mannigfach geändert. Dessen ungeachtet gewährt sie doch ein bild von der sprache, welche die Normannen aus Frankreich nach England brachten. Ein besonderer abdruck der gesetze Wilhelm's ist: The laws of William the conqueror by R. Kelham of Lincoln's Inn, 1779.

128. Im abschnitt 80 der „Leges Henrici primi" (bei Schmid seite 263) wird unter § 14 eine erklärung des rechtlichen begriffes von hemfare gegeben: „*Hamsocna* est vel *Hamfare*, si quis præmeditate ad domum eat, ubi suum hostem esse scit et ibi eum invadat. Si die vel nocte hoc faciat et qui aliquem in molendinum vel ovile fugientem prosequitur *Hamsocna* judicatur. Si in curia vel domo seditione orta bellum etiam subsequatur et quivis alium fugientem in aliam domum infuget, si ibi duo tecta sunt, *Hamsocna* reputetur."

129. Siehe mehreres über diesen gegenstand in Thommerel, Recherches sur la fusion du Franco-Normand et de l'Anglo-Saxon. 8. Paris, 1841. Duclos, sur l'origine et les révolutions de la langue fr. in Acad. des Inscr. Tom XV., XVII. et XXVI. Ampère Histoire de la formation de la langue franç. 8. Paris, 1841. Gley, Langue et Littérature des anciens Francs. 8. Paris, 1814. De Roquefort, Glossaire de la langue Romane, 2 vols. 8. Paris, 1808. Supplément, 1820. Grammaire de la Langue d'oïl, ou gramm. des Dialectes Français aux XII. et XIII. siècles par G. F. Burguy. 8. Berlin, 1853.

130. In Wright's und Halliwell's Reliquiae Antiquae. Bd. I. 1841. mitgetheilt aus Ms. Trin. Coll. Camb. B. 14, 39 und einem Ms. Coll. Jesu. Oxon. I. 29, fol. 262.

131. In Reliquiae Antiquae Bd. I. seite 208, und in altdeutsche blätter. Bd. 2. 8. Leipzig, 1837

abgedruckt.

132. Th. Wright giebt im band I. der Reliquiae Antiquae seite 65 ff. ein bruchstück aus Ms. Cotton. Nero, A. XIV. fol. 50, überschrieben The seven beasts of sin, and their whelps. Im band II, seite 1 bis 6 befinden sich zwei andere bruchstücke aus Ms. Cotton. Cleopatra, C. VI. und Ms. Cotton. Titus, D. XVIII. Sämmtliche Mss. sind aus dem anfange des dreizehnten jahrhunderts.

133. In Reliquiae Antiquae. Bd. I. sind seite 128 ff. zwei predigten aus dem anfange des dreizehnten jahrhunderts von Ms. Trin. Coll. Cambridge B. 14, 52 abgedruckt.

134. Die in den Rel. Ant. enthaltene abschrift des oxforder manuscripts, welche von Sir F. Madden herrührt, zeigt anstatt des þ überall th.

135. Von Wright in seiner Biogr. Brit. Liter. Anglo-Norman Period. 8. London. 1846. Seite XV aus Ms. Cotton. Vespas. B. X. mitgetheilt.

136. Von Wright am angeführten orte seite XVII. aus Ms. Cotton. Nero C. VI. mitgetheilt.

137. Nach der französischen bibelübersetzung des David Martin. Bruxelles. 1851.

138. Popular Treatises on Science written during the Middle Ages, in Anglo-Saxon, Anglo-Norman, and English. Edited by Th. Wright. 8. London 1841. pp. 20-73, Li Livre des Creatures; pp. 74-131, The Bestiary, beide von Philippe de Thaun, mit wörtlicher englischer übersetzung. Im übrigen siehe Wright's Biog. Brit. Lit. A. N. Period. Seite 86 ff.

139. La chanson de Roland, ou de Roncevaux, du XII. siècle, publiée pour la première fois, d'après le manuscrit de la Bibliothèque Bodléienne à Oxford, par Francisque Michel. 8. Paris. 1837.

140. Noch ungedruckt. Proben aus dem Ms. Harl. No. 4388, welches dem zwölften jahrhundert

angehört, siehe in Wright's Biogr. Brit. Liter. A. N. Period. Seite 130. 131.

141. Collection of Historians edited by order of the Record Commission, vol. I, p. 764-829: L'Estorie des Engles solum la Translation de maistre Geffrei Gaimar. Enthält die geschichte von der normännischen eroberung nebst den schlusszeilen des gedichtes, in welcher der verfasser von sich und seinem unternehmen spricht. Chroniques Anglo-Normandes. Recueil d'Extraits et d'Ecrits relatifs à l'Histoire de Normandie et de l'Angleterre pendant les XI. et XII. siècles; publié par Francisque Michel. Tome premier. 8. Rouen, 1835. Enthält den letzteren theil der geschichte Gaimar's nach der normännischen eroberung.

142. Le Roman de Brut, par Wace, poète du XII. siècle; publié pour la première fois d'après les manuscrits des Bibliothèques de Paris, avec un commentaire et des notes, par Le Roux de Lency. 8. Tom. I. II. Rouen. 1836. 1838.

143. Rerum Britannicarum, i. e. Angliæ, Scotiæ, vicinarumque iusularum ac regionum, scriptores vetustiores ac præcipui. Fol. Heidelberg, (Commelin.) 1587. pp. 1-92. Galfredi Monumetensis Historiæ Regum Britanniæ. Galfridi Monumetensis Historia Britonum, nunc primum in Anglia ex novem codicibus Msstis. edita, ab J. A. Giles, e C. C. C. Oxon. 8. (Angezeigt, ob schon erschienen?)

144. Le Roman de Rou et des Ducs de Normandie, par Robert Wace, poète Normand du XII. siècle; publié pour la première fois, d'apres les manuscrits de France et d'Angleterre; avec des notes pour servir à l'intelligence du texte, par Frédéric Pluquet. 2 vols. 8. Rouen. 1827. Observations Philosophiques et Grammaticales sur le Roman de Rou, par M. Raynouard. 8. Rouen. 1829. Master Wace's chronicle of the Norman Conqnest, from the Roman de Rou. Translated with Notes and Illustrations by Edgar Taylor. With numerous

woodcuts from the Bayeux Tapestry, and various Mss., and an illustrative map of Ancient Normandy. 8. London, 1837.

145. Collection de Documents inédits sur l'Histoire de France, publiés par ordre du roi. Chronique des ducs de Normandie, par Benoit, trouvère Anglo-Normand du XII. siècle, publiée pour la première fois d'après un mannscrit du Musée Britannique, par Francisque Michel. 3 tomes. 4. Paris. 1836. 1838. 1844.

146. Das beste und älteste Ms. davon ist im brittischen museum Harl. No. 270; ein anderes unvollständiges aus dem vierzehnten jahrhundert ebendaselbst Cotton. Domit. A. XI. Von einem dritten, dessen anfang fehlt, in der bibliothek zu Wolfenbüttel ist eine ausgabe unter dem titel: das leben des h. Thomas von Canterbury, Altfranzösisch. 8. Berlin, 1838. von Immanuel Bekker veranstaltet worden.

147. Ein mehreres hierüber in Essais Historiques sur les Bardes, les Jongleurs, et les Trouvères, Normands et Anglo-Normands. Par M. l'Abbé de la Rue. 3 vols. 8. Caen. 1834. Sketches of the History of Literature and Learning in England from the Norman conquest to the Accension of Elisabeth. By Geo. L. Craik. 2 vols. 12. London 1844. Seite 107-155 des vol. I. Biogr. Brit. Lit. Anglo-Norman Period. By Th. Wright. 8. London 1846.

148. Layamon's Translation of Wace's Chronicle of the Brut, with an English Translation, Preface, and Notes, by Fr. Madden. (Angezeigt, ob erscheinen?). In Thorpe's Analecta Anglo-Saxonica befindet sich seite 143-170 die geschichte des königs Lear und seiner töchter aus den beiden manuscripten Layamon's. Auch in Specimens of the early English Poets by G. Ellis. 3 vols. 8. London 1801 ist seite 61 ff. des Bd. I. ein längeres stück aus dem erstgenannten Ms. Layamon's abgedruckt. In Wright's Biog. Brit. Liter. A. N. Period. seite 439 ff. sind ebenfalls einzelne proben enthalten.

149. Bis hierher sind die reste der alliteration im druck angedeutet.

150. Aus Wright's Biog. Brit. Liter. A. N. Period. seite 437.

151. Auszüge aus dem Ormulum in Thorpe's Analecta Anglo-Saxonica seite 171-178, Wright's Biogr. Brit. Liter, seite 436. 437, Bosworth's A. S. Dictionary seite XXIV und folgende.

152. The Owl and the Nightingale. Edited by Joseph Stevenson. 4. London, 1838. (Printed for the Roxburghe Club.) The Owl and the Nightingale: an early English poem attributed to Nicholas de Guildford, with some shorter poems from the same manuscript. Edited by Thomas Wright. 8. London, 1843. (Printed for the Percy Society.) Eine kurze sprachprobe auch in Wright's mehrgenanntem werke. seite 438.

153. Eine ausgezeichnete zusammenstellung und besprechung der lateinischen und französischen Schriftsteller England's im elften und zwölften jahrhundert (Lanfranc, Ingulf, Anselm, Turgot, Eadmer, Philip von Thaun, Athelard, Ailmer, Ordericus Vitalis, Turold, William von Malmsbury, Geoffrey von Monmouth, Gaimar, Ailred von Rievaux, Thomas Becket, Wace, Benoit von St. Maure, Walter Mapes, Peter von Blois, Giraldus Cambrensis, Joseph von Exeter, Joscelin von Brakelonde u. s. w.) findet sich in Th. Wright's werke Biog. Brit. Liter. A. N. Period. 8. Lond. 1846. Ueber die hauptsächlichsten derselben handelt auch G. Craik in seinen Sketches of the History of Literature and Learning in England from the Norman Conquest to the Ascension of Elizabeth. 2 vols. 12. London, 1844. Bd. 1. seite 1-157. Dasselbe werk enthält seite 158-198 eine betrachtung der wichtigeren lateinischen und französischen schriftsteller England's im dreizehnten und vierzehnten jahrhundert (Matthew Paris, Rishanger, Higden, Walter von Exeter, Peter von Langtoft u. s. w.). In der vorliegenden schrift

konnten nur diejenigen dieser schriftsteller besonders erwähnt werden, deren werke in direkter beziehung zur englischen volkssprache und literatur stehen.

154. In den handschriften des dreizehnten und vierzehnten jahrhunderts findet sich ein eigenthümliches **g**, welches in englischen drucken bald durch ein eigenes, dem deutschen *geschriebenen* z ähnliches zeichen, bald (freilich sehr fehlerhaft) durch z wiedergegeben wird. Offenbar soll das **g** dasjenige angelsächsische g bedeuten, welches in seinem übergange zu dem späteren y oder i begriffen war. Z. B. Angelsäch. gif, später ʒef, if; ge. später ʒew, ʒow, you; geong, später ʒong, young. Man unterschied in der aussprache wahrscheinlich ein hartes g und ein weiches **g**, welches in der aussprache dem deutschen j glich. *Transcriber's Notes*

155. Th. Wright in Anecdota Literaria, seite 90, theilt aus dem Oxforder Ms. Digby Nr. 86, fol. 163 noch ein schönes gedicht über die nichtigkeit der weltlichen dinge mit.

156. „Or voi-ge bien tout en apert que clergie bien sa saison pert." Aus Renard le Contrefait in Th. Wright's Anecdota Litereria, seite 29.

157. Mehr hierüber in Th. Wright's Anecdota literaria, a selection of short poems illustrative of the Literature and History of England in the XIII. century. 8. London, 1844, seite 1-13, wo auch das ganze fabliau der dame Siriz abgedruckt ist.

158. Herausgegeben von Hearne, 2 vols. 8. Oxford, 1724, unter dem titel: Robert of Gloucester's chronicle, transcribed and now first published from a Ms. in the Harleyan liberary. (Nachgedruckt zu London 1810.)

159. Peter Langtoft's Chronicle (as illustrated and improved by Robert de Brunne) from the death of Cadwalader to the end of K. Edward the First's Reign transcribed and now first published from a

Ms. in the Inner-Temple library. 2 vols. 8. Oxford.

160. Diese verse sind vielleicht nach dem carmeliter R. Baston, einem lateinischen reimdichter zu anfang des dreizehnten jahrhunderts, so genannt. Siehe Tyrwhitt's Essay on the language and versification of Chaucer in Bell's edition of the poets of Great Britain. Vol. I. Seite CXLIII.

161. Einige wörter sind bei Hearne mit th, anstatt des sonst üblichen þ gedruckt; es scheint dieses keine willkür des herausgebers, sondern die schreibart des codex zu sein.

162. Poems written anno MCCCLII, by Lawrence Minot; with Introductory Dissertations on the Scottish wars of Edward III., on his claim to the throne of France, and Notes and Glossary. 8. London, 1825.

163. Aus Craik's Sketches, Bd. I, seite 235, modernisirt.

164. In Craik's Sketches, Bd. 1. seite 245, leider mit veränderter orthographie abgedruckt. Die ersten vier zeilen sind in Percy's Reliques, wie folgt, geschrieben:
> In a **s**omer **s**eason, when **s**oft was the **s**unne,
> I **s**hope me into **s**hrouds as I a **s**hepe were;
> In **h**abits as an **h**armet un**h**oly of werkes,
> **W**ent **w**yde in thys **w**orld **w**onders to heare.

165. Alliterative Poem on the Deposition of king Richard II., edited by Th. Wright. 4. London, 1838 (for the Camden Society).

166. Th. Percy's Reliques of Ancient English poetry (ausgabe von Bohn, London 1845, Seite 156 ff.) enthalten eine abhandlung „on the alliterative metre, without rhyme, in Pierce Plowman's Visions," worin die alliteration bis in das sechszehnte jahrhundert verfolgt wird, und proben alliterirender gedichte, welche nach den Visions geschrieben sind, mitgetheilt werden.

167. It is certain that, when John became king, the

distinction between Saxons and Normans was strongly marked, and that before the end of the reign of his grandson it had almost disappeared. In the time of Richard I., the ordinary imprecation of a Norman gentleman was „May I become an Englishman!" His ordinary form of indignant denial was „Do you take me for an Englishman?" The descendant of such a gentleman a hundred years later was proud of the English name. Mac Aulay's History of England. (Tauchnitz edition. 12. Leipzig, 1849.) Vol. I. chp. 1. S. 16.

168. Vgl. Wright's Anec. Lit. s. 38. 39 unter der überschrift Goliardic Poetry.

169. Für diese zeit des schwankens und gegenseitigen durchdringens der angelsächsischen und französischen elemente, ehe die neue mischsprache, das Englische, zu einiger festigkeit gelangte, besitzen wir ein werthvolles, wenn auch noch unvollständiges, vielleicht auch hin und her fehlerhaftes wörterbuch, welches auf dem festlande wenig bekannt zu sein scheint: A dictionary of archaic and provincial words, obsolete phrases, proverbs and ancient customs, from the XIV. Century, by J. O. Halliwell. 2 vols. 8. London, 1847.

170. This maner was myche yused to fore the first moreyn, and is siththe some del ychaungide; for John Cornwaile, a maistre of grammer, chaungide the lore in grammer scole and construction of Frensch into Englisch, and Richard Pencriche lerned that maner teching of him, and other men of Pencriche; so that now the ʒere of oure Lord a thousand thre hundred foure score and fyve, of the secunde King Rychard ofter the conquest nyne, in alle the gramer scoles of Englond children leveth Frensch, and construeth and lerneth an Englisch, and haveth thereby avauntage in oon side and desavauntage in another. Her avauntage is, that thei lerneth her gramer in lasse tyme than children were wont to do; desavauntage is, that now children of gramer scole kunneth no more Frensch

that can her lifte heele; and that is harm for hem, and thei schul passe the see and travaile in strange londes, and in many other places also: also gentilmen haveth now mych ylefte for to teche her children Frensch. Vergleiche Tyrwhitt's Essay etc. Note 21.

171. Pour ce qe monstre est soventfoiz au Roi, par Prelatz, Ducs Counts Barons et tout la communalte, les grantz meschiefs qe sont advenuz as plusours du realme de ce qe les leyes custumes et estatutz du dit realme ne sont pas conuz communement en mesme le realme, par cause qils sont pledez monstrez et juggez en la lange Franceis, qest trope desconue en dit realme; issint qe les gentz que pledent ou sont empledez en les Courtz le Roi et les Courtz dautres, nont entendement ne conissance de ce qest dit por eulx ne contre eulx par lour Sergeantz et autres pledours; et qe resonablement les dites leyes et custumes seront le plus tost apris et conuz et mieultz entenduz en la lange usee en dit realme, et par tant chescun du dit realme se purroit mieultz governer sanz faire offense a la leye, et le mieultz garder sauver et defendre ses heritages et possessions; et en diverses regions et paiis, ou le Roi les nobles et autres du dit realme ont este, est bon governement et plein droit fait a chescun par cause qe lour leyes et custumes sont apris et usez en la lange du paiis; le Roi desirant le bon governement et tranqillite de son poeple, et de ouster et eschure les maulx et meschiefs qe sont advenuz, et purront avener en ceste partie, ad pour les causes susdites ordeigne et establi des assent avantdit qe toutes plees qe seront a pleder en ses Courtz queconqes, devant ses Justices queconqes ou en ses autres places ou devant ses autres Ministres qeconqes on en les Courtz et places des autres seignors qeconqes deinz le realme, soient pledez, monstretz, defenduz, responduz, debatuz et juggez en la lange engleise; et qils soient [entreez] et enroullez en latin; et qe les leyes et custumes du dit Realme, termes et processes,

soient tenuz et gardez come ils sont et ont este avant ces heures; et qe par les aunciens termes et formes et counter nul home soit prodant, issint qe la matire del accion soit pleinement monstre en la demonstrance et en le brief; et est acorde del assent avantdit q cestes ordeignances et estatutz de pleder comenceent et tieguent lieu al quinzeine Seint Hillere prochein avenir. (The Statutes of the Realm. Printed by command of his Majesty King George III. in pursuance of an address of the House of Commons. Fol. 1810. Vol. I. S. 375.)

172. Tyrwhitt's Essay etc. Note 20.

173. Tyrwhitt's Essay etc. Note 22. 23.

174. Man vergleiche die aufzeichnung der thaten Hereward's, seite 50.

175. Incipit prologus super hystoriam Waldei quondam Norffolchie Suffolchieque regis eximii de Gallicis et Anglicis verbis in Latinum translatus. Primitus subsequens regis Waldei filiorumque bystoria suorum in lingua Anglica metrice composita est. Deinde ad instantiam cuiusdam femine, que ipsam penitus linguam nesciret, quam non alio quam amice nomine voluit indagare, a quodam in linguam Gallicam est translata. At vero novissime eandem historiam non solum seniorum preceptis et ut verecundans dico rogatibus, scilicet ipsis ecclesie a quoque intuitu difficilia queque et ardua celeri lenitate mutescunt muneribus, compulsus sum hac de causa in Latinum transferre sermonem. Eiusdem historie pars quedam usque ad quartam huius operis partem continuata in ipsa lingua qua primo faerat conscripta reperta est. (Ms. Bibl. Cambr. C. C. C. Nr. 329.) Vergl. Th. Wright's Essay's etc. Vol. I. S. 98.

176. Vergl. den nufsatz On the ancient metrical romances in Percy's Reliques of ancient english poetry. 8. London, 1845, seite 186-196, wo diese alten romanzenstoffe und die Ms., in welchen sie sich befinden, besprochen werden.

177. The ancient English Romance of Havelok the Dane; accompanied by the French text: with an introduction, notes, and a glossary, by Fr. Madden. (Printed for the Roxburghe Club.) 4. London, 1828.

178. In Ritson's ancient English metrical Romances. 3 vols. 8. London, 1802, wo sich auch die weiter unten erwähnte romanze Hornchilde (ritter Horn) befindet.

179. Siehe die abhandlung über Havelok, könig Horn und Hornchilde in Th. Wright's Essays etc., vol. I. seite 99-123, woraus auch die angeführten sprachproben entlehnt sind.

180. „Hoc in tempore (i. e. Hen. III.) de exhaeredatis surrexit et caput erexit ille famosissimus sicarius Robertus Hode et Litell Johanne, cum eorum complicibus, de quibus stolidum vulgus hianter in comoediis et tragoediis prurientes festum faciunt, et super caeteras romancias, mimos, et bardanos cantitare dilectantur." J. Fordun's Scotichronicon (vom jahre 1153-1385, überarbeitet und bis 1437 fortgesetzt von Walter Bowyer, abt von Inchcolm) herausgegeben von Hearne. 5 vols. 8. Oxford, 1722. (Seite 774.)

181. Ausführliches über diesen schluss, sowie über den ganzen Robin-Hood-cyclus in dem Essay XVII. (on the popular cycle of the Robin Hood Ballads) in Th. Wrights Essays etc. vol. II. Seite 164-211. Vergl. auch Barry's Thèse de littérature sur les vicissitudes et les transformations du cycle populaire de Robin Hood. Paris, 1832. Ferner Robin Hood and Guy of Gisborne in Percy's Reliques seite 20-24.

182. In Percy's Reliques seite 92-95. In besonderer ausgabe von Thomas Wright. 16. London, 1836.

183. In besonderer ausgabe von Th. Wright. 16. London, 1836.

184. In Percy's Reliques S. 96-99. In besonderer ausgabe von Th. Wright. 16. London. 1836.

185. Ferneres über die reiche altenglische balladenliteratur in Percy's Reliques of Ancient English Poetry (1765), in Warton's History of English Poetry (1774), in Ritson's Ancient English Metrical Romances (3 vols. 8. 1802), in Ellis's Specimens of Early English Metrical Romances (3 vols. 8. 1805), in H. Weber's Metrical Romances of the XIII., XIV. und XV. Centuries (3 vols. 8. Edinburgh, 1810), in E. Vernon Utterson's Select pieces of Early Popular Poetry (2 vols. 8. Lond. 1817), in Ch. H. Hartshorne's Ancient Metrical Tales (8. London, 1829). Eine sorgfältige angabe von ausgaben einzelner alter romanzen und balladen ist zu finden in G. L. Craik's Sketches of the History of Literature and Learning in England, vol. I. Seite 216-224.

186. Chaucer's sämmtliche werke sind gedruckt worden, mit ihnen mehrere andere gedichte, welche man Chaucer unbegründet zugeschrieben hat; aber nur die Canterbury Tales sind sorgfältiger von Tyrwhitt in 4 bänden 8. im jahre 1775 herausgegeben worden, welchen derselbe im jahre 1778 sein glossarium zu den ächten werken Chaucer's folgen liess. Werthvoll ist Tyrwhitt's ausgabe wegen ihres einleitenden Essay on the Language and versification of Chaucer. Th. Wright in Anecdota Literaria s. 23 giebt indessen über diese vorläufig immer noch beste ausgabe Chaucer's, aus welcher auch die mitgetheilten sprachproben entlehnt sind, folgende, wohl zu harte kritik: „It is truly to be lamented that a text of Chaucer so utterly corrupt as that of Tyrwhitt should continue to be reprinted. Tyrwhitt fell into the error of attempting to make up a text of an author, when he was totally ignorant of the grammatical construction of his language, and equally

incompetent to appreciate the comparative value of the manuscripts. The consequence is that there is not perhaps a single line in Tyrwhitt's edition of the Canterbury Tales which Chaucer could possibly have written (!) The very worst Ms. in existence contains a better text, because it is at least grammatically correct for the time in which it was written, whereas in Tyrwhitt all grammar is set at defiance." (Ueber wie viele ausgaben von resten alter englischer literatur könnte in ähnlicher weise der philologische stab gebrochen werden!) In Bell's Edition of the Poets of Great Britain complete from Chaucer to Churchill, welche mit Chaucer beginnen, sind die Canterbury Tales aus Tyrwhitt's und die Miscellaneous Pieces aus Urry's ausgabe (The Works of Jeffrey Chaucer. London, 1721 fol.) entlehnt. Ausserdem finden sich sämmtliche werke Chaucer's nebst einem glossarium im ersten bande der sammlung englischer dichter von Anderson (The Works of the British Poets with prefaces biographical and critical by Robert Anderson, 13 vols. 8. London, 1795).

187. A Selection from the Minor Poems of Dan John Lydgate, edited by James Orchard Halliwell, 8. London, 1840 (für die Percy Society).

188. Skelton's Poetical Works, by Alexander Dyce. 2 vols. 8. Lond. 1843.

189. A collection of English Miracle-Plays, or Mysteries, by W. Marriott. 8. Basel, 1838. The Chester Plays. A collection of Mysteries founded upon Scriptural Subjects, and formerly represented by the Trades of Chester at Whitsuntide, by Th. Wright. Ludus Coventriae. A collection of Mysteries formerly represented at Coventry, on the Feast of Corpus Christi, with notes, glossary, by J. O. Halliwell. (Letztere beide bücher für die Shakespeare Society.)

190. The Harrowing of Hell, a Miracle Play, written in the Reign of Edward II., now first published from the Original in the British Museum with a

modern reading, introduction and notes. By J. O. Halliwell. 8. (Vergleiche Reliquiæ Antiquæ vol. 1. Seite 253, wonach sich auch im manuscript Digby 86 eine copie dieses ältesten englischen wunderspieles findet, dessen prolog mitgetheilt wird.)

191. Die erste kritische ausgabe wurde von Pinkerton in 3 bänden 8. London, 1790, die neueste und beste von John Jamieson im jahre 1820 aus der handschrift in der advocaten-bibliothek vom jahre 1489 veranstaltet. Diese ausgabe bildet den ersten theil des werkes „The Bruce, and Wallace" 2 vols. 4. Edinburgh, 1820.

192. Aus Ellis. Mehrere proben, aber mit modernisirter orthographie in Craik's Sketches Bd. II. s. 113-120., und in Chamber's Cyclopaedia of English Literature Vol. I. s. 26.

193. Die letzten vier bücher nebst solchen auszügen aus den früheren, welche sich mit brittischer geschichte beschäftigen, sind 1795 zu London in 2 bänden 8. von Daniel Macpherson herausgegeben worden.

194. Die neueste ausgabe des gedichtes in verbindung mit „Bruce" ist von Jamieson zu Edinburgh im jahre 1820 nach einem 1489 geschriebenen manuscript veranstaltet worden.

195. In Chamber's Encyclopaedia s. 29-32, und in Craik's Sketches vol. II. s. 196-199 proben aus „Wallace" in modernisirter orthographie.

196. Das King's Quhair ward zum ersten male nach dem einzigen vorhandenen manuscript (aus Selden's sammlung in der Bodleyana zu Oxford) von W. Tytler, Edinburgh, 1783 herausgegeben. Seit dieser zeit ist es mehrere male, auch in The Poetic Remains of some of the Scotish kings, now first collected by George Chalmers 8. London, 1824 gedruckt worden. Proben mit veränderter orthographie in Ellis's Specimens vol. I. s. 305-309, Craik's Sketches vol. II. s. 189-191, Chamber's

Encyclopaedia vol. I. s. 37.

197. In Allan Ramsay's Evergreen 12. Edinburgh, 1724 zuerst, aber sehr modernisirt, späterhin in lord Haile's Ancient Scottish Poems 12. Edinburgh, 1770 aus einer älteren, 1568 nach dem Bannatyne Ms. veranstalteten sammlung gedruckt. Eine besondere ausgabe dieses gedichtes und des Testament of Cresseide von demselben autor von Georg Chalmers für den Bannatyne-Club 4. Edinburgh, 1824. Auch findet sich dieses gedicht nach Ramsay's redaction in Thomas Percy's Reliques, seite 107.

198. The Moral Fables of Aesop the Phrygian, compyled into eloquent and ornamental meter, by Robert Henrison, schoolemaster of Dumferling 4. Edinburgh, 1621, wovon ein neuer abdruck in 4. im jahre 1832 für die mitglieder des Maitland-Clubs veranstaltet wurde.

199. The Poems of William Dunbar, now first collected, with notes, and a Memoir of his Life by David Laing, 2 vols. 8. Edinburgh 1834. Einzelne gedichte Dunbars waren schon früher von Ramsay, Hailes und Pinkerton bekannt gemacht worden. Auszüge aus Dunbar's gedichten, jedenfalls in modernisirtem gewande, in Chamber's Cyclopædia vol. I. S. 40-44, in Wright's Essays, vol. II. S. 291 ff.

200. Für den Bannatyne Club, 4. Edinburgh, 1827 neu aufgelegt; dieselbe gesellschaft besorgte auch eine neue ausgabe der übersetzung der Aeneide. 4. Edinburgh, 1839. Einzelne sprachproben in Chambers's Cyclopædia vol. I. seite 44. 45.

201. Aus den Reliq. Ant. Bd. I, S. 42.

202. Aus Ellis's Pictor. Hist. of England. Nach Ms. Cotton. Titus C. XVI.

203. Eine probe von Trevisa's Englisch siehe in der note zu seite 168.

204. Aus Ellis's Pictor. Hist. of England nach Ms. Reg. I. c. VIII im britt. museum. Eine probe aus dem

neuen testamente befindet sich s. 84.

205. William Caxton, a Biography. 12. London 1844, p. 113. sqq.

www.ingramcontent.com/pod-product-compliance
Lightning Source LLC
Chambersburg PA
CBHW032103230426
43672CB00009B/1628